O INCIDENTE DE ASSUNÇÃO DE COMPETÊNCIA

da conceituação à procedimentalidade

Vinicius Silva Lemos

O INCIDENTE DE ASSUNÇÃO DE COMPETÊNCIA

da conceituação à procedimentalidade

2ª edição
Revista, atualizada
e ampliada

2022

EDITORA
JusPODIVM
www.editorajuspodivm.com.br

EDITORA
*Jus*PODIVM
www.editorajuspodivm.com.br

Rua Canuto Saraiva, 131 – Mooca – CEP: 03113-010 – São Paulo – São Paulo
Tel: (11) 3582.5757
• Contato: https://www.editorajuspodivm.com.br/sac

Diagramação: Ana Paula Lopes Corrêa *(aninha_lopescorrea@hotmail.com)*

Capa: Ana Caquetti

C676 O incidente de assunção de competência: Da conceituação à Procedimentalidade / Vinicius Silva Lemos – 2. ed. rev. atual. e ampl. São Paulo: Editora Juspodivm, 2022.
256 p.

Inclui bibliografia
ISBN 978-65-5680-849-9

1. Decisões judiciárias. 2. Direito Processual Civil. I. Fredie Didier Jr. II. Vogt, Fernanda Costa. III. Título.

CDD 341.465

APRESENTAÇÃO DA COLEÇÃO

A Bahia precisa publicar produção jurídica; a Bahia precisa publicar sua produção jurídica. A Bahia é um celeiro de brilhantes processualistas. O maior de todos, Calmon de Passos, é um dos poucos autores nacionais que discorreram, *ex professo*, sobre todos os institutos fundamentais do direito processual (ação, tese de cátedra; jurisdição, publicado em 1957; processo, Comentários ao CPC, Forense) e continua produzindo, como se vê pela reedição do seu clássico trabalho sobre "nulidades" e o recente livro-tese "Direito, Poder, Justiça e Processo".

Os novos processualistas baianos devem seguir esse exemplo.

Embora baiana, dirigida aos baianos e coordenada por um baiano, essa coleção não deseja ser provinciana. Autores de outros Estados, principalmente aqueles que participam dos cursos de pós-graduação que aqui coordeno, foram convidados a colaborar com o projeto e aceitaram, prontamente. A distribuição da obra, é bom que se diga, também não ficará restrita ao território baiano.

Ainda cabe uma explicação sobre o "homenageado". O Prof. EDUARDO ESPÍNOLA é, certamente, um dos maiores juristas brasileiros do século XX; em minha opinião, o maior civilista brasileiro da primeira metade do século passado. Foi Professor da Faculdade Livre de Direito da Bahia (1902), atual UFBA, que o homenageou atribuindo a uma de suas salas o seu nome, e Ministro do Supremo Tribunal Federal (1931-1945). Autor de obras fundamentais, é dele o projeto do antigo Código de Processo Civil do Estado da Bahia (Lei Estadual n.º 1.121, de 21 de agosto de 1915), considerado por muitos, se não o melhor (para ARRUDA ALVIM, p. ex.), ao menos um dos mais importantes, influentes e bem feitos códigos de processo estaduais vigentes no período da República Velha até 1934, quando passou a União a ter competência exclusiva para legislar sobre processo civil. Caracterizava-se pelo apuro técnico, qualidade que se deve ao seu autor, profundo conhecedor dos progressos científicos em curso na doutrina europeia a partir da segunda metade do século XIX (cf. opiniões de DINAMARCO, ALVARO DE OLIVEIRA, AMARAL SANTOS, FREDERICO MARQUES etc.). A repercussão do código baiano foi muito grande; alguns autores chegam, inclusive, a colocá-lo como o primeiro do período das codificações estaduais, embora antes dele já houvessem sido promulgados os códigos do Rio Grande do Sul (1908), do Maranhão (1909) e do Espírito Santo (1914). É autor do clássico "Código de Processo Civil do Estado da Bahia anotado", de 1916, que em alguns momentos assusta pela atualidade.

Essa homenagem tem o objetivo claro de resgatar a memória deste soteropolitano, que honrou e inaugurou as letras processuais na Bahia.

É para mim uma honra coordenar esse projeto.

Fredie Didier Jr.

NOTA DO AUTOR

Em 2018, lancei a 1ª. edição deste trabalho, o qual tem o escopo de analisar o incidente de assunção de competência, instituto reformulado pelo CPC/2015 dentro de uma ênfase pela uniformização de jurisprudência, almejando uma estabilidade, coerência e integridade nas decisões dos Tribunais no Brasil.

Diante desse prisma, com a existência de uma jurisprudência lotérica e uma insegurança jurídica, analisei o olhar para a teoria dos precedentes judiciais que a legislação brasileira, via CPC/2015, tomou, com a necessidade de entender conceitos básicos dos precedentes judiciais e a forma de importação e diferenciação pertinente no Brasil, como a existência de um microssistema de formação de precedentes judiciais vinculantes como opção para combater essa alta litigiosidade, o estoque de demandas do Judiciário e a própria jurisprudência lotérica.

Voltando o estudo para o incidente de assunção de competência, necessária a sua conceituação, detalhamento de requisitos, incidência, hipóteses, competência, objeto material e legitimidade. Depois, o estudo aponta como tema central a ausência de positivação de uma procedimentalidade do próprio instituto, com a possibilidade de que seja realizado via regulamentações diversas, como: Regimento Interno; nova legislação federal; ou legislação estadual.

Apesar de apontar a possibilidade dessas regulamentações, o estudo apresenta uma proposta de procedimento adequado ao incidente, respeitando as características próprias do instituto, bem como utilizando o padrão procedimental dos demais institutos insertos do microssistema de formação de precedentes judiciais vinculantes.

O estudo também analisa o julgamento do incidente, os caminhos procedimentais necessários e a vinculação legal existente, com o devido diálogo realizado com as impugnações recursais possíveis e os institutos que dialogam com a existência de um precedente judicial vinculante no CPC/2015.

Posterior a isso, a atualização desse estudo era necessária, dada a passagem de 4 anos da 1ª. edição, a natural evolução do instituto e diversos trabalhos posteriores que dialogaram com este livro, o que ensejou uma atualização no livro inteiro, novos diálogos e com a inclusão de um sexto capítulo, agora com as reflexões do futuro do instituto e novos pontos além da procedimentalidade do IAC.

Espero que os leitores tenham o mesmo prazer que tive na pesquisa do livro e na atualização da 2ª. Edição.

PREFÁCIO

O incidente de assunção de competência (IAC) é instituto que, além de ter recebido um *nomen iuris* expresso, foi muito mais bem regulamentado pelo CPC-2015.

Talvez tenha sido essa a razão pela qual, após um pouco mais de dois anos do início da vigência do CPC-2015, ele esteja sendo tão utilizado pelos tribunais, inclusive pelo STJ.

Ainda falta, porém, doutrina mais robusta sobre o tema.

No segundo semestre de 2017, Vinicius Lemos, doutorando pela Universidade Católica de Pernambuco, veio cursar minha disciplina, no PPGD-UFBA, como aluno especial – o simples fato de ele sair de Porto Velho todas as semanas para vir a Salvador assistir à aula como aluno especial já revela a tenacidade e a dedicação de Vinicius.

Sugeri a ele que escrevesse o trabalho de final de curso sobre o IAC. Qual não foi a minha surpresa ao ver que o trabalho apresentado era, na verdade, uma monografia sobre o tema, extrapolando demais as minhas exigências para essa atividade acadêmica.

Não deu outra: o trabalho virou livro, que, para minha felicidade, se tornou um produto do intercâmbio entre a UFBA e a UNICAP (de cujo PPGD sou professor colaborador).

O livro é bem útil e ratifica a minha impressão de que Vinicius, confrade na ANNEP, já desponta como um grande talento da mais nova processualística brasileira.

Parabéns ao autor e à editora.

Salvador, junho de 2018.

Fredie Didier Jr.

PREFÁCIO À SEGUNDA EDIÇÃO

O tempo torna o vinho ainda melhor. E, assim como o vinho, acontece com o livro.

Vinicius Silva Lemos é um jovem, mas experiente professor universitário e consagrado advogado, sócio da Lemos Advocacia. Cursou seu Doutorado na UNICAP - Universidade Católica de Pernambuco e seu Mestrado na UFF - Universidade Federal Fluminense e o teor de sua formação se reflete na qualidade de sua pesquisa.

O autor já havia brindado o público no ano de 2018 com uma das primeiras obras sobre o incidente de assunção de competência (IAC) durante a vigência do Código de Processo Civil de 2015. E, agora, apresenta uma segunda edição da obra, ampliada, revista e atualizada.

O incidente de assunção de competência (IAC), previsto no artigo 947 do Código de Processo Civil, é uma das ferramentas componentes da sistemática de fixação de teses jurídicas, pelo julgamento concentrado de questões relevantes ou comuns, junto com o incidente de resolução de demandas repetitivas (IRDR), previsto no artigo 976 e seguintes, e o incidente de julgamento de recursos repetitivos, contemplado no artigo 1.036 e seguintes, que possuem um enorme potencial para atingir a meta do legislador: uma jurisprudência uniforme, íntegra, estável e coerente. Enquanto o incidente de resolução de demandas repetitivas (IRDR) e os recursos repetitivos dependem da existência de múltiplos processos em curso que versem sobre a questão jurídica a ser pacificada, o incidente de assunção de competência (IAC) dispensa a repetitividade.

O autor iniciou sua obra já destacando a importância do incidente de assunção de competência (IAC) no contexto dos precedentes judiciais, para, então, tratar de forma profunda e detalhada os diversos aspectos pertinentes ao instituto, como requisitos, legitimidade e procedimento.

A segunda edição da obra traça, ainda, reflexões relevantes sobre o futuro do instituto, dialogando com autores que escrevem sobre o tema, inclusive com a preocupação que o autor destas linhas também tem desenvolvido sobre o tema e que resultou no livro *Incidente de Assunção de Competência*, escrito em coautoria com José Roberto de Mello Porto e publicado pela editora GZ.

A obra de Vinicius Silva Lemos demonstra o comprometimento da nova geração de processualistas, que deixa sua marca abandonando a zona de conforto e tratando de temas que são tão importantes para o Direito Processual, no presente e no futuro.

Recomenda-se, assim, em benefício do próprio leitor, que se passe, imediatamente, a sorver o resultado desta ótima colheita, indispensável para os estudiosos do Direito Processual.

Boa leitura!

Aluisio Gonçalves de Castro Mendes
Desembargador Federal do Tribunal Regional Federal da 2ª Região
Especialista, Mestre, Doutor e Pós-Doutor em Direito
Professor Titular da Universidade do Estado do Rio de Janeiro (UERJ)
Professor Titular da Universidade Estácio de Sá (UNESA)
Professor Titular do Ibmec
Diretor do Instituto Brasileiro de Direito Processual (IBDP)
Diretor do Instituto Iberoamericano de Direito Processual (IIDP)
Membro da *International Association of Procedural Law* (IAPL)
Membro da Academia Brasileira de Letras Jurídicas (ABLJ)

SUMÁRIO

Capítulo 5

O PRECEDENTE JUDICIAL FORMADO PELO IAC, SUAS PECULIARIDADES E APLICAÇÕES **171**

INTRODUÇÃO

O CPC/2015 deu ênfase aos precedentes judiciais, com a positivação de um dever de uniformização, com a manutenção da estabilidade, a prática da coerência e integridade dos julgamentos pelos Tribunais, principalmente aos Superiores, mas com igual incumbência aos demais graus de jurisdição.

A disposição expressa do art. 926 no CPC representa toda essa nova diretriz e o início de um sistema de precedentes judiciais, contudo em outros momentos a legislação primou por positivar, remodelando ou criando, institutos atinentes a formação de precedentes vinculantes.

Nesse estudo, apesar de tratar de todos os institutos, superficialmente, tem como ponto central o incidente de assunção de competência, prevista no art. 947 do CPC. Esse incidente sofreu uma reformulação legislativa para uma adaptação a esse novo sistema de precedentes judiciais vinculantes, com uma melhoria em sua própria incidência, com novéis funções e maior profundidade, com uma importância bem abrangente.

Num primeiro momento, analisamos a própria realidade processual brasileira, mediante a existência de uma cultura por uma jurisprudência lotérica e com o próprio direito e Judiciário lidaram com isso na história, bem como a aposta do CPC/2015 num sistema de precedentes judiciais como solução de muitos pontos complexos na atuação dos Tribunais.

Diante de tal visão, percorremos a teoria dos precedentes judiciais, as conceituações básicas para a melhor propedêutica do assunto, justamente para basear as discussões posteriores sobre os meios de precedentes judiciais. Ainda, há a análise sobre a opção legislativa sobre a valorização dos precedentes judiciais, numa aposta de mudança cultural, com a diferenciação entre a criação de institutos que formam precedentes para gestão de estoque de demandas e outros com o intuito de resolver materialmente grandes questões jurídicas.

Após isso, discorremos sobre um breve histórico dos incidentes de uniformização de jurisprudência no CPC/73, bem como a própria existência anterior do incidente de assunção de competência e a evolução até chegar no instituto imaginado no novel ordenamento processual.

Um capítulo somente para a conceituação do instituto e o detalhamento de seu funcionamento. Discorrer sobre os requisitos necessários para a admissibilidade, a legitimidade para a suscitação, os pontos centrais da questão de direito a ser analisada pelo incidente, a hipótese de desistência, dentre outros pontos centrais de entendimento da própria existência do incidente.

Ultrapassando o entendimento conceitual do instituto, o ponto central do trabalho é a análise da procedimentalidade detalhada ideal do próprio incidente de assunção de competência – IAC. Como o art. 947 do CPC não trouxe nenhuma grande delineação sobre o próprio andamento do instituto, há uma evidente lacuna sobre tal tramitação, ponto que enfrentamos nesse estudo.

Dada a existência e validade do instituto no CPC/2015, a sua suscitação é plenamente possível por qualquer dos legitimados, com a necessidade da pronta resposta jurisdicional, ainda que não haja um procedimento específico para seguir, a jurisdição, nos moldes macros delineados pelo ordenamento, deve ser exercida.

Com isso, o trabalho analisa as hipóteses de positivação, seja de modo regimental ou legal, com essa última hipótese subdividindo-se entre norma federal e estadual, com uma análise sobre a própria viabilidade, ou não, da utilização de lei local para delimitar procedimentos para o IAC.

Depois dessa análise, há o enfrentamento e consequente delinear do que entendemos, mediante a pesquisa, como essencial na procedimentalidade, o que seria o ideal para que fosse positivado ou simplesmente seguido pelo Judiciário. Todos os detalhes e pormenores procedimentais foram enfrentados, com a análise minuciosa de cada ponto, com o intuito de proporcionar o melhor estudo possível sobre o incidente e sua devida tramitação.

Desse modo, entregamos uma proposta dogmática de procedimentalidade, com os caminhos que delineamos como essenciais, necessários e melhores para se seguir, com um capítulo inteiro com o intuito de estruturar desde o momento da suscitação, passando pela cada análise de admissibilidade, com o viés positivo, alteração de competência, instauração do incidente, decisão de afetação, possibilidade de suspensão de processos idênticos, participação dos atores de um contraditório ampliado e aberto de intérpretes, análise judicial, fundamentação, publicidade, recurso e tramitação de todo o incidente.

A cada momento em que o procedimento era proposto no estudo, a sua intersecção entre a possibilidade de ser viabilizado via Regimento Interno, dada a competência ou somente via legislação, fora enfrentado, com as devidas propostas, diante da visão dogmática que entendemos ser a mais prática.

Posteriormente a procedimentalidade e a decisão do próprio IAC, passamos à análise da própria vinculação do precedente judicial formado no incidente, os meios de utilização e aplicação do precedente judicial, os institutos que permeiam uma utilização do precedente para abreviar o processo, a possibilidade de revisão de tese e seu modus operandi e os modos de controle da não utilização do precedente judicial formado em IAC.

Depois, com a atualização desta 2ª. Edição, outros pontos foram acrescidos de reflexão sobre o próprio incidente, o diálogo com o IRDR e a possibilidade de uma fusão entre institutos do microssistema de formação de precedentes judiciais vinculantes, o diálogo do IAC com os embargos de divergência, o impacto diferente do IAC em Tribunal local ou Superior, a eficácia persuasiva do IAC de um Tribunal local em outro, a relação com os Juizados Especiais Cíveis e a relação com o cumprimento de sentença provisório.

O presente trabalho monográfico tem a metodologia de revisão de bibliografia, com a proposição de uma pesquisa dogmática sobre o tema, analisando, como exposto, o instituto do incidente de assunção de competência, em todos os seus detalhamentos, bem como propondo uma sistemática procedimental, com um enfrentamento sobre as possibilidades normativas ou judiciais para a melhor escolha por uma procedimentalidade que melhor represente o instituto e o que dele se espera na processualística civil brasileira.

Capítulo 1

A JURISPRUDÊNCIA LOTÉRICA NO BRASIL

O Brasil convive atualmente - e há muito tempo - com um grande estoque de processos a serem julgados, abarrotando todos os níveis do Judiciário com excesso de demandas, pendendo, dessa maneira, o julgamento de uma imensidão de ações, criando uma quantidade cada vez maior de processos que ainda aguardam o julgamento, aumentando a média do prazo para o encerramento processual, sem alcançar o princípio da duração razoável do processo.

Entretanto, essa multiplicidade de demandas não causa somente uma incipiência na quantidade de julgamento, com os estoques judiciais de um ano para o outro, mas, também, uma evidente insegurança jurídica, pelo fato que a existência de mais demandas possibilitam julgamentos dos mais diversos resultados, com dispersão de entendimentos e, consequentemente, falta de qualidade para a própria prestação jurisdicional.

Constitucionalmente, a prestação jurisdicional, para um acesso à justiça material[1], deve ser dentro dos princípios do devido processo legal, da duração razoável do processo, da segurança jurídica e da isonomia, contudo, se há esse excesso de demandas causado pela multiplicidade, sobretudo de ações com a mesma identidade material em lesões a direitos individuais homogêneos ou somente com questões repetitivas, há a necessidade de uma pacificação de entendimentos no próprio Judiciário, em qualquer grau de jurisdição, com a importância ainda maior por parte dos Tribunais Superiores.

Numa situação em que há uma alta litigiosidade, em consequência, há uma complexidade na atuação dos Tribunais, em qualquer grau de jurisdição, sem conseguir entregar as resoluções dos casos, tampouco contemplar as grandes discussões jurídicas com o esmero necessário e que se espera do Judiciário, sobretudo dos Tribunais Superiores. Os problemas de uma alta litigiosidade não se esgotam somente em uma grande complicação de julgar essa enorme

1. CAVALCANTI, Marcos de Araújo. *Incidente de resolução de demandas repetitivas*. São Paulo: Ed, Revista dos Tribunais. 2016. p. 157.

quantidade de demanda, mas, também, em conseguir uma sistemática de gestão processual cognitiva.

Somente se alcança uma prestação jurídica proeminente e considerável como um senso de justiça se houver o mínimo de pacificação entre os entendimentos dos Tribunais, sob pena de causar sentido e impacto inverso: *insegurança jurídica; jurisprudência lotérica; e alta recorribilidade.*

A *primeira* e a *segunda* consequências são quase que umbilicais, pelo fato de que uma grande quantidade de demandas no sistema Judiciário pressiona os Tribunais, com uma dificuldade em gerir todas essas demandas. Muitas vezes há uma bipolaridade – ou multipolaridade – na atuação dos Tribunais, com julgamentos de casos com situações fáticas idênticas de modos totalmente diversos.

Essa bipolaridade dentro de um mesmo Tribunal – ou entre Tribunais – ocasiona um descrédito do próprio Tribunal, tornando a atuação jurisdicional e seu resultado uma grande loteria jurídica, com o resultado determinado muito mais pela distribuição do que pelo julgamento do real entendimento do Tribunal como um todo. Dessa maneira, o resultado acaba sendo definido quando se tem o sorteio lotérico, quando se define se aquela demanda, que apesar de idêntica a outra, por ser distribuída para outro órgão, terá resultado diferente, pela existência de dispersão de entendimentos naquele Tribunal.

Cambi[2] conceitua a jurisprudência lotérica como aquela que um mesmo Tribunal tem decisões conflitantes em uma mesma matéria, possibilitando que recursos de matérias idênticas, de acordo com o entendimento por Câmara ou Turma, sejam decididos por resultados diversos para problemas jurídicos idênticos.

O Ministro Humberto de Barros, quando ainda atuava no STJ, ao julgar um REsp definiu que esse Tribunal Superior e sua atuação jurisprudencial, ao não pensar de modo coletivo, exaurindo materialmente as questões, atua como uma jurisprudência "banana boat"[3], que seria uma analogia ao

2. CAMBI, Eduardo. Jurisprudência Lotérica. *Revista dos Tribunais.* São Paulo: RT, ano 90, v. 786, abr. 2001. p. 111.

3. "Nós somos os condutores, e eu – Ministro de um Tribunal cujas decisões os próprios Ministros não respeitam - sinto-me, triste. Como contribuinte, que também sou, mergulho em insegurança, como um passageiro daquele voo trágico em que o piloto que se perdeu no meio da noite em cima da Selva Amazônica: ele virava para a esquerda, dobrava para a direita e os passageiros sem nada saber, até que eles de repente descobriram que estavam perdidos: O avião com o Superior Tribunal de Justiça está extremamente perdido. Agora estamos a rever uma Súmula que fixamos há menos de um trimestre. Agora dizemos que está errada, porque alguém nos deu uma lição dizendo que essa Súmula não devia ter sido feita assim. Nas praias de Turismo, pelo mundo afora, existe um brinquedo em que uma enorme boia, cheia de pessoas é arrastada por uma lancha. A função do piloto dessa lancha é fazer derrubar as pessoas montadas no dorso da boia. Para tanto, a lancha desloca-se em linha reta e, de repente, descreve curvas de quase noventa graus. O jogo só termina, quando todos os passageiros da boia estão dentro do mar. Pois bem, o STJ parece ter assumido o papel do piloto

brinquedo aquático que funciona para derrubar as pessoas que ali estão na água quando realiza manobras bruscas, quase sempre mudando de lado, ou seja, nessa analogia criticava justamente o Tribunal Superior de alterar a jurisprudência de forma abrupta, em direcionamentos totalmente diferentes e incongruentes.

Ainda na fala do Ministro, o STJ pela sua função constitucional tem o dever de primar por ser um farol para a sociedade e, consequentemente, para os outros Tribunais na interpretação da lei infraconstitucional e suas nuances. As orientações retiradas dos julgamentos devem ser norteadoras da sociedade, passando pela estabilidade dos julgados e dos posicionamentos, para manter a jurisprudência coerente e estável.

Uma eventual dispersão causa uma extrema insegurança jurídica, sem saber-se qual o real posicionamento do Tribunal Superior, ensejando uma latente instabilidade, com muitas demandas julgadas de uma forma, por vezes até seguindo o entendimento anterior ou disperso do próprio STJ e, quando forem julgados eventuais, têm outros resultados.

Outra consequência, além da jurisprudência lotérica e a insegurança jurídica, é a alta recorribilidade.

Se uma determinada matéria for julgada, em ações diversas, com resultados diferentes, mesmo diante da existência latente de uma similitude fático-jurídica, todos os atores processuais de demandas futuras terão a possibilidade de recorrer com fundamentos que o balizam, justamente por existir jurisprudência em seu favor, seja qual for o seu lado.

Ou seja, jurisprudência lotérica causa instabilidade jurídica e proporciona um amplo interesse recursal para todas as partes que postulam sobre aquele objeto material. Se um autor perde a demanda em determinada matéria, se houver jurisprudência a seu favor, principalmente de Tribunal Superior, há a plena possibilidade recursal e, ainda, de modo inverso, se um réu for sucumbente em uma demanda e, mesmo que a matéria seja a mesma que a anteriormente mencionada, também tiver jurisprudência a seu favor, há, também, a possibilidade recursal, inclusive ao Tribunal Superior.

Desse modo, mesmo diante das poucas possibilidades recursais para os Tribunais Superiores – hipóteses dos arts. 102, III e 105, III da Constituição Federal, a existência dessa bipolaridade e da jurisprudência lotérica permitem que quase todas as questões possam chegar ao STJ ou STF e, justamente pela atuação destes ao não julgarem de modo estável, coerente e íntegro.

---

dessa lancha. Nosso papel tem sido derrubar os jurisdicionados." AgRg no RECURSO ESPECIAL Nº 382.736 - SC (2001/0155744-8) VOTO-VISTA DO MINISTRO HUMBERTO GOMES DE BARROS.

No final do século passado, Dinamarco já antevia a necessidade de ampliação dos efeitos de uma decisão, com o impacto em outros processos, resultando em "um só procedimento e sentença única possa o juiz resolver uma série grande de litígios individuais da mesma ordem, com economia e sem o risco de decisões conflitantes, inerente aos julgamentos isolados[4]." Mas, sobre esse ponto, a questão foi vista como uma sentença com impacto amplo, não muito no viés de previsibilidade de precedentes e decisões judiciais, no entanto, claramente já era um norte a ser seguido.

Um excesso de litigiosidade, o que já era antevisto por Cappelletti e Garth[5], é uma consequência mundial, necessitando de novas técnicas de enfrentamento jurisdicional sistêmico, com o intuito de possibilitar o acesso à justiça do indivíduo em sociedade, contudo garantir, de igual maneira, a efetividade do direito material ali posto ao Estado enquanto Judiciário, recaindo também na efetividade processual, como argumentam Marinoni e Mitidiero, "um dos valores centrais do novo direito processual civil brasileiro[6]."

O pensamento em julgar-se uma demanda para a definição de uma tese jurídica para aplicação posterior é uma solução para o que Beneti[7] e Bondioli[8] classificam como *macrolides*, aquelas que tem similitude fática e material, com uma proliferação de demandas ou matérias idênticas.

1.1. O ART. 926 DO CPC E A SUA IMPORTÂNCIA AO PROCESSO CIVIL BRASILEIRO

O CPC/2015 concedeu um valor enorme ao precedente judicial, aos Tribunais e sua função judicante, colocando-a como uma base para a aplicabilidade da justiça. Os Tribunais, diante desse novo prisma, não detêm somente a função de julgar de acordo com a lei, mas, também, de acordo

4. DINAMARCO, Cândido Rangel. *Litisconsórcio.* 5ª ed. São Paulo: Malheiros, 1997. p. 346/347.
5. CAPPELLETTI, Mauro; GARTH, Bryant. *Acesso à justiça.* Tradução: NORTHFLEET, Ellen Greice. Porto Alegre. 1991.
6. MARINONI, Luiz Guilherme; MITIDIERO, Daniel. *Código de Processo Civil comentado artigo por artigo.* São Paulo: RT. 2008. p. 93.
7. BENETI, Sidnei Agostinho. Assunção de competência e fast-track recursal. *Revista de Processo.* Vol. 171 Ano 34. São Paulo: Revista dos Tribunais, maio/2009. p. 10.
8. "As macrolides se apresentam como um grande desafio para a ciência do processo. É que se espera de todo e qualquer processo que ele não consuma mais tempo, energia e dinheiro do que o estritamente necessário para a sua solução, seja efetivo e traga segurança e orientação para as relações econômicas e sociais. E a multiplicação de litígios judiciais, ainda que idênticos, aumenta o volume de serviço do Poder Judiciário sem que haja incremento na sua capacidade de absorção de trabalho. Ademais, a proliferação de processos similares, até por uma questão estatística, incrementa as chances de soluções diferentes para uma mesma situação da vida. Nessas condições, convive-se com uma série de fatores negativos para a otimização, efetividade e previsibilidade do processo e é preciso neutralizá-los." BONDIOLI, Luis Guilherme Aidar. *A nova técnica de julgamento dos recursos extraordinário e especial repetitivos.* http://www.dinamarco.com.br/wp-content/uploads/NovaTecnica.pdf.

com o seu próprio conjunto de decisões judiciais, seja para formar um precedente judicial, seja para utilizá-lo.

O art. 926 do CPC estabelece, portanto, que há o dever dos Tribunais de uniformizar a sua jurisprudência, preconizando uma busca pela solução interna para essa jurisprudência lotérica, numa tentativa de sistematizar os entendimentos dos Tribunais, justamente para que guarde um mínimo de coerência, estabilidade e, consequentemente, segurança jurídica e isonomia na aplicação do direito via a atividade jurisdicional.

A atividade jurisdicional não pode ser uma simples loteria, deve ser segura e isonômica.

No CPC/2015, os Tribunais têm o dever de uniformizar, de buscar a convergência. Não é uma mera opção, mas um dever funcional, um dever que permeia toda a atividade judicante. Muitas vezes os órgãos fracionários dos Tribunais sabem das divergências, dos pontos de entendimentos contrários e nada fazem para uniformizar, numa prática profissional totalmente desarrazoada.

Na nova dogmática processual proposta, com o advento do art. 926 do CPC, o juízo – qualquer deles – tem o dever de almejar a uniformização, utilizando os diversos incidentes ou maneiras de formar um precedente judicial e, dessa maneira, uniformizar os entendimentos daquele Tribunal. Ao decidir o caso em concreto, seja individual, seja colegiadamente, a utilização de coerência e integridade deve ser o cerne, com a devida aplicabilidade do ordenamento jurídico, incluindo neste ponto, os precedentes judiciais vinculantes.

A *uniformização da jurisprudência e dos posicionamentos* é o primeiro passo para qualquer Tribunal em seu labor jurídico e judicante.

Não há como conviver com posições internas de um Tribunal apontando para lados diversos e, em muitos casos, contrários e antagônicos. Não é esse o dever judicante dos Tribunais, pelo contrário, deve passar pela uniformização de seus julgados e posicionamentos. Essa uniformização pode ser paulatina, dentro dos julgamentos normais de cada matéria ou utilizando os meios de formação de precedentes judiciais que o próprio ordenamento preconiza.

O importante é que haja uma uniformização da jurisprudência interna de cada Tribunal.

Após a uniformização alcançada pelo Tribunal, *o dever passa pela estabilidade*, somente com um pensamento uniforme pode-se cobrar a estabilidade, o próximo passo, a manutenção do pensamento. Não há como imaginar-se, tampouco cobrar-se estabilidade diante de uma ausência de uniformização, a estabilidade é consequencial da própria uniformização. É o próximo passo natural. Uma vez a decisão uniformizada, decidida pelo Tribunal como um paradigma para aquela situação fático-jurídica, deve ser seguida em casos existentes com identidade material ou até aqueles futuros, aqueles que nem interpostos foram ainda.

A decisão uniformizada deve manter-se *estável*, aplicável para aquela situação em que o precedente judicial foi formado.

É função do Tribunal a estabilidade de suas decisões, é a primeira consequência da própria uniformização, como vimos. O Tribunal deve primar pelo seu próprio respeito, por utilizar-se de seus próprios julgados, de decidir de mesmo modo, com respeitabilidade de suas próprias decisões. Não basta somente uniformizar, com a necessidade de que o conteúdo que se chegou ganhe, a partir daquele momento, estabilidade e aplicabilidade perene.

Os Tribunais devem julgar de maneira a primar sua própria jurisprudência e precedentes judiciais, num claro dever de autorreferência[9], estabilizando entendimentos, passando para a sociedade uma sensação de segurança e confiança jurídica.

A estabilidade deve ser perene e para sempre? Uma decisão judicial deve sempre ser seguida, nunca contestada? Esse é um ponto importante da própria teoria dos precedentes judiciais. A estabilização de um precedente judicial é importante, pela própria aplicabilidade existente do que se julgou, do que se estabilizou. No entanto, o precedente judicial deve persistir enquanto estiver em consonância com a legalidade e com a conjuntura social daquela situação em que foi firmado. Se novos espectros legais ou sociais existirem, logicamente que o precedente judicial pode ser alterado, atualizado ou, simplesmente, revogado.

Esse é o próximo cerne do precedente judicial.

Enquanto houver pertinência social e legal, ele deve existir e ser válido, contudo não se pode alterar constantemente pela alteração na composição do colegiado ou pela vontade popular, sem razões jurídicas para tanto.

Não há como pensar em segurança jurídica para a sociedade e para cada jurisdicionado, com a persistência em pensamentos e jurisprudência lotérica, apontando, ora para um lado, ora para outro. Logo, depois que estabilizado o precedente judicial e aquele posicionamento judicante, obviamente que deve ser seguido, contudo até a sua própria validade se esvair. Quando houver alteração na conjuntura fático-jurídica que dava sustentação ao precedente judicial, consequentemente, este deve ser alterado, atualizado ou revogado.

---

9. Sobre autorreferência: MACÊDO, Lucas Buril de.. Autorreferência como dever de motivação específico decorrente do *stare decisis*. Revista de Processo. Ano 43, Vol. 282, p. 411-433, São Paulo: Ed. RT, 2018.

A relação entre os deveres, expostos pelo art. 926 do CPC, é clara, o dever de primeiro uniformizar, aparar arestas e chegar num entendimento jurídico para cada questão jurídica ou demanda, para, após, enquanto não houver diferenças sociais ou jurídicas, manter estável a decisão firmada em precedente judicial ou jurisprudência pacificada, sem alterações bruscas e impensadas, resultando em uma segurança e confiança jurídica sobre aquela questão jurídica para a sociedade e para os jurisdicionados[10].

Se a estabilidade tem a relação com o princípio da segurança e da confiança jurídica, a coerência na aplicação da jurisprudência e dos precedentes judiciais tem outro viés, um complementar, porém, nunca confundível com a estabilidade.

A *coerência* é a manifestação na aplicação do precedente do princípio da isonomia jurídica[11], a utilização coerente daquele precedente judicial para um caso análogo, possibilitando uma igualdade de tratamento pelo Tribunal aos jurisdicionados, seja aquele que formou o precedente judicial – aquele paradigmático, seja aquele que tem o caso a ser julgado com base na utilização deste precedente judicial firmado[12].

Decisões que utilizam os precedentes judiciais, de forma correta, com a comparação da *ratio decidendi* com a delimitação de fatos daquela ação, são coerentes na aplicação do direito.

O CPC/2015 inova ao cobrar do Judiciário brasileiro exatamente a coerência, pelo fato da uniformização e a estabilidade, de certa maneira, já serem cobradas anteriormente aos Tribunais, tanto de maneira positivada quanto na própria utilização da jurisprudência como fonte secundária do direito.

Todavia, a coerência, diante da nova realidade processual, é cobrada a toda e qualquer utilização de precedente judicial, para reconhecer os parâmetros decisórios, enquadrando cada situação ao entendimento daquele Tribunal sobre a matéria, sem decisões surpresas ou estranhas quando não houver nenhuma alteração política/social/jurídica sobre a questão. Ao cobrar

---

10. Enunciado n.º 316 do FPPC: A estabilidade da jurisprudência do tribunal depende também da observância de seus próprios precedentes, inclusive por seus órgãos fracionários.

11. "Neste cenário, o respeito ao princípio da isonomia (em sua conotação material) e à própria segurança jurídica passou a exigir uma aproximação entre os sistemas *civil law* e o *common law*, a fim de assegurar tratamento igual para casos iguais (treat like cases alike)." DOTTI, Rogéria. Os precedentes judiciais e antecipação: a tutela da evidência no novo. *Revista de Direito da ADVOCEF*. Ano XI nº 21 nov/2015. p. 63.

12. "Coerência significa dizer que, em casos semelhantes, deve-se proporcionar a garantia da isonômica aplicação principiológica. Haverá coerência se os mesmos princípios que foram aplicados nas decisões o forem para os casos idênticos; mas, mais do que isto, estará assegurada a integridade do direito a partir da força normativa da Constituição. A coerência assegura a igualdade, isto é, que os diversos casos terão a igual consideração por parte dos juízes." STRECK, Lênio Luiz, *Por que agora dá para apostar no projeto do novo CPC*. http://www.conjur.com.br/2013-out-21/lenio-streck-agora-apostar-projeto-cpc.

a coerência na decisão judicial, a visão gira em torno de uma obrigação de todo o sistema jurídico, inclusive dos juízes de primeiro grau, o Judiciário visto como um só corpo e, assim, a resposta aos mesmos fatos deve ter coerência, seguir o mesmo caminho, o mesmo resultado.

Por outro lado, a *integridade* tem relação com o princípio da motivação ou da fundamentação[13] e do contraditório[14], com a necessidade do juízo, ao formar o precedente judicial ou, principalmente, ao aplicá-lo, seguir o mesmo pensamento, concedendo uma resposta de um só ente, o Poder Judiciário como um todo. A resposta judicante deve ser concedida com integridade, diante de um pensamento construído por todo um ordenamento jurídico, com as leis e com a própria jurisprudência pacificada.

O sistema jurídico necessita de uma integridade entre si, cada ponto deve ser interligado aos princípios e normas, com uma regulamentação da interpretação por um prisma maior do que a própria causa. Não se pode admitir uma ruptura jurídica a cada decisão, processos diversos com mesma matéria com precedentes judiciais ou jurisprudências para lados e vertentes diferentes. Não pode se almejar que a decisão judicial seja a convicção pessoal do juízo, devendo representar uma integridade de pensamentos sistêmicos do Judiciário[15]. Menos convicções e mais construções íntegras de pensamento, com diálogos entre as matérias e as decisões anteriores. Uma decisão que não dialoga com as diretrizes jurisprudenciais, com os precedentes judiciais apresentados[16], rompe com o sistema jurídico, deixando de lado a própria integridade da atividade judicante.

---

13. "A motivação controla tanto a racionalidade do convencimento fático do magistrado como a aplicação do Direito produzido democraticamente pelo povo e para o povo. Motivar uma decisão significa demonstrar que a decisão está fundada sobre uma premissa fática devidamente alegada e provada nos autos do processo sobre uma permissão jurídica correta, pois fruto da aplicação de uma norma jurídica previamente estabelecida e conhecida pelas partes, ainda que tenha sido extraída de uma complexa interpretação do sistema jurídico, dos seus princípios estruturantes e dos valores da sociedade." LUCCA, Rodrigo Ramina de. *O dever de motivação das decisões judiciais*. Salvador, Juspodivm, 2015. p. 379.

14. "A integridade exige que os juízes construam seus argumentos de forma integrada ao conjunto do direito. Trata-se de uma garantia contra arbitrariedades interpretativas. A integridade limita a ação dos juízes; mais do que isso, coloca efetivos freios, através dessas comunidades de princípios, às atitudes solipsistas-voluntaristas. A integridade é uma forma de virtude política. A integridade significa rechaçar a tentação da arbitrariedade" STRECK, Lênio Luiz, *Por que agora dá para apostar no projeto do novo CPC.* http://www.conjur.com.br/2013-out-21/ lenio-streck-agora-apostar-projeto-cpc.

15. "o respeito aos precedentes judiciais é ainda tema novo no Brasil e gera grande polêmica. Parte da magistratura entende que a aplicação de decisões judiciais anteriores a novos casos implicaria restrição à liberdade de convicção do julgador. Isso é natural diante desse momento de ruptura. Cada grande mudança é, normalmente, acompanhada de resistência. Mas, na verdade, o estudo mais apropriado da teoria dos precedentes mostra que ela não viola a liberdade judicial. Muito pelo contrário. Se aplicada corretamente, tal teoria valoriza as decisões e ainda assegura uma evolução da própria jurisprudência." DOTTI, Rogéria. Os precedentes judiciais e antecipação: a tutela da evidência no novo. *Revista de Direito da ADVOCEF.* Ano XI nº 21 nov/2015. p. 68.

16. O art. 926 do CPC privilegia uma percepção de que o precedente seja a busca por uma integridade, por uma construção sistêmica, desde a uniformização, a establidade até a coerência e a integridade.

O jurisdicionado almeja, na sua busca pela solução dos conflitos, não a convicção individual daquele magistrado, mas a integridade de pensamentos do Judiciário, aplicáveis aos casos análogos, a resposta íntegra do Judiciário. Deve-se ter a preocupação de tratar casos semelhantes como iguais, utilizando a mesma resolução para situação análogas, como no brocado: *treat like cases alike*[17-18].

O caminho a ser percorrido pelos Tribunais deve ser somente um[19]. Um caminho integrado, mesmo que seja em plena evolução, contudo que cada decisão seja pautada pela sua integração ao sistema jurídico, não a decisão

---

E, dentro dessa concepção, dialoga com a visão de Dworkin, ainda que o sistema como um todo não estabeleça essa visão claramente. Dessa feita, o precedente tem a função sempre de proporcionar o diálogo entre o julgador anterior formador do precedente e o novel e atual que irá interpretá-lo para a devida utilização no caso em concreto. Busca para isso uma metáfora sobre um romance escrito por vários co-autores, quando sempre deve haver relação sobre o escrito pelo novel autor sobre o capítulo anteriormente narrado, sem entender que a decisão judicial possa ser de ruptura ou uma ilha no ordenamento. Como um romance que não pode, de igual maneira a uma decisão judicial, não dialogar e fazer sentido com a anterior decisão sobre casos idênticos. No entanto, Dworkin entende a utilização do precedente mediante uma vinculatividade por um ato hermenêutico, o que importa em ter a discricionariedade o julgador de utilizá-lo ou não, mediante a força e tradição que entende para o caso, somente impondo que há a necessidade de diálogo. O CPC/2015 a instituir a vinculatividade formal não corrobora com este ponto, com a necessidade de utilização nos casos idênticos, mas, apesar de visão diversa, nem por isso se renega o que Dworkin entende sobre a necessidade de diálogo entre os juízes no tempo – um anterior e o atual. Com a vinculatividade formal, há a total necessidade de argumentação e diálogo para a questão fundamental do enquadramento, ainda que isso não seja um método de interpretação discricionária: "Ainda que cada um dos romancistas anteriores da cadeia assumisse suas responsabilidades de maneira bastante séria, o texto deveria mostrar as marcas de sua história, e você teria de adaptar seu estilo de interpretação a essa circunstância. Poderia não encontrar uma interpretação que fluísse ao longo do texto, que se adequasse a tudo aquilo que o material que lhe deram considera importante. Você deve diminuir suas pretensões (como talvez o façam os escritores conscienciosos que participam da equipe de autores de uma novela interminável) ao tentar elaborar uma interpretação que se ajuste ao conjunto do que você considera, no texto, como mais fundamental do ponto de vista artístico. Mais de uma interpretação pode sobreviver a essa prova mais branda. Para escolher entre elas, você deve se voltar para suas convicções estéticas de base, inclusive para aquelas que considera formais. É possível que inclusive para aquelas que considera formais. É possível que nenhuma interpretação sobreviva, mesmo a essa prova mais atenuada. Esta é a possibilidade cética que mencionei há pouco: você terminará, então, por abandonar o projeto, rejeitando sua tarefa por considerá-la impossível. Mas não pode saber de antemão que vai chegar a esse resultado cético. Primeiro, é preciso tentar. A fantasia do romance em cadeia será útil de diversas maneiras nesse último argumento, mas essa é a lição mais importante que tem a ensinar. A sábia opinião de que nenhuma interpretação poderia ser melhor deve ser conquistada e defendida como qualquer outro argumento interpretativo". DWORKIN, Ronald. *O Império do direito*. São Paulo: Martins Fontes, 2003. p. 284/285.

17. Numa trad do autor: numa tradução livre: tratar casos semelhantes de maneira semelhante.
18. Sobre esse brocardo, de maneira mais analítica e detalhada: ZANETI JR., Hermes. Precedentes (Treat Like Cases Alike) e o novo Código de Processo Civil; Universalização e vinculação horizontal como critérios de racionalidade e a negação da "jurisprudência persuasiva" como base para uma teoria e dogmática dos precedentes no Brasil. *Revista de Processo*. Ano 39, Vol. 235, p. 293 – 349, São Paulo: Ed. RT, 2014.
19. "Ou seja, os dois deveres podem impor ao tribunal uma só conduta". DIDIER JR., Fredie; BRAGA, Paula Sarno; OLIVEIRA, Rafael Alexandria de. *Teoria da Prova, direito probatório, decisão, precedentes, coisa julgada e tutela provisória*. 10 ed. Salvador. Juspodivm. 2015. p. 477.

de um caso isolado, para aquelas partes, mas, de certa maneira, pensando na transcendência de cada ação, em sua fundamentação[20].

1.1.1. Os meios de formação de precedentes judiciais no CPC/2015

Diante do dever fixado pelo CPC/2015 pela uniformização da jurisprudência, pelo respeito aos precedentes judiciais, com estabilidade, coerência e integridade, houve uma reformulação[21] de institutos existentes e criação de novos para o combate à dispersão jurisprudencial, para que se possa intensificar e conceder melhorias para a prestação jurisdicional, os quais o art. 927 do CPC concedeu necessidade de observância pelos demais julgadores.

Se o art. 926 do CPC traz consigo toda uma carga teórica imensa, a criação – de modo geral – de uma teoria de precedentes vinculantes e o seu arcabouço envolto de imaginar o precedente como uma carga principiológica, o art. 927 do CPC primou por ser mais pragmático, por realmente delimitar quais os precedentes judiciais são vinculantes, configurando um sistema específico de decisões judiciais ou institutos que criam uma carga de autoridade judicante maior, com uma visão de precedente como regra.

Esse é o primeiro ponto de importância do art. 927 do CPC.

As decisões oriundas dos institutos delineados no art. 927 do CPC têm uma vinculação normativa, dada a alteração procedimental realizada para a formação desses precedentes judiciais. Todos esses meios de formação de precedentes buscam sistematizar e aplacar a jurisprudência lotérica e a insegurança jurídica, contudo cada instituto tem uma real intenção de solução dentro desse sistema, o que pode-se separar como: *a formação de precedente para gestão de estoque; a formação de precedente para questão jurídica não repetitiva; e a formação de precedente fora de qualquer incidente, dada a sua argumentação jurídica.*

---

20. "São dois os deveres, que, ao lado dos demais (uniformizar a jurisprudência, mantê-la estável e divulgá-la devidamente), compõem o complexo de situações jurídicas passivas imputadas aos tribunais." DIDIER JR., Fredie; BRAGA, Paula Sarno; OLIVEIRA, Rafael Alexandria de. *Teoria da Prova, direito probatório, decisão, precedentes, coisa julgada e tutela provisória.* 10 ed. Salvador. Juspodivm. 2015. p. 477.

21. São novos e remodelados instrumentos processuais que necessitam de compreensão, estudo pormenorizado e real aplicabilidade: "Os novos instrumentos processuais representam uma nova ideia dos contornos do princípio da inafastabilidade e a "re-equalização" interna deste princípio ante a ponderação que se faz entre as vertentes do acesso amplo, da celeridade e da efetividade da prestação jurisdicional. Noutras palavras, os novos institutos demonstram um privilégio à uniformização da tese jurídica e o resultado final do conflito, em detrimento do acesso – em princípio, desnecessário – dos processos repetitivos aos tribunais." CERQUEIRA, Tarsis Silva de. Uma breve reflexão de resolução de casos repetitivos. *Julgamento de casos repetitivos*. DIDIER JR., Fredie; CUNHA; Leonardo Carneiro da. (orgs.) Salvador: Juspodivm. 2016. p. 440.

Esses institutos formadores de precedentes vinculantes, cada qual a seu modo peculiar, são técnicas para que se julgue uma só demanda – ou algumas, com o intuito de que o resultado analítico desta seja utilizado nos demais processos[22] que tenham identidade fática material com aquele outrora julgado.

Necessária se torna a análise de cada um destes meios de formação de precedente judicial.

1.1.1.1. A formação de precedente judicial para gestão de estoque

Se um dos problemas dos Tribunais é o excesso de demandas e, ainda, há a identificação de que muitas delas têm pontos em comum, diante de uma litigiosidade que se repete, seja em questões de fundo, aquelas com lesões a direitos individuais homogêneos, seja somente com questões incidentais, imagina-se que a solução está em julgar por amostragem, com a visão de que a pacificação de um entendimento é o início da resolução de uma questão repetitiva e de todo o impacto que esta ocasiona, como uma solução e para um problema já existente.

Diante de uma multiplicidade já existente, com milhares ou milhões de processos, existem dois institutos no CPC/2015 que visam a criação de um precedente vinculante, mediante um julgamento por amostragem, para a gestão de estoque e para que essa multiplicidade, atual e futura, ao menos sobre determinada questão, seja resolvida.

Os institutos próprios de gestão de estoque são: *recursos excepcionais repetitivos; e o incidente de resolução de demandas repetitivas.*

Para a existência de um julgamento por amostragem para gestão de estoque, em qualquer de suas espécies, ainda que com características diversas e autônomas, há de se entender, no entendimento de Cabral, que ocorre uma conjunção de "uma ou algumas causas que, pela similitude na sua tipicidade, são escolhidas para serem julgadas inicialmente, e cuja solução permite que se resolvam rapidamente todas as demais[23]."

Para tanto, o CPC/73 já tinha criado os *recursos excepcionais repetitivos*, em 2008, o rito repetitivo para os recursos excepcionais, com a inserção à época, via a Lei nº. 11.672, do art. 543-B (extraordinário repetitivo) e C

---

22. "Não há dúvidas de que as demandas de massa tem características próprias, que as diferem das demandas individuais e coletivas, exigindo dos diversos países a adaptação de seus sistemas jurídicos, a fim de tratá-las mais adequadamente, tendo em vista a insuficiência do regime processual das demandas individuais e coletivas para com as mesmas." ATAÍDE JR, Jaldemiro Rodrigues de. As demandas de massa e o projeto de novo código de processo civil. In FREIRE, Alexandre at. *Novas tendências do processo civil.* Salvador: Juspodivm, 2014. p. 48.

23. CABRAL, Antonio do Passo. O novo Procedimento-Modelo (*Musterferfahren*) Alemão: uma alternativa às ações coletivas. In: DIDIER JR, Fredie. *Leituras complementares de processo civil.* Salvador: Juspodivm, 2008. p. 146.

(especial repetitivo) no âmbito dos recursos excepcionais, em ambas as espécies, cada um em seu respectivo Tribunal Superior.

O intuito da instituição e a afetação de uma matéria recursal para um rito repetitivo passa por dois planos, conseguir conceder segurança jurídica, estabilidade[24] e previsibilidade das decisões dos Tribunais Superiores, com eficácia para todos os processos que tiverem identidade material e reorganizar o Judiciário em grau superior, na tentativa de estancar a crise de multiplicidade de demandas. Araújo destacava, ainda sob a égide do CPC/73, sobre o recurso excepcional repetitivo que "o novo dispositivo pretende, de um lado, conter a remessa de grande número de apelos reiterados e, de outro, instituir a vinculação da decisão aos casos repetidos[25]."

No CPC/2015, esse instituto está reformulado mediante a determinação de uma processualística detalhada a partir do art. 1.036, o que estipula, em seu *caput*, a possibilidade de um julgamento representativo da controvérsia quando houver identidade de matéria e multiplicidade de processos, possibilitando a atribuição de um rito repetitivo e diverso ao recurso no Tribunal Superior.

Logo, para os Tribunais Superiores, o rito repetitivo foi mantido e, teoricamente, melhorado, ao menos legislativamente. Todavia, o ordenamento processual também pensou em como gerir o estoque antes mesmo de alcançar os Tribunais Superiores, já nos Tribunais de segundo grau.

O CPC/2015 trouxe a novidade do incidente de resolução de demandas repetitivas ou, simplesmente, IRDR, como a aposta em como lidar com a multiplicidade de demandas desde o segundo grau de jurisdição, antecipando a discussão macro das demandas em massa. A competência é dos Tribunais Estaduais ou Regionais – TJs ou TRFs – os quais terão a novidade de apreciar matérias com o intuito de fixar teses jurídicas vinculantes.

Um instituto novo, com inspiração notadamente alemã[26], apesar de também ter influências de outras experiências[27], soando como uma real

---

24. O rito repetitivo foi a solução alcançada pelo próprio STJ como forma de ampliar a visualização do próprio recurso especial e sistematizar o seu julgamento. Entretanto, o intuito de sua análise e possibilidade deve decorrer do seu intuito precípuo, o jurisdicionado receber uma igualdade decisória e de tratamento judicial: "para que seja preservado o princípio da igualdade, é necessário que haja uma mesma pauta de conduta para todos os jurisdicionados". WAMBIER, Teresa Arruda Alvim. Estabilidade e adaptabilidade como objetivos do direito: *civil law* e *common law*. *Revista de Processo*. São Paulo, v. 34, n. 172, jun./2009. p. 144.

25. ARAÚJO, José Henrique Mouta. O julgamento dos recursos especiais por amostragem: notas sobre o art. 543-C, do CPC. Revista Dialética de Direito Processual, v. 65, p. 55-62, 2008. p. 59.

26. O instituto teve como inspiração um paralelo estrangeiro, o procedimento denominado de *musterverfahren*, oriundo do direito germânico, um procedimento de julgamento de processo-modelo, no "qual se elege uma "causa piloto" onde serão decididos determinados aspectos gerais e comuns a diversos casos já existentes, sendo que a solução encontrada será adotada por todas as ações pendentes sobre o mesmo tema." AMARAL, Guilherme Rizzo. Efetividade, segurança, massificação e a proposta de um "incidente de resolução de demandas repetitivas". *Revista do Processo*. ano 36. volume 196, junho/2011. p. 255/256.

27. Comentário do autor: o *Group Litigation Order – GLO* do direito inglês e o agrupamento de ações do direito português.

criação jurídica brasileira, com peculiaridades próprias, numa tentativa de aproximar-se da realidade brasileira.

O conceito, nos dizeres de Abboud e Cavalcanti, passa por um "mecanismo processual coletivo proposto para uniformização e fixação de tese jurídica repetitiva" que detém o objetivo de "conferir um julgamento coletivo e abstrato sobre as questões unicamente de direito abordadas nas demandas repetitivas, viabilizando a aplicação vinculada da tese jurídica aos respectivos casos concretos[28]."

O CPC/2015 primou, sobre o IRDR, por ampliar horizontes judicantes para formar precedentes vinculantes, incluindo os Tribunais de segundo grau - chamados de apelação/revisão[29] - na sistemática de pensar e contribuir para a resolução de demandas repetitivas, aumentando o leque de órgãos com a finalidade de alcançar processualmente soluções para os litígios que se repetem no âmbito territorial, atribuindo uma eficácia processual até então inexistente, primando pela efetividade de diversos princípios processuais constitucionais, dentre eles, o da duração razoável do processo[30].

O intuito, diante dessa nova espécie de julgamento por amostragem e formação de precedentes[31] vinculantes, é proteger os princípios da isonomia e da segurança jurídica[32], estancando, desde logo, decisões conflitantes em

28. ABBOUD, Georges; CAVALCANTI, Marcos de Araújo. Inconstitucionalidades do incidente de resolução de demandas repetitivas (IRDR) e os riscos ao sistema decisório. *Revista de Processo* | vol. 240 | Fev / 2015. p. 222.

29. Comentário do autor: mudando de certa maneira, a própria função dessas cortes, retirando a mera verificação da revisão, para passar a formar precedentes, o que necessita uma outra visão, uma outra amplitude judicante.

30. "O incidente de resolução de demandas repetitivas, técnica processual destinada a contingenciar litígios seriados, assenta-se em três pilares principais, quais sejam: o princípio constitucional da isonomia, que exige tratamento uniforme dos litígios isomórficos, a segurança jurídica, estampada na previsibilidade e uniformidade das decisões judicias e, por fim, a prestação jurisdicional em tempo razoável. Tais princípios, além de nortearem todo o ordenamento jurídico processual (como se infere, dentre outros, dos artigos 1º a 12º do CPC), são a base constitucional do incidente ora analisado." MENDES, Aluisio Gonçalves de Castro; TEMER, Sofia. O Incidente de resolução de demandas repetitivas do novo código de processo civil. *Coleção Novo CPC - Doutrina Selecionada - v.6 - Processo nos Tribunais e Meios de Impugnação às Decisões Judiciais.* Organizadores: DIDIER JR., Fredie; FREIRE, Alexandre; MACEDO, Lucas Buril de; PEIXOTO, Ravi. Editora Juspodivm, Salvador, 2015. p. 230.

31. Será que é mesmo um precedente? Marinoni defende que é uma tese vinculante. Mas, há diferenças? Marinoni ao discorrer sobre o IRDR tece críticas sobre a sua formação e tenta, dentro da possibilidade jurídica existente do incidente, sistematizá-lo somente como maneira de formar teses jurídicas, nunca precedentes, por, não aceitar que os tribunais de segundo grau tenha essa incumbência. "O incidente de resolução é uma técnica processual destinada a criar uma solução para a questão replicada nas múltiplas ações pendentes. Bem por isso, como é obvio, a decisão proferida no incidente de resolução de demandas repetitivas apenas resolve casos idênticos. Essa é a distinção básica entre o sistema de precedentes das Cortes Supremas e o incidente destinado a dar solução a uma questão litigiosa de que podem provir múltiplos casos." MARINONI, Luiz Guilherme. O "problema" do incidente de resolução de demandas repetitivas e dos recursos extraordinário e especial repetitivos. *Revista de Processo*. vol. 249. ano 40. p. 399-419. São Paulo: Ed. RT, nov. 2015. p. 401.

32. "Com isso, procura-se, de uma só vez, atender aos princípios da segurança jurídica, da isonomia e da economia processual." ABBOUD, Georges; CAVALCANTI, Marcos de Araújo. Inconstitucionalidades

matérias que a multiplicidade já se tornou latente, debatendo, no próprio segundo grau, a fixação de teses jurídicas, incutindo a estes, tal responsabilidade. Uma notória preocupação em trazer a preparação cognitiva e decisória, com um contraditório ampliado desde o segundo grau, para uma antecipação da resolução destes casos.

Tanto nos Tribunais Superiores quanto nos Tribunais de segundo grau, o CPC/2015 incluiu a possibilidade de formar precedentes vinculantes para controlar a multiplicidade, com o intuito de pensar nas decisões judiciais como um modo de pacificar entendimentos com a função de gerir o estoque de demandas existentes nos Tribunais. Essa gestão de estoque de processos via precedente judicial, em qualquer dos institutos ou graus de jurisdição serve para ambas as multiplicidades, tanto para as questões meritórias sobre direitos individuais homogêneos[33] quanto para questões processuais ou incidentais que se repetem em processos heterogêneos[34].

1.1.1.2. A formação de precedente judicial para questão jurídica não repetitiva

Diante da sistemática escolhida para formar precedentes vinculantes, além daqueles imaginados para aplacar uma multiplicidade já existente, existem também outros institutos que visam definir grandes questões de direito, sem ater-se a existência da multiplicidade como requisito para a sua instauração.

Dentre esses institutos estão: *a repercussão geral em recurso extraordinário; e o incidente de assunção de competência, em qualquer Tribunal.*

---

do incidente de resolução de demandas repetitivas (IRDR) e os riscos ao sistema decisório. *Revista de Processo* | vol. 240 | Fev / 2015.p. 222.

33. As situações em que os direitos individuais homogêneos são possíveis são inúmeras e cada dia mais amplas, Talamini versa sobre esse assunto: "situações em que uma imensa quantidade de pessoa titulariza, individualmente, um direito que é na essência idêntico aos demais. E surgem situações em que estas pessoas têm, ao mesmo tempo, esses seus respectivos direitos ameaçados ou violados por uma conduta ou conjunto de condutas provenientes de um mesmo sujeito ou conjunto de sujeitos." TALAMINI, Eduardo. Direitos individuais, homogêneos e seu substrato coletivo: a ação coletiva e os mecanismos previstos no CPC de 2015. Revista de Processo. Vol. 241, Ano 40, São Paulo: Ed. RT, mar/2015. p. 340.

34. Sobre as questões repetitivas e não demandas repetitivas, Temer (e Cavalcanti) entendem que, na maioria das vezes, o que se discutirá diante do IRDR, mas, utilizando o exemplo para os demais meios de julgamento com impacto em outras demandas, se discutem também questões repetitivas e não somente demandas ou mérito: "É o que ocorre quando o que se pretende é a resolução de questões estritamente processuais que se repetem em processos em que não há qualquer similitude em relação as questões substanciais, como, por exemplo, nas discussões de contagem de prazo, requisitos formais para admissibilidade de recursos, formalidades de atos de comunicação processual, entre inúmeras outras situações." TEMER, Sofia Orberg. Incidente de resolução de demandas repetitivas. Salvador: Juspodivm, 2016. p. 60. No mesmo sentido: CAVALCANTI, Marcos de Araújo. Incidente de resolução de demandas repetitivas e ações coletivas. Salvador: Juspodivm, 2015. p. 255.

Com o intuito de aplacar essa grande quantidade de recursos extraordinários no STF, a Emenda Constitucional nº. 45/2004 instituiu a *repercussão geral* como requisito de admissibilidade deste recurso, almejando que fosse cada vez mais excepcional, com a possibilidade do próprio Tribunal escolher e verificar quais as matérias pertinentes a seu crivo e julgamento. Parar de julgar casos meramente *inter partes*[35], como diria Câmara, passando a portar-se realmente como uma Corte de precedentes, como Marinoni[36] assevera.

Há quem diga que a repercussão geral substituiu a arguição de relevância, pela proximidade em termos de requisitos do próprio recurso extraordinário, contudo o critério é o inverso, já que na análise anterior, o que se tinha era a necessidade do recurso excepcional que versasse sobre questão não constitucional[37] arguir uma relevância para forçar o julgamento pelo STF, o que difere da própria repercussão geral, seja pela imposição a todos os recursos extraordinários, fato inexistente no requisito anterior, quanto em necessitar que seja na questão constitucional, não em questão federal.

E, por último, a arguição de relevância era um pedido de julgamento de matéria que não era competência do STF, mas, que por existir relevância, pleiteava-se que assim fosse, almejando, como diz Lamy[38], uma inclusão recursal, diferentemente da repercussão geral, a qual deve demonstrar para a Corte que a matéria constitucional - de competência natural - deve ser julgada por transcender[39] a própria ação.

35. "A criação desse requisito é, a nosso juízo, elogiável, já que faz com que o Supremo Tribunal Federal, Corte Suprema do País, só se debruce sobre causas realmente relevantes para a Nação. Não faz sentido que o Pretório Excelso perca seu tempo (e o do País) julgando causas que não tem qualquer relevância nacional, verdadeiras brigas de vizinhos, como fazia antes da EC 45/2004." CÂMARA, Alexandre Freitas. *Lições de Direito Processual Civil.* Volume II. 14ª edição, Revista e atualizada. – Rio de janeiro: Editora Lúmen Júris, 2007. p. 141.

36. "As Cortes Supremas definem o sentido da lei federal e da Constituição, agregando sentido à ordem jurídica, e apenas por isso os seus precedentes devem ser obrigatoriamente respeitados pelos juízes e tribunais. Toca às raias do absurdo elencar entre os pronunciamentos com força obrigatória as decisões proferidas em recursos repetitivos, esquecendo-se das demais decisões, inclusive das tomadas em repercussão geral pelo STF. Isso apenas teria lógica se a função das Cortes Supremas estivesse limitada a otimizar o trabalho do Poder Judiciário. Ora, a função da Corte Suprema, mais do que evitar decisões diferentes para casos em que se repetem em massa, dirige-se a casos que abrem oportunidade para a orientação da sociedade mediante a instituição de precedentes." MARINONI, Luiz Guilherme. A função das cortes supremas e o novo CPC. *Revista Magister de Direito Civil e Processual Civil.* n. 65 – Mar/Abr/2015. p. 21.

37. "será relevante a questão federal quando o interesse no seu desate seja maior fora da causa do que, propriamente dentro dela". BAPTISTA, N. Doreste. *Da arguição de relevância no recurso extraordinário.* Rio de Janeiro: Forense, 1976, p. 34.

38. "Por sua vez, a repercussão geral é instituto que possui o objetivo de possibilitar o não-conhecimento do mesmo recurso, caso possa não haver reflexo da referida decisão junto à sociedade. Logo, o antigo instituto buscava a inclusão, enquanto o atual justifica a exclusão, de feição bastante pragmática: uma alternativa ao congestionamento do STF." LAMY, Eduardo de Avelar. Repercussão Geral: A volta da Arguição de Relevância?. In: Teresa Arruda Alvim Wambier; et al. (Org.). *Reforma do Judiciário.* 1ª ed. São Paulo: Ed. RT. 2005, v. 1, p. 166-180. p. 178.

39. "A repercussão geral acaba por se reduzir a uma argüição de 'irrelevância'. Isso porque a relevância é presumida e a irrelevância só será reconhecida se neste sentido se manifestarem dois terços dos

Dessa maneira, a partir de 2004, criou-se um novo requisito de admissibilidade do recurso[40] extraordinário, a repercussão geral, porém somente em 2007 que passou a ser realmente cobrado no cotidiano forense do STF, uma vez que sua regulamentação ocorreu via lei infraconstitucional – nº. 11.418, de 19 de dezembro de 2006 – positivando procedimentalmente, a partir de então, um novo requisito de admissibilidade[41].

Ministros." MALTEZ, Rafael Tocantins, Repercussão geral da questão constitucional. in *Recurso Especial e Extraordinário – repercussão geral e atualidades,* Coord.: MELLO, Rogério Licastro Torres de. São Paulo, Método, 2007. p. 194.

40. No direito comparado, também vemos outras espécies de filtros de admissibilidade para as Cortes Supremas. Nos EUA, "Robert Stern et al afirmam, com base em diversos precedentes da Suprema Corte, que o *certiorari* usualmente é acolhido quando a corte inferior declara a inconstitucionalidade de uma lei federal ou quando é dada interpretação indesejável para evitar a declaração de inconstitucionalidade de uma lei federal. (...) Em outras palavras, a Suprema Corte dos EUA exerce juízo altamente subjetivo no sentido de avaliar o melhor momento de se pronunciar sobre uma determinada questão jurídica. (...) a praxe nos EUA envolve conceder o certiorari também em casos que contenham questões estaduais ou federais com significativo impacto na política externa do país." p. 472/473. Na Alemanha, no recurso para a Corte Federal de Justiça, existe o recurso de revisão, o qual tem também seu filtro: "Já era da tradição alemã, mesmo antes da reforma de 2001, a existência de uma hipótese de cabimento da revisão quando a questão jurídica em debate ostentasse "significação fundamental" (*grundatzliche Bedeuutung*). Sobre o conteúdo da questão dotada de significação fundamental, Artur May sustenta que ela deve ser suficientemente paradigmática e que, julgada, reúna condições de repercutir além dos estritos limites da lide. Ademais, afirma que a questão deve ter em sua essência um ponto duvidoso de difícil solução, que não derive claramente de uma interpretação razoável do texto legal." p. 475. Na Argentina, também há um similar à repercussão geral para o recurso extraordinário – de mesmo nome que no Brasil – datada da década de 90: "A instituição do filtro (...) foi implementada no direito positivo argentino por obra da lei 23.774 de 1990, que alterou, entre outros, o art. 280 do Còdigo Procesal Civil y Comercial de la Nácion (CPCN), conforme o seguinte excerto: Quando a Suprema Corte conhecer mediante recurso extraordinário, a recepção de uma causa implicará na avocação dos autos. A Corte, segundo sua discricionariedade sã, e com a só invocação dessa norma, poderá rechaçar o recurso extraordinário, por falta de lesão federal suficiente ou quando as questões discutidas carecerem de substancialidade ou de transcendência." p. 480. A comparação é necessária para entendermos que um filtro de constitucionalidade na atuação das Supremas Cortes é normal (os autores ainda citam com menos ênfases exemplos na Inglaterra, Japão, Canadá e Austrália) e, em todos, há um alto grau de subjetividade sobre quais os recursos que merecerão guarita da jurisdição constitucional suprema. A repercussão geral foi uma importação de tais institutos, com a visão brasileira, com as condizentes adaptações e estipulação objetiva para sua concessão e votação. Mas, no julgamento da questão de existência, continua a subjetividade que não há como fugir, sobre quais as questões que o STF quer ou não se ater. Talvez e, este trabalho parte dessa crítica, o instituto seja pormenorizado no cotidiano desta corte, bem como no novel ordenamento, meio que se confundindo por diversas vezes com os repetitivos. Uma repercussão geral só é válida em sua integralidade quando realmente as questões importantes que o STF tenha que julgar que sejam escolhidas, repassando os outros estoques com importância sem transcendentalidade para as outras instâncias. Nada adianta um filtro que não filtra." Para todas as citações: WAMBIER, Teresa Arruda Alvim; DANTAS, Bruno. *Recurso especial, recurso extraordinário e a nova função dos tribunais superiores no direito brasileiro.* 3ª. ed. São Paulo: Ed. RT. 2016.

41. A natureza jurídica da repercussão seria, então, um autêntico requisito de admissibilidade, como bem asseveram Cunha e Didier Jr.: "O recorrente, além de ter de fundamentar o seu recurso em uma das hipóteses do art. 102, III, da CF/1988, terá, também, de demonstrar o preenchimento desse outro requisito (art. 1.035, §2º, CPC). Para isso, deve o recorrente, em suas razões, demonstrar a existência de repercussão geral" CUNHA, Leonardo Carneiro da; DIDIER JR., Fredie. *Curso de direito processual civil. Meios de impugnação às decisões judiciais e processo nos tribunais.* 13ª ed. Salvador: Juspodivm, 2016. p. 363.

A validade prática do requisito passou a ser o dia 03 de maio de 2007, momento da aplicabilidade da regulamentação pelo Regimento Interno do STF.

A base conceitual da repercussão geral perfaz a necessidade da demonstração, pelo recorrente, da transcendência[42] daquela causa para a sociedade, com impacto social, jurídico, econômico ou político. Além da Constituição Federal, em seu art. 102, § 3° conceituar a própria repercussão, o CPC/2015 preocupou-se em também delinear as incidências de tal instituto no art. 1.035, § 1° quando determina, conceitualmente[43], a necessidade de existência de "questões relevantes do ponto de vista econômico, político, social ou jurídico que ultrapassem os interesses subjetivos do processo."

Não há, na repercussão geral, a necessidade de que a transcendência se opere pelas questões repetitivas, mas simplesmente pela noção geral de que haverá um impacto social maior do que a decisão para as partes, com uma relevância social, econômica, política ou jurídica. O intuito é criar um precedente judicial do STF para pacificar aquela determinada questão constitucional com repercussão além das partes.

A repercussão geral passou por uma grande reformulação do Regimento Interno do STF pela Emenda Regimental n°. 54/2020[44], com novas diretrizes para a sua atribuição, votação e efeitos, com a possibilidade de uma negativa monocrática e uma melhor sistematização da própria função de criar um precedente vinculante com uma sistemática hábil, evoluindo da prática complexa e demorada da afetação ao pleno para o recurso extraordinário em sistemática de repercussão geral. O intuito é que haja uma melhoria no sistema e uma melhor adequação da própria aplicabilidade no recurso extraordinário, saindo dos filtros ocultos[45] existentes no cotidiano do STF.

---

42. "haverá repercussão em determinada causa/questão quando os reflexos da decisão a ser prolatada não se limita apenas aos litigantes mas, também, a toda uma coletividade. Não necessariamente a toda a coletividade (país), mas de uma forma não individual." GOMES JR, Luiz Manoel. *A Repercussão Geral da Questão Constitucional no Recurso Extraordinário.* São Paulo. Revista Forense. 2005. p. 54.

43. Marinoni critica esta conceituação, seja pelo CPC/73 ou pelo CPC/2015, do que seria a repercussão geral, insistindo que a própria constituição já define o tema de modo satisfatório e, ademais, o STF teria competência e discricionariedade para fazê-lo. "Ora, a legislação processual deve passar longe do significado de repercussão geral, uma vez que cabe apenas e unicamente ao STF dizer quando ela está presente, nos termos da norma constitucional respectiva." MARINONI, Luiz Guilherme. A função das cortes supremas e o novo CPC. *Revista Magister de Direito Civil e Processual Civil.* n. 65 – Mar/Abr/2015. p. 21.

44. Sobre este ponto de atualização do Regimento Interno do STF e da repercussão geral: LEMOS, Vinicius Silva; RODRIGUES, Marco Antonio. A emenda regimental no. 54/2020 do Regimento Interno do STF, a repercussão geral e a busca pela evolução sistêmica. Artigo no prelo.

45. Sobre a repercussão geral e os filtros ocultos de sua aplicabilidade no recurso extraordinário: REGO, Frederico Montedonio. O filtro oculto de repercussão geral: como o obscurecimento dos juízos de relevância contribui para a crise do STF. Revista de Direito Brasileira, Vol. 18, p. 6-29, São Paulo: 2017. p. 13.

Também longe da sistemática de repetitivos ou multiplicidade, o CPC/2015 trouxe o *incidente de assunção de competência* ou, somente IAC, com a deflagração de um incidente recursal para o julgamento de uma matéria de direito, de grande repercussão social, contudo sem a existência de demandas repetitivas.

Ou seja, um contraponto as técnicas de julgamento por amostragem por repetitivos.

A decisão desse incidente, apesar de definir um ponto futuro, uma grande questão de direito já será identificada e pacificada, o intuito é diverso das demandas repetitivas, não há a existência de um estoque de demandas a serem resolvidas, mas uma questão de direito que mesmo sem a repetitividade, tem grande importância para que os Tribunais a resolvam.

Sobre o incidente, o cerne deste estudo, será analisado cada detalhe no decorrer desse trabalho, como a possibilidade de suscitação em recursos, remessa necessária e ações de competência originária e todos os desdobramentos procedimentais. No entanto, o mais importante é visualizar dois pontos características: *tal incidente pode ser suscitado em qualquer instância ou Tribunal; e a decisão dali proveniente tem vinculação normativa, conforme preconizada no art. 947 do CPC.*

Esses pontos são importantes por alguns motivos.

O primeiro passa pela possibilidade, a partir de então, de qualquer Tribunal, ao entender que determinada matéria é importante, sem a existência de multiplicidade, afetar em assunção de competência, transferindo-o para um colegiado maior, justamente para que esse assuma a competência da demanda principal e, ao julgar, defina a questão de direito em incidente de assunção de competência, com vinculação aos demais órgãos dali vinculados.

Outro ponto é o seu intuito de poder pacificar o entendimento em qualquer grau e, ainda, sem ser um meio de aplacar multiplicidade de demandas, mas com o foco em prevenir ou compor divergência em grande questão de direito.

Ou seja, o incidente de assunção de competência tem alto grau de vinculação e uma grande possibilidade de ser utilizador por qualquer Tribunal, inclusive pelos Superiores – STJ e STF.

1.1.1.3. A formação de precedente judicial fora de qualquer incidente, dada a sua argumentação jurídica

O mais normal dos precedentes judiciais existentes no direito brasileiro é a jurisprudência. No entanto, é importante diferenciar o precedente judicial da jurisprudência em si. O precedente judicial é a decisão com autoridade argumentativa e, por vezes, com composição de autoridade de um Tribunal, geralmente Superior, que pacifique a matéria e imponha esse entendimento a partir daquele julgamento, daquele momento. É uma decisão que pacifica a questão.

Já a jurisprudência tem outro viés, o qual se percebe no seguinte conceito: "uma sucessão de acórdãos consonantes, sobre um mesmo tema, prolatados em modo reiterado e constante, por órgão jurisdicional colegiado, num mesmo foro ou Justiça[46]."

A jurisprudência é um conglomerado de decisões judiciais pelos Tribunais sobre o mesmo tema. Não há um caráter lógico e pormenorizado sobre a sua criação, simplesmente, de forma cotidiana, ao se deparar com o mesmo tema (ainda que com nuances diversas) aquele Tribunal enfrenta a temática da matéria no caso concreto e aplica o seu entendimento[47]. Não há uma construção lógica, mas uma visão paulatina, cotidiana sobre a mesma questão ou visões da mesma questão.

Numa análise sobre o conceito, identifica-se para o nascimento de jurisprudência alguns pontos: uma sucessão de recursos, mesmo tema, decisões em forma de acórdãos, modo reiterado e constante, identidade de juízo (colegiado ou Tribunal).

Um julgamento isolado de uma matéria não forma jurisprudência, somente com a reiteração em diversos casos, que tal posicionamento ganha uma força para delinear-se como jurisprudência.

Todavia, o intuito da inclusão da jurisprudência nesse ponto não está em sua reiteração, na sua construção paulatina ou lógica, pelo contrário, na possibilidade, ainda que não usual, de que uma decisão firmada por um colegiado, ainda que seja um órgão fracionário de um Tribunal possa conter uma argumentação jurídica contundente que resolva determinada situação e, a partir daquele momento, mesmo fora de institutos de julgamento por amostragem ou para formação efetiva de precedente vinculante, detém eficácia normativa e argumentativa tal que passa a ser seguido, pacificando o entendimento.

Esse é o precedente pelo seu simples teor, ainda que seja criado, de maneira geral, como uma jurisprudência em si, como mais um julgado sobre o tema, porém, há de se perceber a autoridade do primeiro julgado sobre a

---

46. MANCUSO, Rodolfo de Camargo. Divergência jurisprudencial e súmula vinculante. São Paulo: Ed. RT, 1999. p. 33.

47. "Jurisprudência é o conjunto de decisões uniformes e constantes dos tribunais, resultante da aplicação de normas a casos semelhantes constituindo uma norma geral aplicável a toda as hipóteses similares e idênticas. É o conjunto de normas emanadas dos juízes em sua atividade jurisdicional." DINIZ, Maria Helena. Compêndio de introdução à ciência do direito. 5ª. ed. São Paulo: Saraiva, 1993. p. 290.

questão e como este influencia (se for o caso) os demais posteriores, sendo o primeiro um precedente e os demais a aplicação deste precedente, como meio de formar um precedente com um arcabouço decisório mais robusto.

1.2. O OLHAR PARA UMA TEORIA DOS PRECEDENTES JUDICIAIS NO BRASIL

A teoria de utilização dos precedentes judiciais nasce no direito *common law*, que é baseado no uso e costume, oriundo dos países anglo-saxões. Mas, o que seria necessariamente a conceituação de um precedente? Tucci determina, ao delimitar a base de um precedente, a sua relação fática e parte motivacional, o que leva a "todo precedente é composto de duas partes distintas: a) as circunstâncias de fato que embasam a controvérsia; e b) a tese ou o princípio jurídico assentado na motivação (*ratio decidendi*) do provimento decisório[48]."

Para Didier Jr., Braga e Oliveira, a conceituação do precedente seria "a decisão judicial tomada à luz de um caso em concreto, cujo elemento normativo pode servir como diretriz para o julgamento posterior de casos análogos[49]." Para Marinoni e Mitidiero, os precedentes "são razões generalizáveis que podem ser identificadas a partir das decisões judiciais. O precedente é formado a partir da decisão judicial e colabora de forma contextual para a determinação do direito e para sua previsibilidade[50]." Na análise de Rupert Cross e J. W. Harris, o precedente é essencial para a justiça, uma vez que "é um princípio básico de administração de justiça que os casos similares devem ser decididos de maneira idêntica[51]." Explicam, ainda, que "no sistema baseado no caso-lei[52] ou precedente, o juiz subsequente deve levar em conta as questões[53]" anteriores ou o próprio precedente.

48. TUCCI, José Rogério Cruz e. *Precedente judicial como fonte do direito.* São Paulo: RT, 2004. p. 12.

49. DIDIER Jr. Fredie; BRAGA, Paula Sarno; OLIVEIRA, Rafael Alexandria de. *Direito probatório, decisão judicial, cumprimento e liquidação da sentença e coisa julgada.* 10ª ed. Salvador. Juspodivm. 2015. p. 441.

50. MARINONI, Luiz Guilherme; MITIDIERO, Daniel. *Comentários ao novo código de processo civil: artigos 926 a 975.* Coord.: MARINONI, Luiz Guilherme; ARENHART, Sérgio Cruz; MITIDIERO, Daniel. 1ª, Ed, RT: São Paulo: 2016. p. 47.

51. Livre tradução de: CROSS, Rupert; HARRIS, J. W. *Precedent in English Law*. 4ª. ed. Oxford: Oxford University Press, 2004. p. 3.

52. "Case-law consist of the rules and principles stated and acted upon by judges in giving decisions." CROSS, Rupert; HARRIS, J. W. *Precedent in English Law*. 4.ed. Oxford: Oxford University Press, 2004, p. 3. Pode ser traduzido livremente como "O precedente consiste das regras e princípios enunciados em atuações anteriores de juízes ao tomar decisões."

53. Livre tradução de: "In a system based on case-law, a judge subsequent case must have regard to these matters". CROSS, Rupert; HARRIS, J. W. *Precedent in English Law*. 4.ed. Oxford: Oxford University Press, 2004. p. 3.

Por essas visões, pode-se realizar uma intersecção, apesar das pequenas distinções, de entendimentos, com o detalhamento para a formação de uma norma advinda de um precedente, a jurisdição deve ser provocada por um indivíduo, com o pedido de resolução de um caso concreto, com uma delimitação fática e jurídica pelo Estado-juiz com a interpretação judicial ao caso, culminando em uma decisão que, pelos seus elementos, serve como base para utilização posterior em casos que tragam as mesmas indagações concretas.

Marinoni e Mitidiero enfatizam que a decisão[54] acaba por ser a base, mas não o precedente judicial em si[55], fato muito importante para a própria construção de uma visão brasileira de um precedente e o quanto necessitamos de esclarecimento sobre tal ponto.

No entanto, importante entender o que seria a cultura do precedente no direito comparado. Quando estuda-se os precedentes judiciais nos países adeptos ao *common law,* tem-se uma base diferente de formação do precedente, geralmente sem uma determinada lei para aquela situação levada ao Judiciário, o conflito existente merece uma solução a ser construída pelo julgador, o que, para aquela situação, é a própria formação da norma jurídica, atrelando os fatos ali dispostos como componentes da própria norma, como uma resposta do órgão julgador ao pleiteado pela sociedade, representada pelas partes.

De certo modo, há um entendimento de que não se cria o direito no *common law*, mas o direito está ali para ser descoberto, a partir da norma jurídica que resolve o conflito colocado à jurisdição.

O direito, diante dessa concepção, nasce dos conflitos e suas resoluções, o que impacta que, numa maneira geral, os precedentes num direito *common law* nascem dessas soluções jurídicas concretas, porém, com vinculação gradativa, seja para o juízo que assim o decidiu, depois para os Tribunais em escala, a partir do momento em que decidem aquela matéria, até chegar na Corte Superior, quando o efeito vinculante argumentativo terá maior incidência. Todavia, importante salientar que a cultura de precedentes não nasce meramente de uma decisão maior da Corte, mas se consolida com esta.

---

54. "A decisão judicial desempenha, portanto, dupla função: define a controvérsia instaurada entre as partes e também tem valor de precedente, de sorte que um princípio de direito, deduzido por meio de uma decisão judicial, deverá ser considerado e aplicado, no futuro, a casos semelhantes" MARCATO, Antonio Carlos. Os precedentes judiciais e o novo Código de. Processo Civil. *Revista de Direito da ADVOCEF.* Ano XI nº 21 nov/2015. p. 52.

55. MARINONI, Luiz Guilherme; MITIDIERO, Daniel. *Comentários ao novo código de processo civil: artigos 926 a 975.* Coord.: MARINONI, Luiz Guilherme; ARENHART, Sérgio Cruz; MITIDIERO, Daniel. 1ª, Ed, RT: São Paulo: 2016. p. 47.

Ou seja, a formação de um precedente nasce do caso comum, da atuação do juízo de primeiro grau, dos Tribunais de revisão até chegar na estabilização dada pela Corte Superior, em sua decisão, criando, argumentativamente, através dos costumes, a sua própria vinculação[56].

O precedente em sua essência, oriundo do *common law*, é uma decisão diante de um posicionamento que surge da jurisdição de baixo para cima, não há um procedimento específico para tal desiderato, nem momento marcado para a assimilação de que criou um precedente, mas nasce da resolução daquele conflito novel para a sociedade, nos limites das ideias de direito, moral e costume.

Desse modo, apostar e acreditar na teoria dos precedentes deve passar pela construção natural de uma estabilização de um posicionamento como algo que a própria sociedade reflete, nunca como uma atuação do Judiciário como um órgão plenamente legislador, que numa decisão desconectada com a sociedade determina o que será a norma a partir daquela decisão judicial.

Schauer[57] enfatiza que a utilização da teoria dos precedentes passar por utilizar o passado para decidir o futuro, mas de maneira que o decidido no passado saiba atuar na linha tênue entre decidir o caso em concreto naquele momento sem pensar demasiadamente no futuro, contudo que não se decida o determinado caso sem esquecer que futuramente será base para uma utilização posterior.

Certamente uma linha muito tênue de atuação judicante.

É e deve ser o intuito do precedente judicial, nascer enquanto solução dada para um caso atual, de acordo com as peculiaridades de sua relação fático-jurídica, como um conjunto de argumentações da solução apresentada e, consequentemente, com a possibilidade de utilização futura. Zaneti Jr. explica que o precedente é uma solução jurídica, uma solução a que se chegou, judicialmente, ao conflito ali disposto e, que seu caminho argumentativo leva

56. "a ideia de vinculação do julgado precedente às demandas semelhantes surgiu nos idos do século XIX, quando a Câmara dos Lordes admitiu o caráter vinculativo das suas próprias decisões nos casos *Beamish v. Beamish* em 1861, referendado no caso *London Street Tranways v. London County Council*, este último tido como o mais célebre case." PORTO, Sérgio Gilberto. *Sobre a common law, civil law e o precedente judicial.* http://www.abdpc.org.br/abdpc/artigos/sergio%20porto-formatado.pdf.

57. "A perspectiva tradicional sobre os precedentes, dentro e fora do direito, tem, desta maneira, focado no uso dos precedentes do passado nas decisões atuais. Entretanto, de uma maneira igualmente se não mais importante, uma argumentação por precedente se projeta também para o futuro, pedindo-nos para olhar as decisões de hoje como um precedente para os julgadores do amanhã. Hoje não é apenas o futuro do passado; é, do mesmo modo, o ontem do amanhã. Um sistema de precedentes, assim, envolve a responsabilidade especial que acompanha o poder de comprometer o futuro antes de chegarmos lá." SCHAUER, Frederick. Precedente. *Precedentes.* Organizadores: DIDIER JR., Fredie; CUNHA, Leonardo Carneiro da; MACEDO, Lucas Buril de; ATAIDE JR, Jaldemiro Rodrigues de. Salvador: Juspodivm, 2015. p. 50/51.

à nova norma jurídica[58]. Decide-se o caso em questão, com a formação de uma decisão que fará lei entre as partes e, igualmente, essa norma jurídica serve para a interpretação entre os fatos e a subsunção ali realizada.

Num sistema que respeita as decisões preexistentes, há um respeito à própria teoria dos precedentes judiciais e da manutenção da estabilidade do decidido, com a possibilidade clara e normal do Judiciário, de maneira apta e legítima, criar normas a partir da atividade judicante na relação fato determinado e direito aplicado. Ao julgar, naturalmente nasce uma norma jurídica para o caso e, consequentemente, para utilização posterior, pela necessidade de julgar os casos idênticos de maneira similar, coerente e íntegra.

O Brasil tem uma complexidade normativa processual, sem a tradição de uma cultura de precedentes, apesar de uma utilização paulatina de um direito jurisprudencial, com a utilização de decisões reiteradas de Tribunais, contudo, não há, como enfatiza Zaneti Jr., uma vinculação[59] do que se decidiu anteriormente ao que se decidirá em caso parecido.

Portanto, num aspecto cultural e sistêmico, devemos, por tradição, vinculação somente à norma legal[60], o que ocasiona, mediante diversas interpretações possíveis do texto normativo, uma jurisprudência claudicante e com excesso de recorribilidade, o que já relembra Cambi[61] sobre a maneira lotérica da jurisprudência.

Nesse caminho, não há como seguir do mesmo modo, sem uma uniformização dos posicionamentos jurisprudenciais e, ainda, permitindo decisões

58. Ao definir os precedentes, de modo geral, Zaneti Jr. estabelece como normas jurídicas estabelecidas que podem ser retiradas da solução daquele caso em concreto, sempre com a necessidade de uma argumentação comparativa entre os casos – o anterior e o atual de possível aplicabilidade do precedente: "Trata-se, portanto, da solução jurídica explicitada argumentativamente pelo intérprete a partir da unidade fático-jurídica do caso-precedente com o caso-atual." ZANETI JR., Hermes. *O valor vinculante dos precedentes: teoria dos precedentes normativos formalmente vinculantes*. 2ª. ed. Salvador: Juspodivm. 2016. p. 304/305.

59. Zaneti Jr. explica a utilização da jurisprudência, apesar de não ser um precedente, no direito brasileiro e a maneira com que esta tem um certo poder, mas não guarda a relação correta com a função de basilar, de maneira argumentativa em sua autoridade, a decisão posterior: "A expressão "direito jurisprudencial" é de uso habitual nos países de *civil law*. Essa expressão, normalmente, refere-se ao uso reiterado de decisões judiciais, como exemplo do que os tribunais estão decidindo, indicando uma linha de entendimento dos tribunais." ZANETI JR., Hermes. *O valor vinculante dos precedentes: teoria dos precedentes normativos formalmente vinculantes*. 2ª. ed. Salvador: Juspodivm. 2016. p. 303.

60. Sobre a jurisprudência, Zaneti Jr. explica: "Portanto, não é considerada, do ponto de vista dogmático, norma válida e obrigatória. Esta força vinculante comumente, é atribuída apenas às normas legais." ZANETI JR., Hermes. *O valor vinculante dos precedentes: teoria dos precedentes normativos formalmente vinculantes*. 2ª. ed. Salvador: Juspodivm. 2016. p. 303.

61. "A ideia da jurisprudência lotérica se insere justamente nesse contexto; isto é, quando a mesma questão jurídica é julgada por duas ou mais maneiras diferentes. Assim, se a parte tiver a sorte de a causa ser distribuída a determinado Juiz, que tenha entendimento favorável da matéria jurídica envolvida, obtém a tutela jurisdicional; caso contrário, a decisão não lhe reconhece o direito pleiteado." CAMBI, Eduardo. Jurisprudência Lotérica. *Revista dos Tribunais*. São Paulo: RT, ano 90, v. 786, abr. 2001. p. 111.

díspares entre os Tribunais e, por muitas vezes, dentro de um mesmo Tribunal. Há a necessidade crível de evolução, o que levou a criação do art. 926 do CPC que tende a solucionar essa precariedade, com a inserção do dever de uniformização e, posteriormente a esta, mantê-la estável, coerente e íntegra[62].

Uma dúvida recai nesse ponto: o disposto no art. 926 do CPC passa pela criação de precedente? Há pertinência nesse questionamento para que se tenha a noção da criação de uma cultura de precedentes judicial no Brasil[63] e, ainda, para que se entenda o que seria o precedente judicial.

Em conjunção com esse mencionado dispositivo, muitos outros, principalmente os quais conceituam cada instituto já citado, foram criados – alguns antes do CPC/2015 e outros nesse ordenamento – para uniformizar entendimentos e vincular os próprios Tribunais[64], os quais seus órgãos estarão vinculados, pelo próprio dever de autorreferência[65] e os órgãos hierarquicamente inferiores, desde os Tribunais de revisão, quanto os juízes de primeiro grau.

Evidente que o intuito de uma teoria de precedentes judiciais, ainda que seja uma às avessas, como no Brasil, é conceder ao sistema Judiciário e, consequentemente, à sociedade uma previsibilidade[66], garantindo um mínimo de segurança jurídica, princípio constitucional basilar para a aplicabilidade da justiça.

---

62. 8"A integridade exige que os juízes construam seus argumentos de forma integrada ao conjunto do direito. Trata-se de uma garantia contra arbitrariedades interpretativas. A integridade limita a ação dos juízes; mais do que isso, coloca efetivos freios, através dessas comunidades de princípios, às atitudes solipsistas-voluntaristas. A integridade é uma forma de virtude política. A integridade significa rechaçar a tentação da arbitrariedade" STRECK, Lênio Luiz. *Por que agora dá para apostar no projeto do novo CPC*. http://www.conjur.com.br/2013-out-21/leniostreck-agora-apostar-projeto-cpc.

63. "o respeito aos precedentes judiciais é ainda tema novo no Brasil e gera grande polêmica. Parte da magistratura entende que a aplicação de decisões judiciais anteriores a novos casos implicaria restrição à liberdade de convicção do julgador. Isso é natural diante desse momento de ruptura. Cada grande mudança é, normalmente, acompanhada de resistência. Mas, na verdade, o estudo mais apropriado da teoria dos precedentes mostra que ela não viola a liberdade judicial. Muito pelo contrário. Se aplicada corretamente, tal teoria valoriza as decisões e ainda assegura uma evolução da própria jurisprudência." DOTTI, Rogéria. Os precedentes judiciais e antecipação: a tutela da evidência no novo CPC. *Revista de Direito da ADVOCEF*. Ano XI nº 21 nov/2015. p. 68.

64. Enunciado n.º 316 do FPPC: A estabilidade da jurisprudência do tribunal depende também da observância de seus próprios precedentes, inclusive por seus órgãos fracionários.

65. Evidente que se há um precedente, como explicitado, os órgãos hierarquicamente abaixo, são vinculados, mas, antes disso, qualquer órgão tem o dever de manter a sua própria jurisprudência uniformizada e, posteriormente, estabilizada, pelo próprio dever de autorreferência, passando para a sociedade uma sensação de segurança jurídica. Peixoto delimita bem sobre isso: "Um relevante dever gerado aos tribunais pela adoção de uma teoria de precedentes é a necessidade de autorreferência. Não se pode mais admitir que, em havendo algum entendimento anterior sobre um mesmo tema, possa ele ser solenemente ignorado na decisão do magistrado. As decisões não podem partir de um grau zero." PEIXOTO, Ravi. *Superação do precedente e segurança jurídica*. Salvador, Juspodivm. 2015. p. 193.

66. "Para que o cidadão possa esperar um comportamento ou se postar de determinado modo, é necessário que haja univocidade na qualificação das situações jurídicas. Além disso, há que se garantir-lhe previsibilidade em relação às consequências das suas ações. O cidadão deve saber, na medida do

Para pensarmos nessa segurança jurídica, dois outros pontos são essenciais: a confiança e a isonomia nas decisões jurídicas.

Para Marinoni, a confiança[67] está relacionada com a previsibilidade[68] e, para se alcançar esta, o sistema deve propiciar confiança ao jurisdicionado, de diferentes maneiras. Para Sarlet, somente haverá a confiança "quando o Direito assegurar também a proteção da confiança do indivíduo (e do corpo social com um todo) na própria ordem jurídica e, de modo especial, na ordem constitucional vigente[69]."

O sistema normativo deve propiciar uma base de confiança, uma gama de direitos que propiciem uma confiança legítima[70] do jurisdicionado no próprio Estado como garantidor da justiça, com a possibilidade de uma previsibilidade naquela prestação jurisdicional. Sem essa confiança, não há, evidentemente, uma relação pertinente entre o indivíduo que almeja a justiça e o próprio Estado. Sem norma condizente a garantir uma pacificação, uniformização e estabilidade, a situação somente se agrava, o que leva o sistema normativo a ser o ponto inicial da confiança.

Depois, a segurança jurídica almejada na teoria dos precedentes se concretiza quando na aplicabilidade futura deste se alcançará a isonomia

possível, não apenas os efeitos que as suas ações poderão produzir, mas também como os terceiros poderão reagir diante delas. Note-se, contudo, que a previsibilidade das consequências oriundas da prática de conduta ou ato pressupõe univocidade em relação à qualificação das situações jurídicas, o que torna esses elementos indissociavelmente ligados." MARINONI, Luiz Guilherme. O precedente na dimensão da segurança jurídica. In: A força dos precedentes. *Estudos dos cursos de Mestrado e Doutorado em Direito Processual Civil da UFPR*. Coord. Luiz Guilherme Marinoni. 2. ed. Salvador: Juspodivm, 2012. p. 560.

67. "A previsibilidade obviamente depende da confiança. Não há como prever sem confiar. De modo que também pode ser dito que a confiança é um requisito da previsibilidade. Portanto, como o Estado tem o dever de garantir a previsibilidade, cabe-lhe tutelar ou proteger a confiança do cidadão em relação às consequências das suas ações e às reações dos terceiros diante dos seus atos, assim como no que diz respeito aos efeitos dos atos do poder público." MARINONI, Luiz Guilherme. *Princípio da segurança jurídica dos atos jurisdicionais*. http://www.marinoni.adv.br/wp-content/uploads/2016/08/Princípio-da-Segurança-dos-Atos-Jurisdicionais-MARINONI.pdf.

68. O sentido de previsibilidade é mais amplo do que somente prever e, de certo modo, ter ciência prévia do que se decidirá, mas é saber que não acontecerá nada fora do padrão, o que Wambier preconiza bem; "Quando se pensa na previsibilidade, como objetivo a ser perseguido e alcançado pelo direito, não se quer com isso dizer que as partes tenham sempre condições de prever de forma precisa como será a decisão de um processo em que contendem. Mas a decisão não deve ser daquelas que jamais poderiam ser imaginadas." WAMBIER, Teresa Arruda Alvim. Estabilidade e adaptabilidade como objetivos do direito: *civil law* e *common law*. *Revista de Processo*. São Paulo, v. 34, n. 172, jun./2009. p. 142.

69. SARLET, Ingo Wolfgang. A eficácia do direito fundamental à segurança jurídica: dignidade da pessoa humana, direitos fundamentais e proibição de retrocesso social no direito constitucional brasileiro. *Revista Brasileira de Direito Público*. Belo Horizonte, v. 3, n. 11, out. 2005. p. 11.

70. "Em outras palavras, o respeito aos precedentes estratifica a confiança legítima: os jurisdicionados passam a confiar nas decisões proferidas pelo judiciário, acreditando que os casos similares terão o mesmo tratamento e as soluções serão idênticas para situações iguais." CUNHA, Leonardo José Carneiro da; DIDIER JR., Fredie. *Curso de direito processual civil. Meios de impugnação às decisões judiciais e processo nos tribunais*. 13ª ed. Salvador: Juspodivm, 2016. p. 656.

jurídica[71], pela própria utilização coerente daquele paradigma para o caso análogo futuro a ser julgado, possibilitando uma igualdade de tratamento pelo Tribunal aos jurisdicionados, seja aquele que formou o precedente, seja aquele que tem o caso a ser julgado com base na utilização desse precedente. Decisões que utilizam os precedentes, de modo correto, com a comparação da decisão que formou o paradigma com a delimitação de fatos daquela ação, são coerentes na aplicação do direito.

Entretanto, diante de um sistema ainda em construção de precedentes judiciais, sem a importação definida do direito estrangeiro para o instituto, com os moldes e peculiaridades jurídicas brasileiras, vários pontos processuais devem ser atados para uma melhor aplicabilidade dessa teoria.

Nisso, Lopes Filho, veementemente, discorda[72] que essa teoria dos precedentes ocasione, pura e simplesmente, a garantia de segurança jurídica, seja por essa não ser somente uma previsibilidade de resultados ou, ainda, que um sistema de precedentes não está interligado a estrutura de aplicabilidade do que se decidiu, mas sobre a própria lógica de resolução natural de problema e replicação destas, com a sua autoridade argumentativa[73] como melhor solução e não pela vinculatividade legal.

De certa maneira, o argumento é pertinente, não será somente formular decisões sem debates ou qualidade e replicá-las, isso geraria um sistema de precedentes com baixa densidade de autoridade argumentativa, ainda que tenha uma autoridade legal para a utilização como precedente. A busca deve ser na formação de um precedente que tenha uma substância que convença

71. "Neste cenário, o respeito ao princípio da isonomia (em sua conotação material) e à própria segurança jurídica passou a exigir uma aproximação entre os sistemas *civil law* e o *common law*, a fim de assegurar tratamento igual para casos iguais (*treat like cases alike*)." DOTTI, Rogéria. Os precedentes judiciais e antecipação: a tutela da evidência no novo CPC. *Revista de Direito da ADVOCEF.* Ano XI nº 21 nov/2015. p. 63.

72. Lopes Filho argumenta claramente como erro a visualização de precedente como garantidor de uma segurança jurídica. LOPES FILHO, Juraci Mourão. *Os precedentes judiciais no constitucionalismo brasileiro contemporâneo.* 1ª. Ed. Salvador: Juspodivm. 2014. p. 115.

73. Nesse mesmo sentido, Bustamante defende que o precedente deve vencer pelo argumento, deve ser visto pelo que representa juridicamente e, não, pela autoridade do seu procedimento. "Torna-se essencial, por conseguinte, estabelecer o mesmo tipo de cultura argumentativa sobre o precedente judicial existente no direito do Reino Unido. Sem essa cultura argumentativa, o efeito vinculante do precedente judicial pode muito bem ser compreendido, na realidade, como um pretexto para a mera produção discricionária de normas abstratas pelos tribunais, ou mesmo – o que seria pior ainda – para ao mesmo tempo autorizar o Supremo Tribunal Federal a cassar simplesmente qualquer decisão judicial, por meio de Reclamações, e desonerá-lo da difícil tarefa de realização uma comparação analítica de casos para realizar essa pesada interferência sobre os demais órgãos do Poder Judiciário." BUSTAMANTE, Thomas da Rosa de. A dificuldade de se criar uma cultura argumentativa do precedente judicial e o desafio do novo CPC. *Precedentes.* Organizadores: DIDIER JR., Fredie; CUNHA, Leonardo Carneiro da; MACEDO, Lucas Buril de; ATAIDE JR, Jaldemiro Rodrigues de. Salvador: Juspodivm, 2015. p. 296.

os interlocutores e os aplicadores do direito como a melhor solução para o caso e, a partir disso, ser aplicada dentro desse sistema.

De qualquer modo, o CPC/2015 instituiu um sistema de valorização da decisão judicial como parâmetro para chegar-se a uma decisão constitucionalmente adequada, com artigos, como salientado, que delimitam a observância das decisões formadas em institutos próprios para tal desiderato. O art. 926 do CPC tenta sistematizar a base principiológica e os deveres dos julgadores, com uma visão de que utilizar uma razoabilidade judicante e previsibilidade é um dever do Judiciário, primeiro uniformizando os seus entendimentos e, posteriormente, mantê-los estáveis, coerentes e íntegros. Já o disposto no art. 927 do CPC e as decisões exemplificativas como vinculantes demonstram que há uma organicidade do sistema, com a determinação de decisões que normativamente têm o mesmo valor que uma regra, com alto grau de vinculatividade.

Ainda que não seja um sistema *common law* - e nem nunca será, há uma clara visão híbrida diante de tais ponderações.

E, diante de tal ponderação, o incidente de assunção de competência - IAC, tema base deste trabalho, é instituto primordial para o direito processual brasileiro.

1.2.1. Os elementos formadores dos precedentes judiciais

O precedente judicial tem em suas bases formadoras a sua interligação com o conteúdo da decisão, uma vez que dali que se retira a norma jurídica abstrata para utilização posterior em casos idênticos. Desse modo, importante salientar que a formação de um precedente não está em sua parte dispositiva, no resultado da decisão, pelo fato que essa norma criada como solução é vinculada ao caso em concreto, com validade somente para as partes[74].

O essencial de um precedente judicial é a sua fundamentação[75] quanto à tese jurídica, a construção do julgado como um procedimento com impacto

74. Qualquer decisão é uma norma jurídica concreta, numa intersecção entre o texto normativo (se existente) e o caso em concreto, com as questões fáticas a serem resolvidas. Desse modo, ao decidir, o juízo, cria norma jurídica, ainda que não seja num sistema de precedentes, seja para a resolução do caso em concreto, numa vinculação individualizada às partes da demanda, seja para a atuação em caso análogo. Evidentemente que num sistema de precedentes, com a importância da segunda, esta ganha maior fôlego, contudo não nasce deste sistema e, sim, da própria atividade judicante natural. Didier Jr., Braga e Oliveira discorrem sobre essa divisão das normas criadas na decisão judicial: "É importante assentar o seguinte: ao decidir um caso, o magistrado cria (reconstrói), necessariamente, duas normas jurídicas. A primeira, de caráter geral, é fruto da sua interpretação/compreensão dos fatos envolvidos na causa e da sua conformação ao Direito positivo: Constituição, leis etc. A segunda, de caráter individual, constitui a sua decisão para aquela situação específica que se lhe põe para a análise." DIDIER JR., Fredie; BRAGA, Paula Sarno; OLIVEIRA, Rafael Alexandria de. *Direito probatório, decisão judicial, cumprimento e liquidação da sentença e coisa julgada.* 10ª ed. Salvador. Juspodivm. 2015. p. 442.

75. "a *ratio decidendi* não se confunde com a fundamentação, mas nela se encontra." MARINONI, Luiz Guilherme. *Precedentes obrigatórios.* São Paulo: RT, 2010. p. 211.

para a utilização em casos análogos futuros. O simples ato de decidir não é o que forma precedente, mas o caminho que pavimentou argumentativamente, entre análise de fato e de direito, para se chegar à convicção da decisão é a norma abstrata do precedente.

Esse é o ponto normativo argumentativo formado que importa para a aplicabilidade futura. Toda decisão é, de certo modo, um precedente, evidentemente que com graus de vinculação, de menores a maiores. Uma decisão de primeiro grau não deixa de ser um precedente para aquele juízo[76] que a prolatou, mas não é um precedente vinculativo para outros juízes.

Não há dúvida que o precedente nasce de uma decisão.

O precedente nasce da *ratio decidendi* da decisão ou, simplesmente, das suas razões de decidir, numa tradução informal. O que seria essa *ratio decidendi*[77]? A definição do conteúdo e dos limites da decisão[78]. A parte dispositiva, a decisão em si, a ordem judicial importa para as partes do processo, já as razões de decidir – *ratio decidendi* – importam para a utilização[79] como precedente, numa transcendência ao próprio julgado, como uma formatação basilar para outras decisões futuras que se identificarão com os fatos constantes na limitação feita pelas razões da decisão.

---

76. "Então, o juiz cria direito? Sim, a resposta é positiva. Mas o juiz não pode criar direito do nada, da sua própria cabeça, seguindo suas convicções pessoais. Afinal, vivemos num Estado Democrático de Direito e o juiz deve decidir de acordo com a lei, interpretada pela jurisprudência, à luz da doutrina." WAMBIER, Teresa Arruda Alvim. A vinculatividade dos precedentes e o ativismo judicial – paradoxo apenas aparente. *Precedentes*. Organizadores: DIDIER JR., Fredie; CUNHA, Leonardo Carneiro da; MACEDO, Lucas Buril de; ATAIDE JR, Jaldemiro Rodrigues de. Salvador: Juspodivm, 2015. p. 265.

77. "Segundo Deflorian apud Gordon, a *ratio decidendi* consiste no princípio do direito com base no qual o caso é decidido. Nas palavras de Tucci, a *ratio decidendi*, "constituem a essência da tese jurídica suficiente para decidir o caso concreto". A *ratio decidendi* envolve questões levantadas no processo que foram fundamentais para a formação da decisão judicial". SOARES, Marcos José Porto. A *ratio decidendi* dos precedentes judiciais. *RBDPro. Revista Brasileira de Direito Processual.* Ed. Fórum. n. 85 ano 22. 2014. p. 49.

78. "This statement is too concise because it does not indicate that the only part of a previous case which is binding is the *ratio decidendi*. the principal object of the present chapter is to consider what is meant by the *ratio decidendi* of a case when the phrase is used by judges and others lawyers and by what methods it may be determined. (...) the *ratio decidendi* is best approached by consideration of the structure of a typical judgment." Livre tradução de: CROSS, Rupert; HARRIS, J. W. *Precedent in English Law*. 4.ed. Oxford: Oxford University Press, 2004, p. 39.

79. A *ratio decidendi* é a base do precedente e, dali nasce a vinculação. O resultado não necessita ser o mesmo da decisão anteriormente proferida no tocante ao caso em concreto, mas a construção jurídica deve ser idêntica, com o dever de utilização da ratio anterior. Buril versa bem como sobre este ponto de aplicabilidade da utilização da ratio decidindi: "Assim sendo, ao se falar no dever de aplicar determinado precedente, quer se dizer, mais propriamente, o dever de aplicar a sua *ratio decidendi* ou a norma jurídica (legal rule) dele decorrente. Costuma-se definir, portanto, *ratio decidendi* como a parcela obrigatória do precedente judicial. Por isso, as questões do "quando" e "por que" os juízes devem seguir os precedentes equivalem à questão da determinação de sua regra jurídica." BURIL, Lucas. Contributo para a definição de *ratio decidendi* na teoria brasileira de precedentes judiciais. *Precedentes*. Organizadores: DIDIER JR., Fredie; CUNHA, Leonardo Carneiro da; MACEDO, Lucas Buril de; ATAIDE JR, Jaldemiro Rodrigues de. Salvador: Juspodivm, 2015. p. 217.

Toda e qualquer decisão cria uma norma jurídica[80], a interpretação do juízo sobre a relação fato x lei. O resultado da decisão é a norma jurídica almejada para a resolução do conflito de interesses tutelado pela jurisdição, como o art. 503 do CPC diz que faz lei entre as partes. No entanto, há outra norma criada na decisão, com conteúdo universal, que ultrapassa os limites da lide e que não está na parte dispositiva, mas na sua fundamentação.

Nesse ponto da decisão que o juízo traça um caminho de delimitação[81], com a análise dos pontos fáticos que estão em julgamento, as intersecções jurídicas afeitas ao caso concreto, é ali que se encontra a *ratio decidendi*[82].

A interpretação dos fatos e a relação com o direito existente resulta numa norma jurídica criada no julgamento, não limitada às partes, por não constar da decisão, da parte dispositiva, contudo, essa mesma norma perfaz uma linha de fundamentação para construir o pensamento jurídico que embasa o resultado final. Toda decisão tem uma norma jurídica limitada às partes e outra norma jurídica transcendental[83]. Uma norma jurídica concreta para a decisão entre as partes e a resolução do conflito, em resposta ao pleito de jurisdição e a mesma norma de maneira abstrata, para os demais casos que forem análogos.

O precedente judicial somente se forma na segunda norma, com a sua utilização para outros casos futuros. Essas razões de decidir importam como

---

80. Interessante concepção de visão sobre o precedente e a *ratio decidendi*, não é somente a decisão que forma o precedente que tem uma *ratio decidendi*. Toda e qualquer decisão tem uma *ratio decidendi*, um caminho de decidir, porém somente nas argumentações vinculantes de determinadas decisões que aquela ratio tem o poder de vincular. Ou seja, não é a *ratio decidendi* por si só que realiza a vinculação, mas o seu poder enquanto precedente. "A autoridade do precedente não é reduzível à *ratio decidendi*. Mesmo decisões que não são valorizadas como precedentes podem ter uma ratio. A identificação de uma ratio em um julgado anterior não é necessariamente uma evidência de que a decisão possui força vinculante." Tradução livre. DUXBURY, Neil. *The nature and authority of precedent*. Cambridge, Cambridge University Press, 2008. p. 91.

81. "Trata-se da tese jurídica acolhida, no caso concreto, pelo julgador, sendo composta por 03 elementos: (i)indicação dos fatos relevantes da causa (statement of material facts); (ii) raciocíniológico-jurídico da decisão (legal reasoning); e (iii) juízo decisório (judgement)." REDONDO, Bruno Garcia. Precedente judicial no direito processual civil brasileiro. In: MENDES, Aluisio Gonçalves de Castro; MARINONI, Luiz Guilherme; WAMBIER,Teresa Arruda Alvim (coord.). *Direito jurisprudencial: volume 2*. São Paulo: RT, 2014. p. 174.

82. Utilizamos a expressão *ratio decidendi*, contudo, em outros países podem ter outra nomenclatura, como a tradução que faremos como razões de decidir, mas, nos Estados Unidos utiliza-se como *holding*: "São expressões sinônimas, sendo que a primeira (*ratio decidendi*) é mais utilizada entre os ingleses; a segunda (holding), entre os norte-americanos". SILVA, Celso de Albuquerque. *Do efeito vinculante: sua legitimação e aplicação*. Rio de janeiro: Lumen]uris, 2005. p. 182.

83. Mas, a dimensão transcendental do precedente está na sua própria argumentação, no poder de externar e influenciar. Marinoni versa bem sobre a matéria quando determina que o precedente não é necessariamente a primeira decisão sobre a matéria, mas a primeira decisão com aptidão para balizar as demais. "Nesta dimensão fica claro que um precedente não é somente uma decisão que tratou de dada questão jurídica com determinada aptidão, mas também uma decisão que tem qualidades externas que escapam ao seu conteúdo Em suma, é possível dizer que cristalina." MARINONI, Luiz Guilherme. *Precedentes obrigatórios*. São Paulo: Revista dos Tribunais, 2010. p. 216.

precedente judicial. E, para ser considerada *ratio decidendi* de um precedente, a questão deve ser efetivamente discutida na formação da fundamentação daquela decisão. Em modo contrário, sem uma arguição e discussão, ou, ainda, decisão sobre a matéria, esta não há como ser parte da *ratio decidendi*.

No entanto, diante de uma cultura de precedentes, não é fácil identificar uma *ratio decidendi*, seja pelo fato de que a decisão surge para o caso em concreto, não necessariamente para formar a própria *ratio* ou por depender da interpretação posterior do que realmente se decidiu. Sobre essa preocupação, Bustamante versa sobre a dificuldade[84] de se identificar a *ratio decidendi*, o que dificulta o próprio entendimento da utilização de um precedente.

Outro ponto fundamental da formação de precedente é o *obiter dictum*.

Se o precedente tem identificação na *ratio decidendi* encontrada na decisão judicial, muitos pontos discutidos, fundamentados e rejeitados na demanda não serão dispostos como parte do precedente, apesar de insertos no conteúdo da decisão. Ou seja, mesmo diante de uma fundamentação de uma decisão, existem pontos que são precedentes e outros que não.

Esses pontos alheios[85] serão conceituados como *obiter dictum*.

Desse modo, o *obiter dictum* é fundamentação acessória da interpretação jurídica realizada na decisão. Nem todos os pensamentos jurídicos insertos na decisão servem como precedente. Muitas vezes numa decisão, para construir um caminho de argumentação jurídica, o juízo passa por diversos fundamentos, considerações ou comentários, seja para comparação, contraposição ou para imaginar hipóteses para o caso em concreto.

Essa fundamentação acessória é parte da decisão, ajuda na formação da *ratio decidendi*, entretanto, não é parte destas razões e, consequentemente, do precedente, contendo serventia apenas suplementar[86]. No *obiter dictum*

---

84. "Precedentes judiciais são, como enunciados legislativos, textos dotados de autoridade que carecem de interpretação. É trabalho do aplicador do Direito extrair a *ratio decidendi* – o elemento vinculante – do caso a ser utilizado como paradigma. Mas a noção de *ratio decidendi* e os critérios para sua determinaçãe o precedente é a primeira decisão que elabora a tese jurídica ou é a decisão que definitivamente a delineia, deixando-o constituem algo ainda fortemente controvertido. Talvez este seja o ponto mais polêmico da teoria e de toda a teoria jurídica produzida no *common Law*." BUSTAMANTE, Thomas da Rosa de. *Teoria do precedente judicial: a justificação e a aplicação de regras jurisprudenciais*. São Paulo: Noeses, 2012. p. 259.

85. A expressão em sua tradução literal tem o significado de algo para morrer, ou seja, é uma fundamentação que foi realizada, discutida, considerada e descartada, mas está ali, foi um ponto enfrentado e deve constar na decisão judicial, contudo não é parte do precedente, mas ajudou a formar o próprio precedente: "Outra expressão que merece destaque é a *obiter dictum* ou *dicta* que se traduz literalmente por "dito para morrer", o que não elucida o real alcance e significado do que se quer dizer. Quando se pega um dicionário qualquer de tradução jurídica a explicação do que vem a ser *obiter dictum* começa a clarear, pois vincula-se então a tradução literal de "dito para morrer"." JOBIM, Marco Felix. *Entendendo a nomenclatura dos precedentes*. http://www.reajdd.com.br/html/ed4-6.pdf.

86. "O *obiter dictum* engloba as matérias argumentadas e decididas no curso do processo de maneira periférica. Nele não se instala o que foi decidido para a solução da questão posta em juízo. O *obiter*

há uma característica periférica, uma argumentação acessória, por vezes até inútil ou irrelevante para o julgamento daquele caso e para a formação da *ratio decidendi*, mas que sinaliza importantes posicionamentos, discussões jurídicas e debates futuros[87].

Buril coloca a separação[88], na interpretação da decisão para utilização como precedente, entre o que é *ratio decidendi* e o que é *obiter dictum* como fundamental para a própria visualização do conteúdo do precedente. O julgador futuro, aquele que utilizará aquela decisão como paradigmática, deve entender o que dali pode se extrair como norma jurídica e o que foi fundamentação de passagem e, talvez, seja uma das tarefas mais difíceis da implementação de uma teoria de precedentes no direito brasileiro.

1.2.2. O elemento posterior do precedente judicial: *stare decisis*

O direito brasileiro já considerava, mesmo antes do CPC/2015, um sistema de precedentes vinculantes, ainda que não fosse um sistema cultural de respeito aos precedentes, mas atuando em casos específicos e pontuais, de certo modo, como nos casos dos repetitivos em recursos excepcionais e repercussão geral, aproximando[89] o *civil law* de técnicas de precedentes judiciais do *common law*, contudo sem ser uma adoção total do próprio direito baseado nessa forma de visão.

---

dictum é considerado quando muito elemento persuasivo e confirmador da decisão proferida, mas não o ponto que a faz existir." SOARES, Marcos José Porto. A *ratio decidendi* dos precedentes judiciais. *RBDPro. Revista Brasileira de Direito Processual.* Ed. Fórum. n. 85 ano 22. 2014. p. 49.

87. O voto vencido é a expressão maior do que seria a visualização de um *obiter dictum*, uma vez que faz parte do acórdão, é inserto ao processo, mas não é o próprio precedente. Didier Jr., Braga e Oliveira versam bem sobre a característica sinalizadora do que foi levantado e rejeitado materialmente, por vezes o que se decidiu ali não tem valor para aquela demanda, mas pode sinalizar para outros ou para um próprio aperfeiçoamento do precedente.: "Dessa forma, o *obiter dictum*, embora não sirva como precedente, não é desprezível. O *obiter dictum* pode sinalizar uma futura orientação do tribunal, por exemplo. Além disso, o voto vencido em um julgamento colegiado (exemplo de *obiter dictum*, como dito) tem a sua relevância para que se aplique a técnica de julgamento da apelação, do agravo de instrumento co ntra decisão de mérito e da ação rescisória, cujo resultado não seja unânime, na forma do art. 942 do CPC, bem como tem eficácia persuasiva para uma tentativa futura de superação do precedente." DIDIER Jr. Fredie; BRAGA, Paula Sarno; OLIVEIRA, Rafael Alexandria de. *Direito probatório, decisão judicial, cumprimento e liquidação da sentença e coisa julgada.* 10ª ed. Salvador. Juspodivm. 2015. p. 445/446.

88. "A diferença entre *ratio decidendi* e *obiter dictum* está pautada justamente em separar, respectivamente, a parcela obrigatória de um precedente da não obrigatória. Essa separação é de extrema relevância, pois serve como forma de regular a produção de direito pelos tribunais de acordo com o devido processo legal e com as "virtudes passivas" dos tribunais." BURIL, Lucas. Contributo para a definição de *ratio decidendi* na teoria brasileira dos precedentes judiciais. *Revista de Processo* | vol. 234 | Ago / 2014. p. 303.

89. "Ora, é exatamente a cegueira para a aproximação das jurisdições destes sistemas que não permite enxergar a relevância de um sistema de precedentes no civil law." MARINONI, Luiz Guilherme. *Precedentes obrigatórios.* São Paulo: RT, 2010. p. 72.

Uma das bases da teoria dos precedentes judiciais passa não somente pela preocupação com a própria formação deste, mas com a estabilização, ou seja, com a manutenção no tempo da aplicabilidade daquilo que se formou – independentemente do modo de formação – como precedente.

Essa estabilização e respeito ao precedente no decorrer do tempo, com a aplicabilidade futura, coerente e íntegra formam a teoria do *stare decisis*[90].

No entanto, qual a definição de *stare decisis*[91]? O termo vem do latim, do brocardo *"stare decisis et non quieta movere"* que significa, numa tradução livre[92], respeitar o que se decidiu e manter quieto o que está estável. Seria, então, manter estável o que já se decidiu[93]. Uma expressão para explicar toda a base principiológica do sistema de precedentes judiciais, respeitar o que se decidiu no sentido de que o passado e a interpretação jurídica realizada devem influenciar o julgamento de casos idênticos, simplesmente por não ter o Estado, enquanto detentor da jurisdição, uma discricionariedade judicante, mas uma necessidade de julgar de forma isonômica as situações análogas.

Evidente que o *stare decisis* tem uma conjunção de que o precedente nasce da atividade judicante, numa visualização entre o fato julgado e a lei utilizada, na subsunção realizada, criando dali uma norma jurídica concreta estabelecida para aquele caso. Essa base decisória que resolve aquela demanda para as partes, tem uma conjuntura abstrata, com serventia para todos os casos análogos.

Dessa maneira, uma vez julgado o caso e servindo como base precedente a outros casos, o juízo futuro, ao se deparar com a mesma situação, deve julgar novamente aquela situação, sem atrelar-se com a decisão anterior

---

90. "O *stare decisis* constitui apenas um elemento do moderno *common law*, que também não se confunde com o *common law* dos tempos imemoriais ou com os costumes gerais, de natureza secular, que dirigiam o comportamento do *Englishmen*." MARINONI, Luiz Guilherme. *Precedentes obrigatórios*. São Paulo: RT, 2010. p. 32.

91. "De regra, o termo *stare decisis* significa tanto a vinculação, por meio do precedente, em ordem vertical (ou seja, como representação da necessidade de uma Corte inferior respeitar decisão pretérita de Corte superior), como horizontal (a Corte respeitar decisão anterior proferida no seu interior, ainda que a constituição dos juízes seja alterada). Esta é a posição adotada, entre outros, por Neil Duxbury e Melvin Aron Eisenberg. Em outra senda, há aqueles que optam por distinguir o termo *stare decisis* de precedente, como Frederik Schauer, para quem, "tecnicamente, a obrigação de uma corte de seguir decisões prévias da mesma corte é dita como sendo stare decisis (...), e o termo mais abrangente precedente é usado para se referir tanto à stare decisis, quanto à obrigação de uma corte inferior de seguir decisões de uma superior." MARINONI, Luiz Guilherme. *Precedentes obrigatórios*. São Paulo: RT, 2010. p. 27.

92. "A expressão *stare decisis* pode ser assim traduzida: mantenham-se a decisão e não altera o que está quieto". NOGUEIRA, Gustavo Santana. Jurisprudência vinculante no direito norte-americano e no direito brasileiro. *Revista do Processo*. São Paulo. Vol. 33. n. 161. 2008. p. 101.

93. "A obrigação de recorrer às regras de que foram estabelecidas pelos juízes (*stare decisis*), de respeitar os precedentes judiciários, é o correlato lógico de um sistema de direito jurisprudencial." DAVID, René. *Os grandes sistemas do direito contemporâneo*. Trad. Hermínio A. Carvalho. 4. ed. São Paulo: Martins Fontes, 2002. p. 428.

paradigmática ou, simplesmente, utilizar-se de um julgamento preconcebido como precedente judicial para aquela situação fático-jurídica? Essa vinculação da decisão futura com o precedente criado perfaz a teoria do *stare decisis*.

Marinoni defende a *stares decisis* como manter a estabilidade do que se decidiu, proporcionando ao julgamento um intuito de perseguir uma isonomia, previsibilidade e segurança jurídica, com uma atuação de um autêntico Estado Constitucional, no sentido de que tenham o mesmo resultado quando forem apresentados fatos idênticos e análogos, o que perfaz a necessidade de uma simetria entre os julgamentos – aquele precedente e a decisão do caso futuro[94].

Dessa forma, se há um precedente anterior utilizável para aquela demanda a ser julgada, num posicionamento definido, segui-lo, além de ser o óbvio jurídico, pela justiça que se faz para aquela situação, é o julgamento correto e a correlação que se tem com o decidido anteriormente, é seguir a teoria do *stare decisis*.

Se as condições sociais, políticas, econômicas e jurídicas continuam de igual maneira àquela época em que o precedente se formou, não existem motivos para ter um julgamento diferente. Essa é a condição base do *stare decisis*, a manutenção da mesma linha decisória enquanto a sociedade tiver os mesmos parâmetros de alicerce. Manter o rumo decisório é manter a estabilidade jurídica.

A atividade jurisdicional não é um campo para emoções, para jogos de azar jurisdicional em que uma mesma matéria se ganha ou se perde, mas, de modo inverso, deve ser uma área para pensamentos e decisões estabelecidas dentro de um razoável padrão e um campo de certezas. Não se intenta uma ação para uma discricionariedade do juízo ou qualquer outra liberdade judicante. Se já existe um caminho jurisdicional percorrido anteriormente sobre a matéria e fatos com similitude daquela nova demanda, deve o Estado, representado pelo juízo, tomar a mesma decisão, respeitando seu próprio precedente, seja inferior ou superior e, principalmente, concedendo confiabilidade no próprio julgamento, bem como no sistema judicial.

Atentar contra o *stare decisis* passa por não se respeitar o que se decidiu e instituiu-se como parâmetro para aquela situação. A sociedade merece

---

94. "A advertência de que a lei é igual para todos, que sempre se viu escrita sobre a cabeça dos juízes nas salas do Civil Law, além de não mais bastar, constitui piada de mal gosto àqueles que, perante uma das turmas do Tribunal e sob a inscrição, recebe decisão distinta a proferida – em caso idêntico – pela Turma cuja sala se localiza metros adiante, no mesmo longo corredor do prédio que, antes de tudo, deveria abrigar a igualdade de tratamento perante a lei" MARINONI, Luiz Guilherme. Transformação do Civil Law e a oportunidade de um sistema precedencialista para o Brasil. In *Cadernos Jurídicos*. OAB – junho 2009.

julgamentos idênticos para situações isonômicas, similitude de julgamento para similitude fática[95].

Dessa maneira, uma vez estabelecida a *ratio decidendi* daquele precedente que vinculará aos demais, uma norma jurídica nasce com o sentido de que será seguido pelos juízos posteriores que encontrarem a mesma situação jurídica. Quando qualquer juízo se deparar com a mesma situação, simplesmente realiza a comparação entre as razões existentes naquela demanda e na *ratio decidendi* vinculante, aplicando a *stare decisis*, pela vinculação normativa e isonômica das situações, não há de se entender que o juízo[96] deve ter liberdade total para julgamento, se anteriormente já se definiu tal solução jurídica e, esta, ainda encontra validade no campo jurídico, social, econômico e político.

A *stare decisis* tem duas possibilidades de vinculação visíveis: *(i) a realizada pelo próprio Tribunal que firmou o precedente quando julgarem a mesma matéria; e (ii) aquela quando Tribunais inferiores ou os juízos de primeiro grau julgarem a mesma matéria.*

A primeira hipótese é a chamada *stare decisis horizontal*, aquela em que a *ratio decidendi* formada pelo Tribunal deve ser seguida em casos posteriores de igual similitude, quando deparada a matéria pelo mesmo Tribunal. Imputa-se, nesse momento, o dever de autorreferência.

O Tribunal, geralmente Superior, que chegou ao precedente judicial, delimitando-o como norma jurídica – a aplicação da lei para aqueles determinados fatos – deve, de igual forma aos demais, seguir aquilo que definiu como pertinente para aquela matéria. Não pode o próprio Tribunal que estabeleceu o precedente entender-se como acima do próprio entendimento

---

95. "Também merece referência manifestação semelhante partida do Chanceler KENT: 'Uma decisão formal a respeito de uma questão de direito suscitada em qualquer processo torna-se paradigma para caso semelhante, porque constitui-se na maior evidência que podemos ter do direito aplicável à hipótese e os juízes devem acompanhar tal decisão enquanto ela não for superada, a menos que possa ser demonstrado que a lei foi mal compreendida ou mal aplicada naquele caso específico'". RE, Edward D. *Stare decisis* http://amdjus.com.br/doutrina/constitucional/43.htm.

96. O juiz é livre para julgar? De certa forma, na base fática sim, mas no campo do direito deve ater-se ao que já foi decidido anteriormente e, ainda, dentro de uma gama de decisões e vinculações, desde a subserviência às instâncias superiores até a vinculação de seu próprio conjunto de decisões. Manter o que se decide não é uma norma, mas a manutenção do próprio sistema jurídico. Theodoro Jr., Nunes e Bahia falam sobre essa impossibilidade de visão libertária dos juízes, inclusive dos tribunais superiores: "Em face da pressuposição brasileira de que os Ministros (e juízes) devem possuir liberdade decisória, cria-se um quadro de 'anarquia interpretativa' na qual nem mesmo se consegue respeitar a história institucional da solução de um caso dentro de um mesmo tribunal. Cada juiz e órgão do tribunal julgam a partir de um "marco zero" interpretativo, sem respeito à integridade e ao passado de análise daquele caso; permitindo a geração de tantos entendimentos quantos sejam os juízes". THEODORO JR., Humberto; NUNES, Dierle; BAHIA, Alexandre. Breves considerações da politização do judiciário e do panorama de aplicação no direito brasileiro: análise da convergência entre o *civil law* e o *common law* e dos problemas da padronização decisória. *Revista de Processo.* n. 189. São Paulo: RT, 2010. p. 43.

firmado, afinal o intuito de um julgamento paradigmático é que seja utilizado e aplicado para tais fins.

Deve, então, o Tribunal Superior seguir os mesmos parâmetros da *stare decisis*, mantendo-a como uma teoria pertinente para sua aplicabilidade. Assim, de forma horizontal, enquanto não sobrevier uma lei, uma revogação, uma alteração contundente na sociedade, não há motivos para o próprio Tribunal renegar o que decidiu, ainda que a composição seja diversa.

A outra espécie existente de *stare decisis é a vertical*, com a necessidade de que os Tribunais inferiores e os juízos de primeiro grau mantenham-se, enquanto não houver alteração social, fiéis na aplicabilidade do precedente judicial firmado, com a devida utilização da *ratio decidendi* para os casos que a ela se emoldura.

O dever deixa ser de autorreferência[97], mas somente de referir e ater-se ao decidido pelos Tribunais Superiores sobre a questão. Se já houve um julgamento vinculante em Tribunal Superior, os que estão abaixo não devem inovar ou tergiversar sobre a matéria, simplesmente identificando a materialidade da questão e a comparação necessária entre a *ratio decidendi* do precedente e daquela situação a ser julgada, com a total aplicabilidade se houver similitude.

O intuito é manter os casos idênticos com similaridade de resultados finais, guardando, assim, a isonomia e a segurança jurídica. A necessidade de observar a *stare decisis*, mantendo o *status quo* material sobre aquela questão nasce desde o juízo de primeiro grau, passando pelo Tribunal de apelação, estabelecendo essa vinculação vertical.

1.3. A TENTATIVA DO INCIDENTE DE UNIFORMIZAÇÃO DE JURISPRUDÊNCIA NO CPC/73

No CPC/73, havia o instituto do incidente de uniformização de jurisprudência[98], previsto no antigo art. 476[99] da codificação revogada, com o intuito

97. "A prática jurídica precisa se preocupar com o que foi feito anteriormente. (...) torna a prática mais comprometida com a coerência no discurso jurisdicional, por meio da criação de uma espécie de linha sequencial de decisões" BURIL, Lucas. *Precedentes judiciais e o direito processual civil*. 2. ed. Salvador: Juspodivm, 2016. p. 271.

98. "Não se trata de recurso, já que tem função preventiva: fixa-se a tese jurídica previamente, de molde a evitar que se venha a configurar divergência jurisprudencial, cujo risco já existe e se deve demonstrar. Está-se, na verdade, diante de um incidente processual." WAMBIER, Teresa Arruda Alvim. Controle das Decisões Judiciais por Meio de Recursos de Estrito Direito e de Ação Rescisória. São Paulo: Editora Revista dos Tribunais, 2001. p. 331/332.

99. **CPC/73** – Art. 476. Compete a qualquer juiz, ao dar o voto na turma, câmara, ou grupo de câmaras, solicitar o pronunciamento prévio do tribunal acerca da interpretação do direito quando: I – verificar que, a seu respeito, ocorre divergência; II – no julgamento recorrido a interpretação for diversa da que lhe haja dado outra turma, câmara, grupo de câmaras ou câmaras cíveis reunidas. Parágrafo

de solicitar pronunciamento prévio do Tribunal acerca de interpretação do direito quando ocorresse divergência.

O incidente tinha caráter preventivo, com a necessidade de se pacificar a jurisprudência antes do julgamento do recurso, com a remessa. Uma vez suscitada a divergência, havia no colegiado menor a deliberação sobre a sua incidência, em caso houvesse a negativa, rejeitava-se tal incidente e prosseguia com o julgamento da demanda. Por outro lado, caso fosse admitida e reconhecida a divergência, nos moldes do art. 477[100] do CPC/73, lavrava-se o acórdão do julgamento do colegiado menor[101], sem o julgamento da matéria de fundo, para a remessa ao presidente do Tribunal para que distribuísse ao colegiado competente.

Com isso, ao ser distribuído para o colegiado maior, este deveria realizar a nova admissibilidade, agora definitiva. Caso a decisão fosse pela negativa da admissibilidade do incidente, remetia-se novamente o processo para a resolução pelo colegiado originário, caso contrário, com a admissibilidade positiva, cada integrante do colegiado[102] proferia a sua definição do que entendia ser o entendimento para aquela questão de direito que se pleiteou pronunciamento prévio, depois da oitiva do Ministério Público sobre aquele ponto material.

Uma vez realizada a votação – ou o pronunciamento prévio – aquela questão de direito vincularia o órgão menor, quando fosse remetido para a definição do processo como um todo. Obviamente que somente se julgava a parte sobre a qual se solicitou o pronunciamento prévio.

O resultado do julgamento meritório – aquele pronunciamento prévio – causava duas possibilidades materiais: *(i) a definição da matéria para a vinculação ao colegiado menor; e, caso fosse por maioria absoluta, (ii) a edição de uma súmula daquele Tribunal*[103].

único. A parte poderá, ao arrazoar o recurso ou em petição avulsa, requerer, fundamentadamente, que o julgamento obedeça ao disposto neste artigo.

100. **CPC/73** – Art. 477. Reconhecida a divergência, será lavrado o acórdão, indo os autos ao presidente do tribunal para designar a sessão de julgamento. A secretaria distribuirá a todos os juízes cópia do acórdão.

101. Qualquer órgão fracionário poderia suscitar o incidente, não cabendo, obviamente, de decisão do Pleno ou órgão especial: "somente turma, câmara ou grupo de câmaras, acrescentem-se as seções. Descabe, pois, o incidente, se o corpo do julgador é o plenário do Tribunal ou o órgão especial previsto no art. 93, XI, da Carta da República." MOREIRA, José Carlos Barbosa. *Comentários ao código de processo civil.* 16 ª Rio de Janeiro: Forense 2011. p. 653.

102. **CPC/73** – Art. 478. O tribunal, reconhecendo a divergência, dará a interpretação a ser observada, cabendo a cada juiz emitir o seu voto em exposição fundamentada. Parágrafo único. Em qualquer caso, será ouvido o chefe do Ministério Público que funciona perante o tribunal.

103. **CPC/73** – Art. 479. O julgamento, tomado pelo voto da maioria absoluta dos membros que integram o tribunal, será objeto de súmula e constituirá precedente na uniformização da jurisprudência. Parágrafo único. Os regimentos internos disporão sobre a publicação no órgão oficial das súmulas de jurisprudência predominante.

O julgamento do incidente de uniformização de jurisprudência ocasionava uma evidente vinculação[104] ao julgamento a ser realizado futuramente no colegiado menor, contudo, poderia, ainda, formar uma súmula e pacificar aquele entendimento. Todavia, caso não fosse por maioria absoluta ou aquele Tribunal não tivesse previsão regimental para a edição de súmulas, a questão era resolvida com vinculação para aquela demanda, sem uma interligação objetiva para os demais processos.

O incidente não era visto como um dever[105], mas como uma mera possibilidade, seja pelos órgãos julgadores e pelas partes ou Ministério Público[106]. A suscitação tinha de ser realizada, caso fosse pelas partes ou Ministério Público, até o momento da sustentação oral, mas normalmente era realizada nas peças recursais ou em memoriais. Se fosse de modo oficioso, seria realizada no próprio julgamento, pelo relator ou por qualquer outro integrante do colegiado.

Havia a necessidade de ser realizada até o momento do julgamento pelo seu caráter preventivo.

Uma das grandes críticas era essa bipartição do julgamento[107], com a visão de que o colegiado maior, sem ter a competência natural para o julgamento da demanda, se pronunciaria com uma vinculação material a ser seguida pelo colegiado menor quando retornasse o julgamento. Talvez por isso que a assunção de competência, mesmo incipiente, regimentalmente ou no CPC/73, fosse melhor visualizada, pelo fato de que havia a transferência de competência e não uma bipartição de julgamento.

De todo modo, era um início de visão de que os Tribunais deveriam prezar por um entendimento uníssono na sua atividade judicante. A própria

---

104. MESQUITA, José Ignácio Botellho de. Da uniformização de jurisprudência. São Paulo: Revista dos Tribunais, São Paulo, n. 613, nov. 1986. p. 16.

105. Tucci entendia ser um dever e não uma faculdade, o que tem certo sentido, contudo não era a visão que prevalecia. TUCCI, José Rogério Cruz e. Precedente judicial como fonte do direito. São Paulo: RT, 2004. p. 120. No mesmo sentido: SANCHES, Sydnei. Uniformização de Jurisprudência. São Paulo: Revista dos Tribunais, 1975. p. 21. VIGLIAR, José Marcelo Menezes. Uniformização de jurisprudência: segurança jurídica e dever de uniformizar. São Paulo: Atlas, 2003. p. 181.

106. Apesar da não disposição legal, era possível a suscitação pelo Ministério Público, mesmo como *custo legis*. SIFUENTES, Mônica. Súmula vinculante. São Paulo: Saraiva, 2005. p. 240.

107. Na visão de Cunha e Didier Jr., o procedimento da uniformização de jurisprudência era moroso e fazia com que não houvesse incentivo a realizá-lo. Todavia, numa comparação com o atual incidente de assunção de competência, havia uma melhor delimitação de sua procedimentalidade, o que pode até servir de base para uma delimitação do que fazer ou até do que não optar como correto. "O procedimento do incidente de uniformização de jurisprudência era burocrático e moroso. A câmara ou turma deveria suscitá-lo, lavrando um acórdão. Suscitado o incidente, o caso era encaminhado ao plenário ou órgão especial, que iria definir o entendimento a ser adotado, lavrando-se um segundo acórdão. Definido o entendimento, o julgamento era retomado pela turma ou câmara originária que iria, então, seguindo o entendimento estabelecido pelo plenário ou corte especial, julgar o caso concreto." CUNHA, Leonardo Carneiro da; DIDIER JR., Fredie. *Curso de direito processual civil. Meios de impugnação às decisões judiciais e processo nos tribunais*. 13ª ed. Salvador: Juspodivm, 2016. p. 654.

existência de um incidente para tal desiderato era uma demonstração[108] de que não havia uma liberdade judicante pelos órgãos fracionários de um Tribunal, com a necessidade de pacificar os entendimentos internos daquele Tribunal, ainda que não mencionasse a vinculação horizontal, aos juízos inferiores, subordinados a esse colegiado.

Se formos observar, o art. 479 do CPC/73 já utilizava o termo precedente, o que era um tanto incomum, dada a visão de que havia somente a utilização de jurisprudência e sua visão persuasiva, sem a atenção legislativa ou doutrinária que o CPC/2015 e a sua processualística proporcionou no direito processual brasileiro.

1.4. O INCIDENTE DE ASSUNÇÃO DE COMPETÊNCIA NO CPC/73: LEI Nº. 10.352/2001

A legislação processual há muito prima pela busca da pacificação da jurisprudência, como forma de uma melhor aplicabilidade de justiça, uma pacificação da interpretação legal. Desde o CPC/39 já existia essa preocupação, quando no art. 861 preconizava uma reunião de Turmas ou Câmaras quando um dos membros reconhecia a incidência de divergência em determinada matéria[109].

No CPC/73 estava previsto o incidente de uniformização de jurisprudência, como disposto anteriormente, contudo havia uma visão geral pelos Tribunais de que não tinha muito utilidade, o que fez continuar a necessidade de outro instituto que servisse para pacificar a jurisprudência.

Com isso, criou-se, via a Lei nº. 10.352/2001, um incidente que primava por compartilhar com o antigo incidente de uniformização de jurisprudência a tarefa de pacificar os entendimentos dos Tribunais, principalmente os de segundo grau. O incidente, à época, não ganhou uma denominação pelo, então, código vigente, deixando a cargo de doutrina sua nomenclatura, respaldando-se no *incidente de assunção de competência*[110], nominado por

108. "a orientação divergente decorrente de turmas e câmaras, dentro de um mesmo tribunal – no mesmo momento histórico e a respeito da aplicação de uma mesma lei – representa grave inconveniente, gerador da incerteza do direito, que é o inverso do que se objetiva com o comando contido numa lei, nascida para ter um só entendimento." ARRUDA ALVIM, José Manoel; ASSIS, Araken de; ARRUDA ALVIM, Eduardo. Comentários ao Código de processo civil. 1º. Ed. Rio de Janeiro: GZ Ed., 2012. p. 742.

109. "O art. 861 do Código de Processo Civil de 1939 determinava: "A requerimento de qualquer de seus juizes, a Câmara, ou turma julgadora, poderá promover o pronunciamento prévio das Câmaras reunidas sobre a interpretação de qualquer norma jurídica, se reconhecer que sobre ela ocorre, ou poderá ocorrer, divergência de interpretação entre Câmaras ou turmas"." CUNHA, Leonardo Carneiro da; DIDIER JR., Fredie. *Curso de direito processual civil. Meios de impugnação às decisões judiciais e processo nos tribunais*. 13ª ed. Salvador: Juspodivm, 2016. p. 653.

110. Sobre o incidente constante no ordenamento revogado, Barbosa Moreira já tinha esclarecia a sua importância, apesar de sua limitação em termos práticos: "Trata-se de mais um expediente ordenado

Beneti[111], contudo, outros nomes eram possíveis, como: incidente de deslocamento para julgamento de recurso[112]; prevenção e composição de divergência, afetação do julgamento[113]; o instituto do art. 555, § 1º[114]; uniformização de jurisprudência preventiva[115]; dentre outros nomes.

A própria norma, no CPC/73, já especificava que aconteceria a assunção de competência, o que significa a transferência da competência para outro órgão, o que seria o nome mais apropriado. Os Tribunais Superiores, regimentalmente, já previam um incidente idêntico à assunção de competência, com a possibilidade, em caso de divergência entre as Turmas, de suscitar a remessa da matéria para ser julgada por um colegiado maior, justamente para pacificar a jurisprudência e o entendimento sobre aquele ponto material[116].

De uma certa maneira, entendia-se que esse incidente era melhor do que a uniformização de jurisprudência do art. 496 do CPC/73, pelo fato de que o novo órgão não analisaria somente a questão do precedente a ser formado – ou o entendimento a ser pacificado, mas toda a matéria daquele recurso, com uma transferência de competência.

Dessa maneira, a inserção prevista no art. 555, § 1º do CPC/73 foi no intuito de ampliar aos Tribunais de segundo grau o que já era possível nos Tribunais Superiores, com a visão de que isso ocasionaria uma melhoria na própria prestação jurisdicional, através de uma pacificação dos entendimentos nesses Tribunais. No entanto, não houve, na época, grande impacto dessa inclusão de incidente no ordenamento, pela sua própria inaplicabilidade, ou pouca regulamentação, por ser somente um parágrafo incluído na lei, no caso o art. 555, § 1º do CPC/73.

à uniformização da jurisprudência, que naturalmente se espera seja mais eficiente do que o regulado nos arts. 476 e ss. do CPC (LGL\1973\5). Pode-se até supor que ele venha a ser preferido na prática judicial, subtraindo ao outro instituto parcela de sua importância já diminuta. Uma vantagem prática decerto se manifesta aqui. O órgão a que se remete a matéria não se limita a enunciar a solução da *quaestio juris*, mas procede ao julgamento que competia ao outro. Com a ressalva que oportunamente se fará, não há a devolução ao órgão de origem: tudo se resolve naquele que recebe o recurso. Evita-se assim o vaivém, causa de maior demora." MOREIRA, José Carlos Barbosa. *Comentários ao código de processo civil.* 16 ª Rio de Janeiro: Forense 2011. p. 653.

111. BENETI, Sidnei Agostinho. Assunção de competência e *fast-track* recursal. *Revista de Processo.* Vol. 171 Ano 34. São Paulo: Revista dos Tribunais, maio/2009. p. 14.

112. CUNHA, Leonardo Carneiro da; DIDIER JR., Fredie. *Curso de direito processual civil. Meios de impugnação às decisões judiciais e processo nos tribunais.* 9ª ed. Salvador: Juspodivm, 2009. p. 568.

113. ASSIS, Araken de. *Manual dos recursos.* 2 ed. São Paulo: RT, 2007. p. 332.

114. MOREIRA, José Carlos Barbosa. *Comentários ao código de processo civil.* 16 ª Ed. Rio de Janeiro: Forense 2011. p. 653.

115. BUENO, Cassio Scarpinella. *Processo civil interpretado.* 3 ed. v. 5, São Paulo: Saraiva, 2008. p. 413.

116. "O dispositivo estendeu à apelação e ao agravo, nos tribunais de Justiça e Tribunais Regionais Federais, regra existente no Regimento Interno do STF (art. 22, par. ún, "b")2 e no Regimento Interno do Superior Tribunal de Justiça (art. 14, 11)." CUNHA, Leonardo Carneiro da; DIDIER JR., Fredie. *Curso de direito processual civil. Meios de impugnação às decisões judiciais e processo nos tribunais.* 13ª ed. Salvador: Juspodivm, 2016. p. 654/655.

Diante da ênfase dada pelo CPC/2015 ao sistema de precedentes, optou-se por reeditar o *incidente de assunção de competência*[117], com formato amplificado ao daquele constante no art. 555, §1º[118] do CPC/73.

O CPC/2015, então, primou pela manutenção do incidente de assunção de competência, ou reformulação como dizem Cunha e Didier Jr.[119], tanto na sua concepção precípua quanto na definição do nome para o instituto, reeditando-o no art. 947 do CPC, com a ampliação do incidente e uma certa fusão ao antigo incidente de uniformização de jurisprudência.

Como conceito[120], o incidente de assunção de competência continua como uma forma de uniformização de jurisprudência, baseada na transferência da competência recursal para um colegiado maior do que a câmara ou turma, para o julgamento de recurso em que a matéria contém relevante questão[121] de direito com repercussão social[122], com o intuito de prevenir

---

117. "O incidente de assunção de competência, no contexto do Código de Processo Civil de 2015 (art. 947), tem maior amplitude, se comparado com o modo como era disposto, no Código de Processo Civil de 1973 (art. 555, § 1.º), embora também à luz da lei revogada a figura servisse "para obviar julgamentos contraditórios" (STJ, REsp 38.772/GO, j. 13.12.1995, rel. Min. Humberto Gomes de Barros, 1.ª T.). A decisão em assunção de competência acaba desempenhando papel semelhante ao do julgamento de casos repetitivos (ambas as figuras são habitualmente referidas concomitantemente pela lei processual, para servir a fins similares, cf. arts. 332, III, 496, § 4.º, III, 927, III, 932, IV, c, V, c, 942, § 4.º, I, 955, parágrafo único, II, 988, IV, 1.022, parágrafo único, I, do CPC/2015)." MEDINA, José Miguel Garcia. *Novo código de processo civil comentado*. 2ª Edição. RT: São Paulo. 2015. p. 842.

118. **CPC/73 –** Art. 555. No julgamento de apelação ou de agravo, a decisão será tomada, na câmara ou turma, pelo voto de 3 (três) juízes. (Redação dada pela Lei nº 10.352, de 2001) § 1º Ocorrendo relevante questão de direito, que faça conveniente prevenir ou compor divergência entre câmaras ou turmas do tribunal, poderá o relator propor seja o recurso julgado pelo órgão colegiado que o regimento indicar; reconhecendo o interesse público na assunção de competência, esse órgão colegiado julgará o recurso. (Incluído pela Lei nº 10.352, de 2001).

119. CUNHA, Leonardo Carneiro da; DIDIER JR., Fredie. *Curso de direito processual civil. Meios de impugnação às decisões judiciais e processo nos tribunais*. 13ª ed. Salvador: Juspodivm, 2016. p. 655.

120. "Instrumento de uniformização de jurisprudência que (...) busca prevenir a divergência jurisprudencial interna (de qualquer tribunal), mediante transferência da competência, a um órgão de maior composição, com a finalidade de julgar o recurso, a remessa necessária ou a ação originária no tribunal, cujas respectivas decisões terão efeito vinculante." MADRUGA, Eduardo; MOUZALAS, Rinaldo; TERCEIRO NETO, João Otávio. *Processo Civil Volume Único*. 8ª. ed. revisada, ampliada e atualizada. Salvador, Ed. Juspodivm, 2016. p. 929.

121. "destina-se a permitir que determinado órgão do tribunal assuma a competência para julgar caso que contém questão relevante, ou melhor, quest4ão de grande repercussão social; (...) Questão de direito com grande repercussão social é aquela que, além de não ter relevo apenas para a solução do caso sob julgamento, tem valor para a sociedade." MARINONI, Luiz Guilherme; MITIDIERO, Daniel. *Comentários ao novo código de processo civil: artigos 926 a 975*. Coord.: MARINONI, Luiz Guilherme; ARENHART, Sérgio Cruz; MITIDIERO, Daniel. 1ª, Ed, RT: São Paulo: 2016. p. 248/249.

122. Juliani, ao explicar a necessidade de interesse público, cita as hipóteses que Dinamarco enumera como "cinco hipóteses, não taxativas, de verificação do interesse público: a) quantidade significativa de causas pendentes no tribunal versando a mesma tese jurídica; b) direitos ou interesses transindividuais "de particular relevância ou de pertinência a grupos bastante numerosos"; c) direito ou preceito fundamental; d) repercussão macroeconômica; e) "tema processual bastante repetitivo". Entretanto, na nova codificação, não há mais o interesse público, substituído pela repercussão social. É uma forma diferente, um impacto social, não um interesse público em si. JIULIANI, Cristiano Reis. A nova redação do art. 555 do cpc e a uniformização de jurisprudência. *Revista de Processo*. vol. 111

ou compor divergência em matéria não repetitiva, agora com a formação de um precedente judicial vinculante para todos os juízes inferiores e aos vinculados ao órgão formador do precedente.

A assunção de competência, de certo modo, agregou o incidente de uniformização de jurisprudência à sua existência, escolhendo os melhores pontos de cada uma das possibilidades processuais, com a adequação à realidade prática e melhorando ambos ao transformarem em um só incidente, com a preferência pela assunção, mas com características da uniformização, como a ampliação da legitimidade[123] e vinculação, numa notória valorização do próprio instituto.

| p. 146 | Jul / 2003. DINAMARCO, Cândido Rangel. *A reforma da reforma.* São Paulo: Malheiros, 2002. p. 137.

123. A exposição de motivos da criação do incidente da assunção de competência no código anterior já comparava com a uniformização de jurisprudência, tratando-a como ineficaz. A comissão que elaborou o projeto, liderada por Sálvio de Figueiredo Teixeira e Athos Gusmão Carneiro: "Esta sistemática, supera com grande vantagem técnica e operacional, a do instituto da uniformização de jurisprudência, de limitadíssimo emprego em nossa prática forense". Exposição de motivos da lei 10352/11. http://imagem.camara.gov.br/Imagem/d/pdf/DCD23AGO2000.pdf#=94.

Capítulo 2

INCIDENTE DE ASSUNÇÃO DE COMPETÊNCIA

Para o devido entendimento inicial do que seria o incidente de assunção de competência – IAC, nada melhor do que a própria conceituação do instituto. O IAC é um meio processual incidental de formação de precedente vinculante, com o intuito de compor ou prevenir divergência quando houver uma relevante questão de direito, com a grande repercussão social, sem multiplicidade, em recurso, remessa necessária ou ação de competência originária.

Sinteticamente, essa é a conceituação.

De certo modo, o IAC é o meio de formação de precedente que preenche a lacuna sobre as matérias importantes para a sociedade e para o direito, contudo que não são possíveis em institutos repetitivos. Ou seja, é um incidente que não tem o intuito de aplacar um estoque de demanda, não tem a serventia de realizar gestão de estoque de demandas, ao contrário, o intuito é discutir grandes questões jurídicas que não estão, necessariamente, incididas em demandas ou questões repetitivas.

É um instituto para fechar e completar o microssistema de formação de precedentes vinculantes, com a possibilidade ampla para as partes, o Judiciário e os demais legitimados para a sua suscitação, em tornarem real a intenção legislativa de um sistema de precedentes, com uma racionalidade judicante, com uniformização de entendimentos, estabilidade, coerência e integridade. A lacuna que os repetitivos deixavam para as questões não repetitivas é preenchida pelo IAC.

O IAC é uma evolução do próprio instituto que já existia[1], como outrora analisado, no CPC/73, contudo com uma real nomenclatura[2], com as hipóteses de incidência melhores delineadas e uma amplitude

---

1. "O incidente de assunção de competência, previsto no art. 947 do CPC, é uma reformulação do incidente previsto no § 1º. do art. 555 do CPC-1973." CUNHA, Leonardo Carneiro da; DIDIER JR., Fredie. *Curso de direito processual civil. Meios de impugnação às decisões judiciais e processo nos tribunais*. 13ª ed. Salvador: Juspodivm, 2016. p. 655.
2. Comentário do autor: já que não havia uma determinada nomenclatura legal ao previsto no CPC/73, somente com a indicação de seu cabimento pelo revogado art. 555, § 1º.

maior, com um ganho de importância no instituto, devida a uma maior atenção legislativa evidente, com um artigo e dispositivos específicos, delineados no art. 947 do CPC[3].

2.1. REQUISITOS PARA A INSTAURAÇÃO DO INCIDENTE

Para a possibilidade da instauração do incidente de assunção de competência – IAC, requisitos devem ser cumpridos. Pela própria conceituação do instituto, os requisitos[4] para a suscitação do incidente já se tornam notórios: *(i) questão de direito; (ii) repercussão social; (iii) prevenir ou compor divergência; e (iv) ausência de multiplicidade*[5].

Dessa maneira, para que o incidente de assunção de competência seja possível e viável, há a necessidade de verificação conjunta de relevante questão de direito, grande repercussão social e sem repetição em múltiplos processos. Ainda, para possibilitar o incidente, há a conveniência de prevenção ou composição de divergência entre órgãos fracionários de um mesmo Tribunal.

2.1.1. Questão de direito

A opção pela *questão de direito* como um dos requisitos é pela inviabilidade visualizada pelo legislador por discutir-se questões fáticas, optando somente por questões em que se firmarão teses jurídicas. Essa escolha passa pela dificuldade de pensar-se a criação de uma tese fática para se criar um precedente, segue a viabilidade somente de questões de direito.

---

3. Art. 947. É admissível a assunção de competência quando o julgamento de recurso, de remessa necessária ou de processo de competência originária envolver relevante questão de direito, com grande repercussão social, sem repetição em múltiplos processos. § 1º Ocorrendo a hipótese de assunção de competência, o relator proporá, de ofício ou a requerimento da parte, do Ministério Público ou da Defensoria Pública, que seja o recurso, a remessa necessária ou o processo de competência originária julgado pelo órgão colegiado que o regimento indicar. § 2º O órgão colegiado julgará o recurso, a remessa necessária ou o processo de competência originária se reconhecer interesse público na assunção de competência. § 3º O acórdão proferido em assunção de competência vinculará todos os juízes e órgãos fracionários, exceto se houver revisão de tese. § 4º Aplica-se o disposto neste artigo quando ocorrer relevante questão de direito a respeito da qual seja conveniente a prevenção ou a composição de divergência.
4. "a assunção de competência está condicionada aos seguintes pressupostos: (a) processo em estágio de julgamento em curso, de sorte que se o resultado já foi proclamado, não haverá mais possibilidade de instaurar-se o incidente; (b) a divergência não pode ser entre posições de juízes e tribunais diversos, haverá de ser apenas entre órgãos do próprio tribunal; o incidente ocorre sobre questão que não se repete ainda em múltiplos processos. [...]. É essencial que a questão de direito envolvida na lide (i) seja relevante, (ii) tenha grande repercussão social, (iii) não haja sido repetida em múltiplos processos, (iv) de modo a tornar conveniente ou a composição de divergência entre câmaras ou turmas do tribunal." THEODORO JR, Humberto. Curso de direito processual civil – vol. III. Rio de Janeiro: Forense, 2016. p. 825.
5. Enunciado n.º 334 do FPPC: Por força da expressão 'sem repetição em múltiplos processos', não cabe o incidente de assunção de competência quando couber julgamento de casos repetitivos.

Mas, é possível dissociar as questões de direito das fáticas? Essa pergunta é latente e tem discussão perene sobre tal matéria, uma vez que todo direito só tem serventia e necessidade se for visualizado mediante uma questão fática. A dissolução cognitiva – fatos e direito, então, é um tanto complexa, mas possível. O intuito é analisar a base posta dos fatos já realizada no duplo grau de jurisdição, para, a partir dessa definição, discutir-se a aplicabilidade do direito em questão.

Obviamente que, mesmo com a definição fática, a aplicação do direito deve voltar-se ao caso em concreto[6], com a análise sobre os fatos e suas consequências jurídicas, afinal, como pensar na questão de direito, sem olhar para as questões fáticas? A resposta passa pela não reanálise da questão fática quanto à sua definição, mas somente de modo a utilizar-se dos fatos postos como definidos, para alcançar-se a melhor aplicabilidade do direito como consequência jurídica destes.

O IAC, então, utiliza da base fática já posta, no que se tem definido nas questões fáticas, para uma discussão das consequências ali existentes, mas não para definir a própria questão fática e, sim a questão jurídica, o que dali se pode extrair a partir do que se tem sobre os fatos.

Essa é a função do IAC em termos de formação de precedente vinculante, sem a possibilidade de discutir pontos fáticos, limitando-se somente às questões de direito.

2.1.2. Repercussão social e interesse público

O art. 947 do CPC insere também como requisito a repercussão social dessa questão de direito, ou seja, por mais que não exista uma grande quantidade[7] de demandas sobre aquela questão jurídica, deve esta impactar a

---

6. "está na raiz do raciocínio do juiz, no momento em que nasceu o direito, no instante em que a lei incidiu sobre os fatos. Se essa relação de incidência da lei sobre os fatos se dá de modo defeituoso, tudo o que lhe segue será inexoravelmente ilegal. Casos há em que a infração da lei ocorre num momento lógico posterior ao da qualificação jurídica dos fatos. É o que ocorre se, estabelecidos os fatos, se lhes dá a qualificação jurídica correta e se estabelece uma consequência jurídica prevista pelo sistema jurídico como conectada com outro instituto e não com aquele diante do qual se está." WAMBIER, Teresa Arruda Alvim. Distinção entre questão de fato e questão de direito para fins de cabimento de recurso especial. *Revista de Processo*. São Paulo, RT, 1992. p. 53.

7. Neves entende que este incidente deve ser para processos raros ou únicos. Discordo neste ponto, creio que não possa haver multiplicidade, mas isso levaria a ser processos únicos? Penso que é importante determinar o que é multiplicidade para que se entender o que, de maneira antagônica, não é, o que leva ao preenchimento do requisito da "ausência de multiplicidade". Nesse sentido, ausência de multiplicidade não é processo único: "A par disso, o objetivo do legislador parece claro: criar um incidente em processos únicos ou raros de alta relevância social, até porque, se houver a multiplicidade de processos com a mesma matéria jurídica, existirão outros instrumentos processuais para se atingir o objetivo do incidente de assunção de competência." NEVES, Daniel Amorim Assumpção. *Manual de direito processual civil*. 8. ed. Volume único. Salvador: Juspodivm, 2016. p. 1.850.

sociedade, tendo, ao mesmo tempo, relevância e repercussão social[8], ambos expressos no referido artigo.

Evidente que são pontos de grande subjetividade, com necessária sensibilidade do julgador na análise para entender a existência dessa conjunção entre a relevância quanto a questão de direito e a repercussão na sociedade. A argumentação do suscitante sobre a presença desta conjunção é, não somente, importante, mas essencial, para a instauração do incidente.

De certa maneira, existe uma simbiose entre *a relevância da questão do direito e a grande repercussão social*, requisitos, de certa forma, interligados e dependentes. Para uma grande repercussão social não necessita de multiplicidade, porém de um impacto na sociedade, uma repercussão sobre aquele assunto. Marinoni e Mitidiero têm uma definição que essa repercussão deva ser sobre a vida social, aquela que impacta a sociedade como um todo[9]. Mas, será que essa repercussão terá essa limitação e alcance? Creio que a relevância deva ser igual à repercussão geral, com característica até sobre as técnicas processuais, uma vez que guardam grande impacto no cotidiano forense.

Quando se impõe a grande repercussão social[10] como requisito, preconiza-se a necessidade de uma transcendência[11] e, ainda, conjuga-se que esta não se dará por meio de multiplicidade, o que impõe a necessidade de um impacto na sociedade, um interesse além daquela demanda, mas, não necessariamente, ao menos naquele momento, impactando outras demandas.

---

8. Neves tem um posicionamento de que a repercussão social seria uma simbiose de enunciado com o interesse público. "Afinal, é preciso ter repercussão social ou interesse público para ser cabível o incidente de assunção de competência? O mais provável é que as expressões sejam consideradas como sinônimas – ainda que não o sejam –, sendo admissível o incidente sempre que interessar a quantidade razoável de sujeitos." NEVES, Daniel Amorim Assumpção. *Manual de direito processual civil*. 8. ed. Volume único. Salvador: Juspodivm, 2016. p. 1.851.

9. Marinoni e Mitidiero definem essa repercussão social de maneira bem maior do que a repercussão geral e, também, de matérias que possam parecer de repercussão, por exemplo, no mundo técnico-processual. A afetação, para eles, deve ser na vida social, de maneira intensa. Não creio que seja essa a visão do instituto: "Porém, não basta que a questão de direito apenas diga respeito à política, à religião, à cultura ou à economia de uma região. É preciso que a resolução afete diretamente, e com relevante impacto, tais aspectos da vida social para que possa ser considerada de "grande repercussão social"." MARINONI, Luiz Guilherme; MITIDIERO, Daniel. *Comentários ao novo código de processo civil: artigos 926 a 975*. Coord.: MARINONI, Luiz Guilherme; ARENHART, Sérgio Cruz; MITIDIERO, Daniel. 1ª, Ed, RT: São Paulo: 2016. p. 249.

10. Enunciado n.º 469 do FPPC: A "grande repercussão social", pressuposto para a instauração do incidente de assunção de competência, abrange, dentre outras, repercussão jurídica, econômica ou política.

11. Do mesmo modo que na repercussão geral, o IAC tem critérios totalmente indeterminados: "Há vários conceitos indeterminados para serem preenchidos no caso concreto, como o que é relevante, quais questões têm grande repercussão social e quantos são os processos para serem considerados diversos." NEVES, Daniel Amorim Assumpção. *Manual de direito processual civil*. 8. ed. Volume único. Salvador: Juspodivm, 2016. p. 1.850.

A sensibilidade diante da análise de existência dessa repercussão social é imensa, diante da necessidade de uma percepção sobre a importância daquela questão de direito e suas possibilidades, sobre o impacto social daquele julgamento.

Em outro momento, o órgão responsável pelo julgamento deve averiguar a *presença de interesse público*[12], outro conceito também indeterminado[13], o que concede, junto com a repercussão social, uma grande carga de subjetividade, dependendo da argumentação dos requerentes ou do próprio julgador que suscitar o incidente, qualquer deles deve justificar essa importância para aquela questão de direito, com seus impactos e efeitos.

Dentro de uma lógica umbilical, a grande repercussão social e a relevância da matéria de direito dialogam claramente com o interesse público, sendo requisitos quase que idênticos, de maneira a se cumprir como um todo. Quando há repercussão social e relevância, o interesse público é notório e vice-versa.

2.1.3. Prevenção ou composição de divergência

Outro requisito é a *percepção pelo suscitante e, posteriormente, pelo órgão julgador*, sobre a amplitude da matéria, com a existência ou não de divergência e, diante dessa análise, as possibilidades jurídicas, sobre o impacto no julgamento e como prevenção[14] para posterior julgamentos, seja

12. Esse interesse público é um novo requisito? Marinoni e Mitidiero colocam como um só requisito – repercussão social e interesse público – ainda que em momentos diferentes. Têm certa razão, contudo, entendo que são momentos processuais diferentes em mecanismos diversos: "Porém, além de o art. 947 ter aludido "interesse público" ao tratar de uma fase específica, das duas locuções insertas no artigo - "grande repercussão social" e "interesse público" - pode-se retirar previsões absolutamente similares, de modo que não se pretendeu criar dois requisitos diferentes para a admissão da assunção de competência." MARINONI, Luiz Guilherme; MITIDIERO, Daniel. *Comentários ao novo código de processo civil: artigos 926 a 975*. Coord.: MARINONI, Luiz Guilherme; ARENHART, Sérgio Cruz; MITIDIERO, Daniel. 1ª, Ed, RT: São Paulo: 2016. p. 253.

13. Sobre a fundamentação e a necessidade de especificar o que seria a incidência desse interesse público: "Referente ao Incidente de Assunção de Competência, deverá o tribunal demonstrar o porquê, no caso concreto, há interesse público no julgamento. Essa necessidade de interpretar, contudo, não pode ser vista como um permissivo para que o juiz haja de forma discricionária." ABBOUD, Georges; YAMIN, Ricardo. Requisitos legais para instauração do incidente de assunção de competência. Revista de Processo. Ano 43, Vol. 279, p. 339-356, São Paulo: Ed. RT, 2018. p. 344.

14. A assunção de competência pode ser uma prevenção para que não haja, posteriormente, uma multiplicidade. Mas, a dúvida inicial recai na quantidade de processos que permitem a assunção e a quantidade mínimo para repetitivos – recursais ou o IRDR. "Surge outra função prevalecente, qual seja, o seu caráter preventivo, na medida em que há cláusula limitativa de cabimento do incidente. Diz a lei que o incidente não se instaura quando houver "repetição em múltiplos processos", pois, para uma tal situação, o novo sistema prevê o incidente de recursos repetitivas. Em outras palavras, procurar-se obter para a jurisdição sob égide de um terminado Tribunal a definição de tese sobre questão de direito para vincular órgãos fracionários [juízes e câmaras} pela simples razão de que a definição dessa tese exsurge de uma colegialidade mais ampla e representativa sobre "questões

para definir, desde já, a tese jurídica ou, até, prevenir a ulterior existência de múltiplas demandas.

O incidente almeja, em sua razão de ser, que a matéria ali suscitada seja uniformizada e estabilizada, até para impossibilitar uma futura instabilidade jurídica ou uma multiplicidade.

Dessa forma, não há a necessidade de uma divergência existente, podendo, para tanto, servir de *caráter preventivo*[15] para a definição daquela tese jurídica, com um viés pacificador logo no início da apreciação da matéria por aquele Tribunal. O intuito de sua existência e ampliação foi a necessidade de identificar as grandes questões de direito e pacificá-las, desde logo. Não há a necessidade de divergência, mas somente a mera possibilidade desta.

A simples prevenção[16] do surgimento de posicionamentos diversos num mesmo Tribunal possibilita instaurar o incidente de assunção de competência – IAC.

Essa possibilidade da prevenção diferencia o incidente dos demais meios de pacificação de entendimentos dos Tribunais, pelo fato de que nos demais institutos, geralmente a existência de divergência é requisito para a própria suscitação, diferindo da possibilidade do IAC. De modo diverso à sua forma preventiva enquanto intuito de pacificar o que ainda não está divergente, o incidente também é possível e viável para compor divergência sobre a questão de direito relevante.

Ou seja, não serão somente processos únicos que poderão ser objeto de suscitação do incidente, mas, também, uma determinada matéria que se enquadra nos demais requisitos e, que não tem multiplicidade, apesar da existência de alguma quantidade de demandas.

---

relevantes com grande repercussão na sociedade de uma forma mais prudente e diferenciada de questões corriqueiras e ordinárias." [Paixão Cortês, ob.cit., p. 2.112]." RODRIGUES, Walter Piva. Breves anotações sobre o incidente de assunção de competência no Novo CPC/2015. *Revista Síntese de Direito Civil e Processual Civil.* v. 13 n. 97, set/ out/2015. p. 17.

15. Comentário do autor: é prudente que se a suscitação for preventiva, que o contraditório seja ainda mais democrático e ampliado possível, com uma tramitação intensa na busca do exaurimento da matéria, já que seria uma fixação de tese anterior a existência de julgamentos pelo tribunal, fixando, desde já, uma tese vinculativa.

16. Sobre esse caráter preventivo do IAC: "A peculiaridade do IAC é sua vocação para a resolução de ponto futuro ou na própria dicção da lei quando for "conveniente a prevenção ou a composição de divergência". Significa dizer que esse incidente é instrumento para evitar que determinada questão de direito possa ser envolta em uma jurisprudência vacilante. Em linguagem própria do século XXI, impede-se que sirva de *nudge* à proliferação de demandas judiciais." GOMES, Tadeu Alves Sena. O incidente da assunção de competência do cpc/2015 à luz da análise econômica do direito. Revista de Processo. Ano 45, Vol. 309, p. 201 – 223, São Paulo: Ed. RT, 2020. p. 204.

2.1.4. Ausência de multiplicidade

Para a configuração da possibilidade processual do incidente, *não há a possibilidade de existência de demandas repetitivas*, diferenciando a assunção de competência dos meios do microssistema de resolução de demandas repetitivas.

Se houver a multiplicidade de demandas ou de recursos, outros meios de uniformização são possíveis, como recursos repetitivos nos Tribunais Superiores ou incidente de resolução de demandas repetitivas nos Tribunais de segundo grau. Entretanto, há a dificuldade de estabelecer-se o que seria a multiplicidade. Uma demanda em assunção de competência pode ter uma certa quantidade de processos, não muitos, mas uma diminuta quantidade, cabível, ainda, a assunção de competência.

É, evidentemente, um requisito negativo, uma percepção de fechamento do sistema de precedentes, uma vez que se preocupa em preencher a lacuna que os mecanismos de gestão de estoque de demandas deixam. Como os repetitivos aplacam multiplicidade, o que fazer com as demandas ou questões não múltiplas, mas que igualmente necessitam de pacificação? Esse é o cerne desse requisito, ser inviável o incidente de ser instaurado quando houver multiplicidade.

Outro ponto será a definição da multiplicidade, o que, apesar de parecer um tanto objetiva por tratar-se de números, é subjetiva por não ter parâmetros de definição do que seria a quantidade para tanto. Não é fácil[17] e depende do caso em concreto, do local, dentre outras situações.

Se mesmo sem multiplicidade de demandas houver decisões contraditórias naquele Tribunal, há a possibilidade de transferir a competência para um colegiado maior, com o intuito de resolver de antemão a questão ou quando se entender como pertinente prevenir eventual possibilidade de divergência.

---

17. Sobre esse ponto: "Melhor seria se o legislador tivesse fixado um critério objetivo, como, por exemplo, uma quantidade 'x' de processos em tramitação sobre uma mesma questão de direito, a ser fixada periodicamente (anualmente por exemplo) pelo CNJ. Essa relação numérica levaria em consideração as peculiaridades dos Estados e regiões. Atingindo-se a quantidade fixada periodicamente pelo CNJ e formulado o requerimento, o tribunal teria o dever de instaurar o IRDR, não havendo que se falar em discricionariedade ou faculdade do magistrado, como maleficamente entendeu o STJ para o incidente de uniformização de jurisprudência, previsto no art. 476 do CPC/1973. Outra ideia seria, por exemplo, o NCPC estabelecer como pressuposto de admissibilidade do IRDR a necessidade de os legitimados apresentarem uma quantia mínima de requerimentos de instauração do incidente, durante um prazo fixado no Código. Demonstrada, por meio desses requerimentos, a efetiva repetição de processos sobre a mesma questão de direito, e preenchidos os demais pressupostos, o tribunal seria obrigado a determinar o processamento do IRDR. A verdade é que, sem a fixação de critérios objetivos, a instauração do IRDR corre um sério risco de ficar sujeita à discricionariedade do tribunal, o que não se coaduna com a finalidade do NCPC." CAVALCANTI, Marcos de Araújo. Incidente de resolução de demandas repetitivas. São Paulo: Ed. RT, 2016. p. 217.

2.1.4.1. Questões não múltiplas ou processos não múltiplos?

Um ponto a ser considerado sobre essa não multiplicidade é a seguinte questão: *a não incidência da multiplicidade será da demanda ou da questão de direito relevante?* Esse ponto é pertinente, pelo fato de que a admissibilidade deve analisar esse ponto de modo pormenorizado e, o que realmente não deve ter multiplicidade é a questão de direito relevante, podendo, portanto, ocorrer um IAC em uma demanda em que existe multiplicidade de outras demandas idênticas, contudo aquela questão de direito é inerente somente aquela demanda, sem conjugar-se com a questão repetitiva.

E, ainda, ao possibilitar o julgamento de um recurso por um órgão maior do que o originalmente competente[18], resolvendo a demanda com mais desembargadores ou ministros, compreende-se, teoricamente, melhor a matéria, com um resultado mais eficaz e uma utilidade maior, impedindo, num melhor cenário, o surgimento de demandas repetitivas ou resolvendo-as com esse entendimento comum a ser almejada e formado no IAC.

Mesmo com demandas futuras repetitivas[19], se um incidente de assunção de competência analisou a matéria, com um entendimento daquele colegiado firmado, o enfrentamento dessa eventual multiplicidade se torna mais fácil pela aplicabilidade de um precedente judicial formado, via IAC, naquele Tribunal, oriundo da existência preventiva do incidente.

2.2. A AMPLIAÇÃO DA POSSIBILIDADE DO IAC: TODOS OS RECURSOS, REMESSA NECESSÁRIA E COMPETÊNCIA ORIGINÁRIA

O incidente da assunção de competência – IAC, no CPC/73, era restrito aos recursos de apelação e agravo de instrumento, limitando-se ao âmbito dos Tribunais de segundo grau[20]. Portanto, a utilidade do incidente

---

18. A assunção de competência leva toda a competência para o outro órgão, é realmente uma elevação da competência ali descrita. Uma real transferência de competência para um órgão hierarquicamente maior: "Vale observar que o presente instituto não tem por objetivo apenas submeter a questão jurídica da interpretação controvertida a um outro colegiado. Isso porque vai além, para atribuir o julgamento de todo o recurso, de todo reexame necessário ou de toda causa a esse outro órgão." MARINONI, Luiz Guilherme; ARENHART, Sérgio Cruz; MITIDIERO, Daniel. *Novo curso de processo civil: tutela dos direitos mediante procedimento comum*. São Paulo: Revista dos Tribunais, 2015. p. 566.
19. Sobre a relação entre o IAC e a prevenção de litigiosidade repetitiva: "A criação do precedente, considerando que o IAC tem como requisito negativo a não repetição da matéria em múltiplos processos, antecipa-se, até mesmo, ao nascimento da futura e o que poderia vir a ser litigiosidade na realidade fática. GOMES, Tadeu Alves Sena. O incidente da assunção de competência do CPC/2015 à luz da análise econômica do direito. Revista de Processo. Ano 45, Vol. 309, p. 201 – 223, São Paulo: Ed. RT, 2020. p. 205.
20. Aqui vemos que a inspiração do incidente da assunção de competência, lá em 2001, teve inspiração na possibilidade regimental do RISTF, que previa a possibilidade do deslocamento de competência das turmas ao plenário, em caso de interesse público. A intenção clara era conceder aos tribunais

de assunção de competência era restrita ao duplo grau de jurisdição, sem possibilidade de utilização nos Tribunais Superiores[21].

Com a tendência do CPC/2015 no fortalecimento de precedentes judiciais, ampliaram-se as possibilidades de aplicação e instauração do incidente, com cabimento em qualquer recurso, bem como na remessa necessária ou nas causas de competência originária e, dessa maneira, em qualquer grau de jurisdição. Uma amplitude maior do instituto, com uma valorização de sua aplicabilidade e importação para novos momentos processuais.

Diante disso, em *qualquer Tribunal e em qualquer situação de julgamento de recursos, remessa necessária ou ação de competência originária*, caberá o incidente de assunção de competência – IAC, nos moldes do art. 947 do CPC.

A inclusão desses ritos – remessa necessária e ação de competência originária, nas hipóteses de possibilidade de instauração do incidente, permitem questões relevantes em processos nos Tribunais que não têm características ou origens recursais[22] serem, de igual maneira, pacificadas por um órgão colegiado maior, seja de forma preventiva, seja para compor divergência. Portanto, o IAC ampliou suas possibilidades processuais e cognitivas, aumentando o leque para os julgadores e as partes pacificarem posicionamentos em questões relevantes.

Nos Tribunais Superiores, via regimento interno em cada um dos Tribunais, havia uma técnica de julgamento que permitia essa possibilidade de deslocamento de competência, de um órgão fracionário para um órgão maior, dependendo da possibilidade de divergência ou pelo interesse na demanda. O IAC, ao ampliar sua atuação aos Tribunais Superiores, positiva essa possibilidade de competência, como uma regra processual, não mais regimental[23], e, ainda, como um meio formador de um precedente vinculante, com uma carga de importância bem maior.

Evidentemente que o cabimento nos Tribunais de segundo grau continua possível.

---

de segundo a possibilidade do mesmo rito processual, na apelação e no agravo. "Diga-se que igualmente o RISTF prevê, nesses casos, possa a Turma transferir ao Plenário a competência para o julgamento do feito – art. 22, parágrafo único, alíneas 'a' e 'b'. Nada mais adequado, destarte, que permitir também no âmbito dos tribunais de segundo grau o uso desta faculdade, com manifesto proveito ao superior interesse dos jurisdicionados na estabilidade jurídica que uma jurisprudência uniformizada propicia". Ob. citada. Exposição de motivos da lei 10352/11.

21. Comentário do autor: ao menos sobre a utilização da possibilidade legal existente, com adaptações se fosse o caso, no Regimento Interno de cada Tribunal Superior.

22. Comentário do autor: considerando que a remessa necessária, apesar de permitir que haja uma revisão de uma decisão, com a mesma amplitude e resultado de um recurso, não é dessa categoria por falta de voluntariedade e dialeticidade, características essenciais para um recurso.

23. Regimentos Internos do STF (art. 22, parágrafo único, alíneas "a" e "b") e do STJ (art. 14, II; art.12, parágrafo único).

Primeiro, pelo fato de que a palavra *recurso* envolve todo e qualquer recurso, o que importa em um cabimento no agravo de instrumento e apelação, recursos desse grau de jurisdição. Posteriormente, a *remessa necessária* é um instituto pertinente somente aos Tribunais de segundo grau, não deixando dúvidas para a sua aplicabilidade nesse âmbito. E, ainda, a possibilidade em *ações de competência originária*, cabíveis, de igual maneira, nesse grau de jurisdição.

A maior amplitude do IAC é pertinente para a importância do próprio instituto e, ainda, com a possibilidade de prevenir divergência, em casos que não há, ainda, uma multiplicidade de demandas, mas existe relevante questão de direito. A possibilidade de atuação de modo preventivo, julgando de antemão num órgão maior[24], tanto o IAC, quanto o próprio processo principal, auxilia na busca por uma pacificação de jurisprudência, resolvendo uma questão de direito relevante, com uma discussão ampliada para esse caso e conteúdo, definido pela assunção de competência, sem a necessidade de cada turma ou órgão fracionário menor julgarem diversos processos para firmar entendimento e, posteriormente, verificar divergências.

A solução pela prevenção, via IAC, de maneira antecipada, com uma discussão maior no início da verificação de possível divergência, por vezes, até impedindo uma multiplicidade de demandas ou, se vier a acontecer, o Tribunal, antecipadamente, tem posicionamento pacificado para utilizar, adequando o precedente a tal situação correspondente fática e juridicamente.

Somente deve se ter o cuidado de que a discussão seja satisfatória em termos cognitivos e de enfrentamento de todas as teses para que a pacificação não seja realizada de modo solipsista, sem qualquer aprofundamento. A prevenção na solução de possível divergência não pode significar formar qualquer precedente, sem uma autoridade argumentativa.

2.3. LEGITIMIDADE PARA A PROPOSIÇÃO DO IAC

O incidente, desde sua introdução no CPC/73, em 2001, pela sua literalidade, somente o relator tinha legitimidade para suscitar a instauração do IAC, não possibilitando nem as partes, nem o Ministério Público e, tampouco, os outros membros do colegiado.

---

24. Comentário do autor: por mais que se estipule no art. 947, § 1º do CPC, que o órgão fracionário será aquele que o regimento interno de cada Tribunal definir, deve seguir a lógica de um órgão maior, por exemplo, no STJ, deve transferir a competência de uma turma para a seção, contando com a totalidade dos ministros competentes para julgamento daquela matéria. O mesmo nos tribunais de segundo grau em que já é cabível a assunção de competência, utilizando ou as câmaras reunidas ou o pleno, nos Tribunais menores.

Evidente que essa visão era a interpretação literal da lei, afinal, se o relator poderia realizá-lo de ofício, a parte ou o Ministério Público poderiam requerer que se fizesse de ofício. É uma diferença? Claro, se as partes e o Ministério Público tivessem a legitimidade direta para requererem a instauração do IAC forçariam a análise pelo colegiado.

Sem essa legitimidade, poderiam todos esses sugerirem para o relator a instauração do IAC.

No CPC/2015, a legitimidade é ampliada expressamente para as partes, o Ministério Público e a Defensoria Pública, continuando para o relator e seu colegiado, nos moldes do art. 947, § 1º do CPC. O instituto, anteriormente, não tinha uma utilidade constante, diria até que não teve êxito na prática, no cotidiano forense, restando com uma ineficácia processual, talvez pela sua legitimidade limitada ou, simplesmente, pelos juízes ou partes não vislumbrarem seus benefícios.

O novel ordenamento, ao ampliar a legitimidade, automaticamente, aumenta as possibilidades processuais e cognitivas do próprio incidente, com a expectativa de maior utilização do IAC.

O intuito do CPC/2015, de modo geral, é a busca pela uniformização de jurisprudência, formalização de precedentes judiciais e, a partir daí, a estabilidade dos julgados. No pertinente ao IAC, ao ampliar as possibilidades de suscitação, com ampliação da legitimidade, expressando legalmente quais as partes legítimas para instaurar o incidente, concede, como reflexo, uma maior ênfase ao instituto, com uma natural amplitude de suscitações pela pluralidade de legitimados.

O IAC pode ser considerado uma evolução clara e melhorada do antigo incidente de uniformização da jurisprudência em conjunto com o próprio instituto de seu nome no CPC/73 e, ao utilizar a legitimidade ampliada do primeiro incidente, trouxe uma boa solução para incrementar e dar maior importância para o próprio instituto e sua aplicabilidade prática.

Um ponto importante a mencionar sobre o incidente está na possibilidade do Ministério Público e, principalmente, da Defensoria Pública em suscitar o IAC. Ambas as entidades não devem ser vistas como legitimadas simplesmente por atuarem com partes do processo, até pelo fato de que se assim o fizessem, não haveria a necessidade de disposição sobre tais entidades. Dessa maneira, é importante diferenciar a atuação dessas entidades com os demais legitimados, se o julgador e as partes farão a suscitação por serem atrelados àquele processo, o Ministério Público e Defensoria Pública[25] podem

25. Bueno coloca que o Ministério Público e a Defensoria Pública teriam função, mesmo quando não são partes da demanda, em suscitar o IAC, no primeiro caso, não vejo óbice, mas, no segundo sim, uma vez que o IRDR, como utiliza como base uma demanda específica, tem uma tramitação diferente.

suscitar independentemente de atuarem na demanda, com a possibilidade de adentrarem para tal desiderato, com a intervenção para a proposição de tal medida ao relator, em processos totalmente alheios à sua atuação.

Obviamente que devem, além de suscitar o IAC, fundamentar os motivos de utilizarem processos que não atuam, que não estão como parte, mas que cumprem a função de Ministério Público e Defensoria Pública, dentro de suas atribuições.

Essa é a mudança de visão de que se deve ter em relação a essa proposição e legitimação, sem imaginar que essas entidades agiriam pelas partes, mas pela própria atuação destacada e autônoma.

2.4. A DESISTÊNCIA DO PROCESSO REPRESENTATIVO DA CONTROVÉRSIA ESCOLHIDO PARA O IAC

A desistência recursal é direito do recorrente, com independência em relação ao recorrido, não necessitando de anuência da outra parte ou do juízo. O ato recursal é faculdade das partes, necessitando de interesse e iniciativa daquela que pretende recorrer. Logo, o recorrente pode dispor de tal ato, a qualquer momento até o julgamento, desistindo do mesmo.

Entretanto, nos moldes do art. 998, parágrafo único do CPC, quando o recorrente exercer o seu direito pela desistência do ato recursal, não impede a análise de questão cuja repercussão geral já tenha sido reconhecida e daquele objeto de julgamento de recursos extraordinários ou especiais repetitivos. A dúvida está sobre a matéria afetada pela questão de direito pelo IAC, esta será julgada mesmo havendo a desistência do processo admitido como representativo do incidente? Essa dúvida é pertinente, justamente pela falta de previsão legal sobre tal ponto. O art. 998, parágrafo único do CPC não incluiu o IAC entre os institutos formadores de precedentes vinculantes que solucionasse tal situação com a manutenção do julgamento, mesmo diante da desistência recursal ou da demanda.

O IAC não tem previsão sobre o que deve ser feito quando o recorrente desiste do recurso em que houve a transferência de competência pela instauração do incidente. No entanto, é pertinente entender que pela formação

"Sobre a legitimidade do Ministério Público e da Defensoria Pública, cabe frisar, fazendo eco ao que dispõe o art. 977, III, a propósito do incidente de resolução de demandas repetitivas, que a regra merece ser interpretada amplamente para admitir que a legitimidade daqueles órgãos dê-se tanto quando atuam como parte (em processos coletivos, portanto) como também quando o Ministério Público atuar na qualidade de fiscal da ordem judicial e a Defensoria estiver na representação de hipossuficiente ou, de forma mais ampla, desempenhando seu papel institucional em processos individuais, como *amicus curiae*." BUENO, Cassio Scarpinella. *Novo código de processo civil anotado.* 2ª. Ed. São Paulo: Saraiva, 2016. p. 594.

de precedente judicial, com um microssistema próprio para tal[26], deve-se levar em consideração a mesma regra de desistência do rito repetitivo e da repercussão geral[27], como explicado, para o IAC, uma vez que incide as mesmas circunstâncias, com o mesmo viés de julgar a questão para a formação de um precedente vinculante, utilizando o processo desistente como base fática para o julgamento, sem impactá-lo com o julgamento que continuou, porém formando o precedente vinculante.

Tal ampliação do instituto do art. 998, parágrafo único do CPC deve ocorrer por alguns pontos. *Primeiro* pelo fato da relevância daquela questão de direito afetada, com a necessidade de prosseguimento de tal matéria e decisão sobre o pertinente assunto que se entendeu como de repercussão para ser admitido num IAC, utilizando aquela demanda desistente como base de concretude para a delimitação fática do precedente judicial a ser firmado, ainda que não detenha validade para tal processo. Em um *segundo ponto*, a existência de outros processos, ainda que não de modo repetitivo ou múltiplos corrobora a necessidade de resposta aos recursos afetados.

Desse modo, a questão afetada pelo IAC, mesmo com a desistência do recurso representativo da controvérsia, deve ser julgada, somente sem a validade para aquela demanda em que houve a desistência, com a devida resolução da controvérsia daquela questão de direito relevante, com repercussão social e, consequentemente, essa decisão sendo aplicável aos processos existentes e futuros da mesma questão de direito[28].

---

26. "Entretanto, com a criação dos recursos que formam precedentes e seus incidentes, a desistência de um recurso que está afetado como o representativo da controvérsia de um recurso especial em rito repetitivo ou uma repercussão geral, este contém uma transcendência maior do que o seu próprio interesse pessoal, outros cidadãos se interessam por aquele desfecho. Como solucionar essa situação? Esses ritos e espécies de recursos que julgam por amostragem tem uma função social, almejando a pacificação de entendimentos, com o intuito de balizar a aplicabilidade do direito no Brasil ou aquela região, sobre aqueles assuntos decididos. Todavia, ao mesmo tempo que há uma transcendência da matéria da demanda, a parte tem um interesse seu, pessoal, com a possibilidade de abrir mão do direito do recorrer e, ser prontamente atendido." LEMOS, Vinicius Silva. A desistência no microssistema de formação de precedentes. *Revista Síntese de Direito Civil e Processual Civil*. v. 13 n. 97, set/out/2015. p. 614.

27. Enunciado no. 65 da JDPC-CJF: A desistência do recurso pela parte não impede a análise da questão objeto do incidente de assunção de competência.

28. "Com a instauração do incidente de assunção de competência e a parte não tiver mais interesse recursal, realizando o pedido de desistência do recurso, pertinente o deferimento do mesmo, porém com a necessidade do colegiado instruir e julgar, desde logo, a matéria afetada pelo incidente de assunção de competência, formando um precedente judicial, mesmo que o recurso que serviu de base para a instauração do incidente não exista mais, tampouco sofra os efeitos da decisão do colegiado. Pela existência deste microssistema, é totalmente cabível a desistência do recurso que ensejou o incidente, sem causar um prejuízo ao julgamento para formação do precedente, utilizando os mesmos moldes do incidente de resolução de demanda repetitiva, bem como, mais distante, o rito repetitivo e a repercussão geral." LEMOS, Vinicius Silva. A desistência no microssistema de formação de precedentes. *Revista Síntese de Direito Civil e Processual Civil*. v. 13 n. 97, set/out/2015. p. 622.

Evidentemente que se houver outro processo que possa ser afetado para substituir aquele que ocorreu a desistência, é melhor e mais prudente que assim se proceda, contudo não há nenhum impedimento de que prossiga com o julgamento do IAC mesmo quando o processo base teve a desistência recursal.

2.4.1. A possibilidade de desistência da ação em primeiro grau, antes da prolação da sentença

No recurso excepcional repetitivo, com a decisão pelo Tribunal Superior sobre a matéria afetada via rito repetitivo, o autor de uma ação em primeiro grau pode, a qualquer momento, desistir da ação, desde que antes da prolação da sentença[29]. Ou seja, se um autor de uma demanda em primeiro grau, ao ser cientificado da existência de um repetitivo que lhe afeta, com a decisão em sentido inverso ao que esperava e pleiteava, pode, então, pedir a desistência de seu processo, se for antes da prolação da sentença.

Com base no art. 1.040, §1º a §3º do CPC, se o fizer *antes de ofertada a contestação*, não arca com as custas processuais, tampouco honorários advocatícios. Se já houve *o oferecimento da contestação*, ainda assim pode desistir, independente da anuência da outra parte, mas nessa situação, há condenação em custas e honorários advocatícios.

Essa possibilidade existe para incentivar o autor de um processo, em que seu conteúdo material teve decisão em rito repetitivo desfavorável, não continue a litigar, se perceber que não tem direito pela interpretação dada mediante essa decisão repetitiva.

A questão a ser discutida é se essa prerrogativa criada para o precedente judicial formado em recurso excepcional repetitivo é válida também para aquele formado em IAC? Essa é uma dúvida pertinente, mas totalmente plausível, afinal se tem uma demanda em primeiro grau que versa sobre a mesma temática da matéria do IAC, possível que se imagine a desistência pelo autor, caso pleiteie em sentido contrário ao definido pelo Tribunal no incidente.

Como há um microssistema de formação de precedentes vinculantes e o IAC, evidentemente, faz parte deste, é prudente que o mesmo cuidado

---

29. "Os §§ 1º, 2º e 3º criam uma situação que deve estimular as partes a desistir da ação, nesta situação, dispensando o juiz de proferir sentença de mérito. Se a desistência ocorrer antes da contestação, o autor ficará isento das custas e honorários de sucumbência.(§ 2º). Se, todavia, ocorrer depois de apresentada a contestação por força de determinação legal (§ 3º.), dispensa-se a anuência do réu, no entanto, não fica o autor dispensado de arcar com custas e honorários." WAMBIER, Teresa Arruda Alvim; CONCEIÇÃO, Maria Lúcia Lins; RIBEIRO, Leonardo Ferres da Silva; ME.LLO, Rogério Licastro Torres de. *Primeiros comentários ao novo código de processo civil.* 1ª. Ed, São Paulo: RT. 2015. p. 1.520.

para evitar-se a litigiosidade infrutífera seja utilizada no IAC, mesmo que tenha sido imaginada para o rito repetitivo em recurso excepcional.

No entanto, há de se fazer a observação de que somente seria possível tal ensejo nos IACs que versarem sobre questões materiais, o que leva a influenciar totalmente nas demandas em curso em primeiro grau, fato que não ocorreria em questões processuais.

Uma demanda pode ter um pedido em contrariedade com precedente de IAC e outros que não tenham correlação com os demais, o que ocorreria nessa hipótese? Se há a possibilidade de desistência, pertinente entender que pode desistir de um pedido da ação, se somente esse pedido versar sobre a matéria decidida em IAC e os outros pedidos tiverem matéria diversa. Todavia, para os pedidos que não guardam relação com o IAC, a regra da desistência da demanda continua a mesma, com a necessidade, após a citação, da concordância do réu.

Há, nessa hipótese, um incentivo a desistência, uma prioridade ao direito do autor em pedir a desistência, contudo o ordenamento esquece do direito do réu em ver o direito meritório ser decidido a seu favor. De certo modo, se houver uma guinada de entendimento, a desistência preserva o direito posterior do autor em demandar novamente. Isso é prejudicial ao réu, porém coaduna com a prevenção de litígios e o incentivo ao respeito pelos precedentes judiciais.

2.5. INCIDÊNCIA E COMPETÊNCIA: *QUALQUER TRIBUNAL – SEGUNDO GRAU OU TRIBUNAIS SUPERIORES*

O IAC é cabível em qualquer instância em um Tribunal, sem a especificação sobre a sua incidência em Tribunais de segundo grau ou Superiores, entendendo-se, portanto, que há uma total amplitude sobre a sua competência e incidência.

O art. 947 do CPC se preocupa em delinear que é possível a incidência e suscitação do IAC em recurso ou competência originária, sem a delimitação de qual seria o Tribunal cabível, o que leva a crer, por lógica de entendimento, de que é possível em qualquer recurso (além da remessa necessária no Tribunal de segundo grau) ou ação de competência originária e em qualquer dos Tribunais, sem descartar que seja em Tribunal de segundo grau ou Superior.

Dessa maneira, o IAC ganha uma importância de ser o instituto inserto ao microssistema de formação de precedentes vinculantes cabível em todos os Tribunais e instâncias, o que não ocorre com os demais, pelo fato de que o IRDR somente cabe, em regra, em Tribunal de segundo grau; recursos excepcionais repetitivos nos Tribunais Superiores; e a repercussão geral somente no STF. Somente o IAC é cabível em qualquer desses Tribunais, com uma importância tão grande quanto todos os outros, somente com a necessidade de ser um instrumento mais considerado e utilizado para pacificar entendimentos, compondo ou prevenindo divergências.

A discussão sobre o cabimento em qualquer Tribunal é importante, justamente pelo fato de o próprio CPC/2015 não parecer considerar todos os detalhes ao IAC quando interliga com outros institutos, como a reclamação, a qual melhor será delineado em subcapítulo próprio, que se possibilita a reclamação por não cumprir decisão em IAC, sem considerar que essa reclamação pode ser de um precedente vinculante formado em um Tribunal Superior, com a necessidade de que essa reclamação fosse, de igual maneira, direcionado a esse Tribunal Superior, o que as alterações propostas pela Lei nº. 13.256/2016 ensejavam em retirar essa possibilidade quanto aos precedentes formados em repetitivos em Tribunais Superiores, esquecendo sobre a possibilidade de IAC nessa esfera.

De todo modo, é cabível IAC em qualquer Tribunal, em qualquer instância, o que aumenta a importância e amplitude do próprio instituto, com a necessidade de que seja melhor utilizado.

2.6. OBJETO PASSÍVEL DE ARGUIÇÃO DO IAC: *DIREITO MATERIAL OU PROCESSUAL*

Qual o objeto possível de ser arguido como matéria de IAC: direito material ou direito processual? Esse ponto é importante, uma vez que não há nenhuma previsão legal sobre tal ponto, com a necessidade de se entender que não existe qualquer limitação, o que possibilita uma amplitude material ainda maior ao próprio incidente.

Mesmo na existência do IAC no CPC/73, não havia, de igual maneira, tal especificação, somente sobre a hipótese de incidência na apelação e no agravo de instrumento, o que se interpretava que já caberia de qualquer matéria.

Agora, no CPC/2015, houve a amplitude, como enfrentado, para todos os recursos, remessa necessária e competência originária, o que leva a possibilidade de suscitar mais matérias, sejam elas materiais, sejam processuais em mais Tribunais e com maior alcance de debate e discussão, pelo fato de não se restringir a somente algumas hipóteses recursais.

Essa é uma interpretação pela não delimitação sobre tal ponto pelo art. 947 do CPC, aquele que dispõe sobre o IAC. Como não há especificação sobre qual objeto do incidente, há, por conseguinte, uma liberdade cognitiva, com a possibilidade de arguição de questões processuais ou materiais, somente a necessidade de que seja uma questão de direito, com grande repercussão social. Tanto uma questão material ou processual se enquadra em questão de direito, somente importando, então, a sua relevância para ensejar a admissibilidade do incidente, com a repercussão social e interesse público.

Diante de tal entendimento, o IAC pode versar tanto sobre o mérito dos processos base, no tocante ao direito material, bem como nas discussões de ritos, procedimentos, detalhes processuais que podem interferir no julgamento e servir de base para uma possível divergência.

Com isso, o IAC pode, naturalmente, servir para a discussão de um ponto da própria lide, um pedido da ação ou, então, por outro lado, discutir um aspecto meramente processual, como a aplicação de um ato, um prazo, uma questão meramente de cunho processual, retirando, de igual maneira, eventual divergência, ainda que essa recaia somente sobre esses aspectos ou prevenindo divergência.

A amplitude do incidente é imensa em termos de seu objeto, com a possibilidade de discutir qualquer matéria, mesmo que seja como direito material afirmado no processo, como matérias de direito privado ou público, dentre outras. É uma amplitude maior do que a amplitude material de um processo coletivo, pelo fato de que poder-se formar precedente em qualquer direito material, mesmo aqueles que não são possíveis de serem julgados em tutela coletiva.

Esse ponto torna a utilização do próprio incidente como meio maior de definir precedentes do que a própria tutela coletiva em assuntos que ali não são cabíveis.

De todo modo, a questão será delimitada tanto na proposição quanto na admissibilidade, com a posterior decisão de afetação, quando houver, portanto, a ciência do objeto específico do incidente, o qual será o cerne do debate do contraditório ampliado, bem como se formará o precedente vinculante. As demais eventuais matérias da demanda não formarão um precedente, ainda que sejam julgadas por um colegiado ampliado, justamente por não fazerem parte da questão delimitada no próprio IAC.

2.7. A IMPOSSIBILIDADE DE INSTAURAÇÃO EM TRIBUNAL DE SEGUNDO GRAU QUANDO A MATÉRIA ESTÁ AFETADA POR TRIBUNAL SUPERIOR

Não há especificação no art. 947 do CPC sobre os limites de proposição do IAC, contudo sabe-se que é cabível tanto nos Tribunais de segundo grau quanto nos Tribunais Superiores, o que impõe a necessidade de sistematizar limites propositivos quando matérias já forem discutidas em um grau superior, ainda que não haja disposição legal sobre tal ponto.

O argumento, para tanto, é a própria lógica jurídica processual e procedimental. Qual seria o intuito de suscitar um IAC em Tribunal de segundo grau quando a matéria já foi discutida em IAC em Tribunal Superior? Não há nenhuma necessidade de compor ou prevenir divergência se um Tribunal Superior já o fez ou está prestes a fazê-lo.

Dessa maneira, há um impedimento objetivo para a instauração do IAC em Tribunais de segundo grau: a hipótese daquela mesma matéria suscitada, num Tribunal Superior – STJ ou STF, ter uma decisão de afetação idêntica, *seja em rito repetitivo, em repercussão geral ou mesmo em IAC*, tornando incabível o incidente.

O mesmo ocorre no IRDR, nos moldes do art. 976, § 4º do CPC[30], com a devida previsão de que não é possível suscitar IRDR quando a matéria já está em discussão em Tribunal Superior por um rito repetitivo ou repercussão geral. Se no IRDR tem previsão legal, com a impossibilidade de sua suscitação nessa hipótese, o mesmo deve ocorrer, pela própria utilização do microssistema de formação de precedentes vinculantes ao IAC, justamente pelo fato de que é cabível também em Tribunal de segundo grau.

Nessa hipótese, a instauração do incidente não teria efeito prático, tornando-se inócuo, uma desnecessidade processual. Com a afetação da mesma questão de direito pelo Tribunal Superior, em outro nível, num rito também de julgamento por amostragem, repetitivo ou em repercussão geral, não há motivos para o Tribunal de segundo grau afetar uma matéria já afetada em grau superior.

Todavia, é importante salientar que a matéria deve ser afetada em IAC, repetitivo ou em repercussão geral (com abertura de incidente e suspensão) para que seja um impeditivo de instauração do IAC, se somente existirem decisões no âmbito dos Tribunais Superiores, sem a presença de uma decisão de afetação, em rito específico para a formação de precedente vinculante, o Tribunal de segundo grau pode aceitar o incidente, sem nenhum impedimento.

O intuito da impossibilidade é a própria desnecessidade do próprio incidente, pelo fato de que o instituto no grau superior resolve a questão e vincula, via decisão futura ou já existente, o sistema como um todo, tornando, portanto, desnecessário, naquele momento, a instauração do IAC no Tribunal de segundo grau.

30. "Considerando o grau de vinculação/transcendência da matéria discutida (local ou nacional), o § 4º, do art. 976 do NCPC deixa claro que o incidente apenas poderá ser provocado se a matéria discutida não tiver sido afetada por um dos Tribunais Superiores, no âmbito de sua respectiva competência. Este dispositivo evita divergência entre o posicionamento do tribunal local e do Órgão Superior." ARAÚJO, José Henrique Mouta. O incidente de resolução das causas repetitivas no novo CPC e o devido processo legal. *Coleção Novo CPC - Doutrina Selecionada - v.6 - Processo nos Tribunais e Meios de Impugnação às Decisões Judiciais.* Orgs: DIDIER JR., Fredie; FREIRE, Alexandre; MACEDO, Lucas Buril de; PEIXOTO, Ravi. Salvador: Juspodivm, 2015. p. 329.

De mesmo modo, há idêntica impossibilidade de admissão e instauração de IAC caso já exista matéria decidida em IAC, repetitivo ou incidente de repercussão geral em Tribunal Superior.

Nesse caso, já existe um precedente vinculante sobre a matéria em Tribunal Superior, com a igual desnecessidade de suscitar um IAC em Tribunal de segundo grau.

2.8. A FUNÇÃO DOS TRIBUNAIS BRASILEIROS E A RELAÇÃO COM A FINALIDADE VINCULANTE E PACIFICADORA DO IAC

Diante da inserção cada vez mais forte de uma série de institutos que concedem formalmente uma vinculatividade a uma decisão formada em um procedimento diverso, dentre os quais o IAC está inserto, alguns aspectos na atividade judicante devem, consequentemente, ser alterados para a receptividade da acentuação dessa nova realidade.

Evidentemente, existem críticas pela maneira normativa que esses institutos foram criados[31], uma vez que a teoria de precedentes em direito comparado[32], a vinculatividade advenha do próprio caráter argumentativo da decisão que se utilizará como paradigmática, contudo, um outro lado é a análise crítica sobre a atuação dos Tribunais brasileiros – sejam os de revisão, sejam os superiores – com a notória dispersão jurisprudencial existente.

Importante, antes de tudo, entender a função de cada espécie de Tribunal no direito brasileiro[33], até pelo fato de que o IAC é cabível em qualquer desses

31. Pensou-se em quais decisões devem ter a eficácia vinculante, de maneira legal, independentemente da sua visão de aplicabilidade posterior, uma maneira diferente: "No direito processual civil brasileiro a situação é diferente. É que a lei já estipula, com antecedência, quais são as decisões judiciais que terão eficácia de precedente vinculante. (...) Pode-se, assim, dizer que no Direito brasileiro, diferentemente do que acontece em outros ordenamentos, o precedente é criado "para ser precedente vinculante" CÂMARA, Alexandre Freitas. *O Novo Processo Civil Brasileiro, 2ª edição.* Atlas, 03/2016. Retirado de https://integrada.minhabiblioteca.com.br/#/books/9788597005967/.

32. A visão, preconizada por Nery Jr. e Abboud, no direito comparado, é de que o precedente nasce de uma decisão para a resolução do caso em concreto e dessa conclusão, posteriormente, se verifica uma importância na vinculatividade, numa interpretação de casos em concreto em que se entenda como relevante aqueles argumentos: "os Tribunais Superiores quando decidem um leading case não podem impor sua decisão às demais instâncias determinando que ela se torne um precedente à força. Quando *Justice Marshall* decidiu *Marbury vs Madison*, ele não poderia prever que aquele caso se tornaria efetivamente o caso modelo para realização de controle difuso de constitucionalidade." NERY JR., Nelson; ABBOUD, Georges. *Stares decidis* vs direito jurisprudencial. In: FREIRE, Alexandre et al. *Novas tendências do processo civil.* Vol. I. Salvador: Juspodivm, 2013. p. 506.

33. A distinção de funções é salutar e essencial para se entender cada um dos tribunais brasileiros. Marinoni e Mitidiero define bem essa visão de cada tribunal. Essencial que os próprios tribunais assim se vejam também, talvez essa é a grande complicação da nova norma processual: "A distinção de Cortes de Justiça e Cortes Supremas é essencial para uma adequada compreensão do Código de 2015. É a partir dela – e da distinção subjacente entre tutela dos direitos em uma dimensão particular (decisão de mérito justa, efetiva e tempestiva do caso concreto) e em uma dimensão geral (unidade do direito) – que se pode inclusive bem diferenciar os institutos que servem a um e a outro escopo."

Tribunais, tornando necessário o entendimento de onde e como suscitar tal incidente e a relação com o Tribunal competente para o julgamento.

Quando a prestação jurisdicional for em primeiro grau, pelo juízo singular, todas as suas decisões – interlocutórias ou sentença – são passíveis de revisão pelo Tribunal de segundo grau, seja para pleitear-se a anulação, baseado em alguma argumentação de vício processual na condução do processo ou na formalidade do próprio ato decisório, seja com pedido pela reforma da decisão, se entender que há incongruência no resultado da interpretação jurídica realizada por aquele juízo.

Desse modo, todas as decisões estão passíveis de revisão pelo Tribunal de segundo grau, o que importa em denominador estes como Tribunais de revisão.

Os recursos atinentes a essa revisão são a apelação e o agravo de instrumento, com a relação com a sentença e a decisão interlocutória respectivamente[34]. Essa é a função primordial dos Tribunais de segunda instância, tanto os Estaduais quanto os Regionais Federais, revisar as decisões dos juízes de primeiro grau a estes vinculados.

Nessa visão, esses Tribunais não teriam a função primordial de definir os precedentes, uma vez que podem rever os próprios fatos decididos pelos juízes, bem como o direito ali utilizado. Por serem Tribunais de revisão de fatos, a própria discussão sobre os fatos é contrária à formação de um precedente judicial em si, por estar concentrada mais na questão de direito. Não é a intenção primordial de formar um precedente, função nestes Tribunais de revisão, esta inerente, em regra, a Tribunais Superiores, mas no CPC/2015 foi concedida essa possibilidade e abertura, continuando, no entanto, como função secundária da atividade judicante desses Tribunais de revisão. A prioridade é revisar, contudo também participam, dentro da concepção do IAC e do IRDR, do microssistema de formação de precedentes vinculantes.

Por outro lado, os Tribunais Superiores – STJ e STF – têm funções diversas daqueles Tribunais de revisão, com uma bipartição da jurisdição, almeja a defesa objetiva do direito, pela infringência da lei federal ou da norma constitucional e, somente consequentemente que se deve esperar o recorrente a melhora pretendida.

De modo amplo, não há um interesse primordial na prestação jurisdicional para partes processuais, mas uma prioridade em proporcionar a

---

MARINONI, Luiz Guilherme; MITIDIERO, Daniel. *Comentários ao novo código de processo civil: artigos 926 a 975.* Coord.: MARINONI, Luiz Guilherme; ARENHART, Sérgio Cruz; MITIDIERO, Daniel. 1ª, Ed, RT: São Paulo: 2016. p. 42/43.

34. Comentário do autor: considerando também a possibilidade de a decisão interlocutória ser impugnada por apelação, contudo não sendo a prioridade do próprio recurso.

segurança jurídica ao julgar os casos em concreto, com uma uniformização de jurisprudência, a defesa jurídica estatal ao direito ali elencado, seja lei federal no caso do STJ, seja sobre a Constituição no STF. O acesso à jurisdição superior nasce da necessidade de defesa do direito objetivo teoricamente ofendido na demanda, proporcionando aos tribunais superiores julgarem o caso fora da órbita da interpretação jurídica, realizando a manutenção da jurisprudência e aplicabilidade do direito de maneira eficaz e uniforme.

Todavia, o IAC dialoga, mediante sua hipótese de incidência e competência, com ambos os Tribunais, com o intuito de em qualquer esfera e instância suscitar, debater e formar precedentes judiciais vinculantes, almejando uniformizar entendimentos e proporcionar uma maior estabilidade, coerência e integridade ao sistema jurídico, com uma consequente segurança e confiança jurídica.

Quando o art. 926 do CPC dispõe sobre o dever de uniformizar a jurisprudência de um Tribunal, imbuindo-o de entender que a pacificação de entendimentos é obrigação, não ordena, tampouco se espera que seja realizada nos moldes abstratos pura e simplesmente. A formação dessa uniformização e, porventura, dos precedentes vinculantes, deve realizar-se na guarida da jurisdição concreta, julgando os processos que ali chegam e imbuído de uma análise fático-jurídica para chegar na melhor decisão, ainda que haja a reunião de vários processos ou recursos para que se tenha um entendimento maior da controvérsia.

O IAC tem esse intuito de ser um dos mecanismos possíveis a dar validade e eficácia real ao disposto no art. 926 do CPC, pacificando o direito, as grandes questões de direito, compondo ou prevenindo divergência.

Capítulo 3

A FALTA DE PROCEDIMENTALIDADE DO INCIDENTE DE ASSUNÇÃO DE COMPETÊNCIA

Mesmo ao remodelar o instituto do IAC, o CPC/2015 não se preocupou em tratar legislativamente da procedimentalidade do incidente, o que importou em deixar em aberto o próprio meio pelo qual os Tribunais devem considerar o trâmite procedimental.

Uma vez suscitado o incidente, não há como o Tribunal se furtar a analisar o incidente, com a necessidade de que haja um modelo a ser seguido, um procedimento necessário, seja para que os legitimados possam segui-lo para suscitação, bem como o Tribunal possa exercer a sua jurisdição devidamente.

Logo, há a necessidade de que haja uma definição sobre a procedimentalidade, ainda que o CPC/2015 não tenha se debruçado sobre a questão.

Importante desenvolver esse assunto, desde a ausência de procedimentalidade em si, as possibilidades de criação de um procedimento e a busca do melhor procedimento possível, dialogando corretamente com as intenções do instituto e sua efetividade.

3.1. O TRATAMENTO SIMPLÓRIO DADO PELO CPC/2015 E A LACUNA PROCEDIMENTAL DA MATÉRIA

O art. 947 do CPC somente tratou de conceituar o IAC, com a definição de sua incidência, os requisitos para a sua instauração, sem mencionar quais os meios procedimentais pertinentes para esse trâmite. Fora o *caput* do citado artigo, a assunto é tratado somente em quatro parágrafos, os quais mencionam sobre legitimidade para instauração, necessidade de especificação posterior de um órgão colegiado específico em cada Tribunal, cabimento, vinculação, sua incidência para prevenção ou composição de divergência.

Todos esses pontos são atinentes e importantes ao instituto como um todo, com o cuidado legislativo para o devido entendimento da amplitude do IAC e a sua utilidade processual. Todavia, houve uma evidente defasagem no tratamento com a procedimentalidade do incidente, sem nenhum trato legal sobre tal ponto, restando uma lacuna material enorme na construção do incidente.

A falta de uma procedimentalidade normativa deixa em aberto o cerne do instituto, a sua efetividade, desde os meios de suscitação, cada fase até o julgamento.

A procedimentalidade do incidente é importante para definir, dentro dos critérios já expostos, o momento limítrofe para o pleito, se este pode ser realizado pelo relator para o órgão colegiado maior ou necessita de anuência de seus pares, ou, ainda, se for realizado pelas partes, Ministério Público ou Defensoria Pública, quem deve analisar: o órgão fracionário originário ou o destinatário do IAC? Todas essas, dentre outras, são indagações pertinentes ao incidente, com a necessidade de serem respondidas para um melhor entendimento do próprio instituto.

Afinal, como utilizar o IAC sem o conhecimento de sua procedimentalidade?

As dúvidas são imensas, simplesmente pelo fato do trâmite legislativo do CPC/2015 ter dado tratamento simplório ao instituto, deixando essa lacuna procedimental, com a necessidade de sistematização e positivação posterior. Mesmo com a acertada instituição e positivação clara do IAC, com uma devida valorização, os desdobramentos procedimentais não foram imaginados.

Diferentemente do IAC, mas também tratando de incidente formador de precedentes judiciais – o IRDR teve um tratamento imenso em sua procedimentalidade, com a atenção do art. 976 até o art. 987, todos do CPC, para a positivação, com uma atenção em todos os pontos, desde a conceituação, requisitos, legitimidade, instauração, desistência, afetação, julgamento, recurso, dentre outros pontos.

Se ao IRDR foi concedida demasiada e necessária atenção legislativa, ao IAC, pelo contrário, a atenção foi diminuta, talvez por não tratar de um instituto novel no ordenamento processual, mas somente a remodelação do que já constava no revogado CPC/73. Se a intenção e a impressão foi essa, a opção demonstrou-se equivocada, pelo fato de que a regulamentação anterior do IAC era pior ainda, além de lacunosa em relação ao instituto, era apagada, com a sua inserção somente num parágrafo de um artigo sobre a ordem dos processos nos Tribunais – o revogado 555, § 1º[1].

1. **CPC/73** – Art. 555. No julgamento de apelação ou de agravo, a decisão será tomada, na câmara ou turma, pelo voto de 3 (três) juízes. (Redação dada pela Lei nº 10.352, de 2001) § 1º Ocorrendo relevante questão de direito, que faça conveniente prevenir ou compor divergência entre câmaras ou turmas do tribunal, poderá o relator propor seja o recurso julgado pelo órgão colegiado que

Apesar de existente no CPC/73, não havia regulamentação procedimental adequada, tampouco uma utilização reiterada do instituto, justamente pela existência de dúvidas quanto à sua procedimentalidade e modo de suscitação e trâmite. De um instituto escondido na ordem dos processos nos Tribunais para um incidente com maior destaque, essa foi a transição legislativa entre os códigos, contudo, continuou sem a procedimentalidade ser alvo de um estudo aprofundado, tampouco uma devida positivação.

Desse modo, tanto no CPC/73 quanto no CPC/2015 a procedimentalidade do IAC foi tratada com desídia no trato legislativo, com a necessidade, então, de regulamentação por outros meios, dada a inexistência no ordenamento processual.

3.1.1. A necessidade de uma procedimentalidade definida

A falta de uma procedimentalidade específica no CPC/2015 deixa uma lacuna imensa para a própria utilização do instituto, com a possibilidade de utilização do mesmo em situações diversas e permitindo diversas inovações, criações, modulações sobre a sua funcionalidade.

Sem a definição sobre uma procedimentalidade, qual será o tratamento a ser dado em cada Tribunal? O CPC/2015 somente dispõe, por exemplo, que o relator proporá, de ofício ou a requerimento da parte, do Ministério Público ou da Defensoria Pública, que seja o recurso, a remessa necessária ou o processo de competência originária julgado pelo órgão colegiado que o regimento interno indicar.

Somente sobre esse ponto inicial do IAC já há dúvida se o relator deve propor perante o seu próprio órgão ou perante o órgão julgador e, ainda, se for provocado via requerimento, se poderá responder monocraticamente ou se tem que colocar a matéria para deliberação do colegiado.

Esses pontos em aberto são pequenos exemplos do que a falta da procedimentalidade em consequência da lacuna deixada pelo ordenamento processual. Essa lacuna não continuará quando for suscitado um IAC, em qualquer Tribunal, uma vez que o órgão julgador, na pior das hipóteses, caso não haja disposição no regimento interno, deve se manifestar sobre a questão procedimental, delineando um modo específico para tal entendimento.

O procedimento, portanto, será pensado, na pior das hipóteses, diante da necessidade de enfrentamento da questão real, do caso em concreto de um incidente suscitado.

---

o regimento indicar; reconhecendo o interesse público na assunção de competência, esse órgão colegiado julgará o recurso. (Incluído pela Lei nº 10.352, de 2001).

O ideal é uma definição que regulamente o funcionamento do instituto e que fosse válida para todos os Tribunais, sem deixar a bel prazer de cada qual, seja via regimento interno ou pelas decisões judiciais para tanto. Uma legislação própria sobre o mais adequado para estabelecer critérios específicos para todas as fases do IAC.

3.2. QUAL A SAÍDA DA PROCEDIMENTALIDADE DO IAC: REGIMENTO INTERNO, NOVA LEGISLAÇÃO FEDERAL OU LEGISLAÇÕES ESTADUAIS?

O incidente de assunção de competência necessita de uma delimitação de sua procedimentalidade, dada a sua vigência e a possibilidade de suscitação pelos legitimados, o que importa na impossibilidade dos Tribunais em recusar[2] a tramitação de um IAC somente pelo fato de que não há uma procedimentalidade.

Dessa maneira, ainda que existente uma lacuna, esta deve ser preenchida para que os legitimados possam utilizar do incidente, justamente para que seja possível a uniformização de um entendimento jurisprudencial. As maneiras possíveis de regulamentação são: *regimento interno dos Tribunais; nova legislação federal; ou a legislação estadual.*

Em qualquer desses modos, os quais serão enfrentados a seguir, evita-se uma mera discricionariedade judicial sobre o próprio procedimento, o que tornaria ainda mais complexa a lacuna existente, dada a insegurança jurídica[3] que imperaria.

3.2.1. Regimento interno dos Tribunais

O regimento interno de um Tribunal é uma norma jurídica[4], ainda que com atuação limitada a regular a estrutura daquele próprio Tribunal, tais quais suas divisões, bem como delimitar suas competências. Isso que podemos extrair do art. 96, I, a da Constituição Federal[5].

---

2. Comentário do autor: até pela série de princípios que a jurisdição como a inafastabilidade, indeclinabilidade e inevitabilidade.

3. "A realização do procedimento deixada ao simples querer do juiz, de acordo com as necessidades do caso concreto, acarretaria a possibilidade de desequilíbrio entre o poder judicial e o direito das partes." OLIVEIRA, Carlos Alberto Álvaro de. Do formalismo no processo civil. São Paulo: Saraiva, 4. ed., 2010. p. 7/8.

4. Sobre este ponto: OLIVEIRA, Paulo Mendes de. Regimentos internos como fonte de normas processuais. O poder normativo dos tribunais. Salvador: Juspodivm, 2020.

5. **Constituição Federal** – Art. 96. Compete privativamente: I - aos tribunais: a) eleger seus órgãos diretivos e elaborar seus regimentos internos, com observância das normas de processo e das garantias processuais das partes, dispondo sobre a competência e o funcionamento dos respectivos órgãos jurisdicionais e administrativos.

Dessa maneira, o poder legislativo dos Tribunais, via sua norma regimental, se limita a definir a sua própria estrutura e nas pertinentes competências para cada órgão, com o devido funcionamento desses.

Todavia, apesar dessa disposição constitucional pelo limite da utilização da norma regimental, os Tribunais cada vez mais utilizam dos regimentos internos para delinear pontos omissos dos ordenamentos, dispondo, de igual maneira, sobre procedimentos e até sobre norma processual. Por exemplo, antes do CPC/2015 vários Tribunais dispunham sobre a existência de agravo regimental sobre decisões em que o ordenamento anterior não dispunha de recurso para tal feito.

Outro ponto processual existente em regimentos internos era a correição parcial[6].

O regimento interno dos Tribunais avança sobre vários pontos procedimentais, mesmo sem a especificação se pode realmente fazê-lo. Essa linha é tênue e necessária de diferenciação.

Por exemplo, sobre a especificação do art. 942 do CPC – a técnica de julgamento não unânime – a função do regimento interno somente é delinear quais os órgãos terão a competência para o julgamento e quais serão os critérios de convocação dos outros juízos. Não cabe ao regimento interno definir mais do que pode, entrando em pontos que não são pertinentes ao funcionamento do próprio Tribunal.

Nessa hipótese, o regimento interno não delimita o procedimento em si, somente o que o próprio código já determinou, o que seria o órgão julgador adequado para cada Tribunal, sem adentrar, especificadamente, sobre pontos procedimentais, ritos ou atos concatenados para uma finalidade.

Sobre o incidente de assunção de competência – IAC, cabe ao Tribunal via regimento interno delinear a procedimentalidade? Esse ponto é pertinente para que possamos entender como solucionar a problemática lacuna legal sobre o funcionamento do IAC. O próprio art. 947, § 1º do CPC dispõe sobre uma função do regimento interno dos Tribunais quando delimita "que seja o recurso, a remessa necessária ou o processo de competência originária julgado pelo órgão colegiado que o regimento indicar."

Nesse caso, o próprio CPC/2015 impõe algo que já é de atribuição do regimento interno, qual seja, dispor sobre a competência dos seus órgãos

---

6. "Instituto inconstitucional, quer tivesse natureza administrativa (decisão administrativa não pode modificar decisão jurisdicional), quer tivesse natureza processual (o Estado não pode legislar sobre a matéria processual: CF 22 I), não tem mais nenhum significado relevante no sistema do CPC de 1973, no qual se admite agravo contra toda e qualquer decisão interlocutória, quer tenha o juiz ocorrido em error in procedendo, quer em error in iudicando." NERY JR, Nelson; NERY, Rosa Maria de Andrade. Leis cíveis comentadas, 1ª ed., São Paulo: Editora Revista dos Tribunais, 2006. p. 877/878.

internos. O IAC prima pela uniformização ou prevenção de entendimentos, com a visão de que há a necessidade de criação de um precedente vinculante e, assim, entende-se que o colegiado para julgar tal questão não pode ser um órgão fracionário menor, com a necessidade de um colegiado maior, com uma amplitude diferente daquele que normalmente julga o recurso, a remessa ou a competência originária.

Sobre essa especificação e delimitação normativa do regimento interno e o IAC não há grande dificuldade, por ser uma mera definição de qual o órgão competente, mas não uma construção procedimental, somente para indicar em qual órgão daquele Tribunal será mais adequado o julgamento que forma um precedente vinculante, considerando que cada Tribunal tem uma formação diferente dos demais.

A questão sobre o regimento interno e o IAC passa, então, pela indagação se há a possibilidade de normatização procedimental além daquela sobre a disposição da competência para julgamento. Se houver essa possibilidade, o que parece pertinente e construtivamente fácil de defender-se, o regimento interno pode ampliar a sua aplicabilidade e, consequentemente, ser um grande instrumento para a definição dos passos procedimentais necessários para a tramitação do IAC, contudo não parece a saída mais correta para essa procedimentalidade, justamente pela delimitação que o art. 96, I, a da CF.

O regimento interno do STJ, ao tratar do IAC, ultrapassa a determinação da competência sobre a colegialidade, o que o faz determinando que será na Seção atinente a matéria ou no Órgão Especial. Além disso, dispõe sobre procedimentos quando delimita que o relator realizará o protocolo do pedido – oficiosamente ou a requerimento – diretamente no órgão que entender competente, delimita sobre a desistência não impossibilitar o julgamento da questão, dispõe sobre a decisão de afetação, dentre outros pontos.

Esse exemplo é pertinente para delinear a confusão sobre a própria funcionalidade do órgão, o que realmente é atribuição do regimento interno e a complicação das normais processuais ou procedimentais existentes nessa disposição.

Há, portanto, uma linha tênue de atuação normativa dos regimentos internos, o que acaba por ser ultrapassada. O próprio STJ ao determinar sobre a desistência do recurso ou competência originária, impondo a continuidade do julgamento a inserção do Ministério Público como titular de tal incidente, certamente ultrapassou o seu limite normativo, uma vez que a desistência, seus moldes e consequências são normas processuais e, ainda, não são atinentes à competência ou funcionamento do órgão de um Tribunal, sendo impossível de serem definidas por regimento interno.

Sobre a procedimentalidade em si, o IAC tem pontos lacunosos, como a sua maneira de proposição, a qual o CPC/2015 somente teve o cuidado de delinear os legitimados para tanto, sem mencionar quais serão os procedimentos, tampouco sobre o endereçamento. Sobre isso, divagando sobre a possibilidade de suscitação, uma vez informado ao relator, este pode decidir monocraticamente? Se o relator propuser, será diretamente para o colegiado competente a assumir a competência ou para o seu colegiado fracionário? Todas essas são questões procedimentais pertinentes ao IAC, sem a possibilidade, a princípio, de serem delineadas por regimento interno, pelo fato de que não são pontos atinentes ao funcionamento de seu colegiado, mas sobre matéria de suscitação de instituto processual.

No entanto, mediante o art. 271-B do RISTJ[7] cominado com os ditames do art. 257, também do RISTJ[8], houve uma normatização procedimental, ou seja, o relator deve propor o IAC diretamente ao órgão que entende competente para o julgamento da matéria, sem passar pelo órgão fracionário competente para o julgamento daquele processo.

Há, então, a definição de que o requerimento não passa pelo julgamento prévio de admissibilidade, sendo essa somente monofásica. Isso seria uma normatização correta? Afinal, há um meio de suscitação ou controle de sobre os atos judiciais internos de um Tribunal? Esse ponto é crucial para entendermos sobre a possibilidade, ou não, de normatização procedimental do IAC via regimento interno.

No entanto, como analisado, o regimento interno do STJ assim procedeu e regulou, procedimentos e normas processuais quanto ao IAC, o que

---

7. **RISTJ** – Art. 271-B. O relator ou o Presidente proporá, de ofício ou a requerimento da parte, do Ministério Público ou da Defensoria Pública, na forma preconizada pelo Capítulo II-B do Título IX da Parte I do Regimento Interno, mediante decisão irrecorrível, a assunção de competência de julgamento de recurso, de remessa necessária ou de processo de competência originária que envolver relevante questão de direito, com grande repercussão social, sem repetição em múltiplos processos.

8. **RISTJ** – Art. 257. É obrigatório ao relator o uso da ferramenta eletrônica de afetação do recurso especial à sistemática dos repetitivos e de admissão do incidente de assunção de competência, nos termos desse capítulo. Art. 257-A. Incluída pelo relator, em meio eletrônico, a proposta de afetação ou de admissão do processo à sistemática dos recursos repetitivos ou da assunção de competência, os demais Ministros do respectivo órgão julgador terão o prazo de sete dias corridos para se manifestar sobre a proposição. § 1º Para a afetação ou admissão eletrônica, os Ministros deverão observar, entre outros requisitos, se o processo veicula matéria de competência do STJ, se preenche os pressupostos recursais genéricos e específicos, se não possui 134 Superior Tribunal de Justiça vício grave que impeça o seu conhecimento e, no caso da afetação do recurso à sistemática dos repetitivos, se possui multiplicidade de processos com idêntica questão de direito ou potencial de multiplicidade. § 2º Caso a maioria dos Ministros integrantes do respectivo órgão julgador decidam, na sessão eletrônica, pelo não preenchimento dos requisitos previstos no § 1º, a questão não será afetada ou admitida para julgamento repetitivo ou como assunção de competência, retornando os autos ao relator para decisão. § 3º Rejeitada a proposta de afetação ou de admissão porque a questão não é de competência do STJ, a matéria discutida no processo não será objeto de nova inclusão para afetação ou admissão eletrônica.

importa em conceder uma grande função ao regimento interno de cada Tribunal., dada a permissibilidade que o Tribunal Superior concede ao agir dessa maneira.

Nesse ponto, na disposição do RISTJ, a suscitação do IAC tem um procedimento específico, ainda que não regulado pelo CPC/2015, o que importa em um meio procedimental criado por um regimento interno. O RISTJ foi alterado pela Emenda Regimental nº. 24, de 2016, com a inserção de tais aspectos atinentes ao IAC, o que importa na vigência de tais disposições até a atualidade.

Talvez o regimento interno de um Tribunal não seja o melhor meio para que seja definida a procedimentalidade do IAC ou qualquer procedimentalidade, contudo a realidade passa por esse aspecto, com a inserção de tais pontos em diversos regimentos internos, com a confusão normativa sobre o real procedimento do IAC e, ainda, sobre a competência dos órgãos dos próprios Tribunais.

De todo modo, a procedimentalidade no STJ se confundiu com a própria delimitação do funcionamento do órgão interno, seja pela competência do relator e suas diretrizes, bem como por delinear os moldes de competência procedimental do próprio julgamento do IAC, com o modo de admissibilidade, julgamento, dentre outros pontos.

3.2.2. Nova legislação federal

Uma alteração legal federal seria pertinente para a determinação sobre a procedimentalidade do IAC? Obviamente que seria o melhor caminho, com a determinação de quais os pontos necessários para que o instituto seja melhor empregado, com a definição sobre diversas indagações, tais quais sobre suscitação, admissibilidade, competência, julgamento, dentre outros pontos.

No entanto, o CPC/2015 é uma legislação processual nova, com uma vigência de pouco tempo, com uma durabilidade para um longo prazo, com a dificuldade de imaginarmos uma mudança legislativa desse porte por agora (apesar de já ser impactada por diversas mudanças pequenas em legislações de outras áreas, mas sem uma reforma clara ao CPC em si). Evidentemente que já tiveram leis que alteraram a redação original do CPC/2015, principalmente a Lei nº. 13.256/2016, mas a matéria da ausência de procedimentalidade do IAC não foi sequer discutida para ser inclusa na referida lei, demonstrando a despreocupação legislativa sobre tal ponto.

Essa ausência de procedimentalidade não impacta de sobremaneira a utilização do incidente, o que é corroborada ainda pela despreocupação legislativa e até doutrinária sobre a sua regulamentação. Não há nenhuma grande crítica sobre essa ausência, o que leva a entender que nem seria pertinente uma lei federal ou, ao menos, urgente, sobre o assunto.

Apesar de pertinente que houvesse uma regulamentação via lei federal, com a retirada de qualquer dúvida sobre a sua devida procedimentalidade, com os alcances de cada fase e as possibilidades delineadas, essa lacuna não parece ser tamanha que enseje um projeto de lei federal específico para suprir essa falha legislativa existente no CPC/2015. Caso haja, em momento posterior, um projeto de reforma do ordenamento processual, o que deve ocorrer a cada década, pertinente seria essa inclusão e delimitação clara de procedimentalidade atinente ao IAC.

Desse modo, não há menção ou discussão sobre uma nova lei federal para tal desiderato, descartando-se, portanto, que tal delimitação ocorra via uma nova legislação processual específica para tanto.

3.2.3. Legislação estadual

A legislação sobre a lacuna procedimental do IAC poderia ser objeto de uma lei estadual? O direito processual é de competência legislativa da União, dada a disposição no art. 22, I da Constituição Federal e, aos Estados e Distrito Federal, cabe a possibilidade legislativa para legislar sobre os procedimentos, via art. 24, XI também da norma constitucional.

Mas, importante a distinção[9] sobre ambos: *o que seria processo e o que seria procedimento?* Essa pergunta é de difícil resposta, contudo de necessário enfrentamento pela diferenciação sobre a própria competência legislativa. Não há como entender que o código processual somente legisle sobre o processo, muitas as normas ali dispostas falam sobre os procedimentos, sobre a interligação entre os atos processuais.

Mas, qual a diferença real entre os institutos? Na evolução de entendimentos até Bülow[10], processo e procedimento eram tidos como sinônimos, sem nenhuma relevância sobre tal diferenciação. A partir da visão do processo como relação jurídica entre as partes e o Estado-juiz, houve uma clarificação

---

9. "é indispensável à teoria do processo essa distinção terminológica, que embora tênue e capilar, é de substancial importância. O processo é a soma dos atos que se realizam para a composição do litígio, e o procedimento a ordem de sucessão de sua realização (...) uma combinação de atos cujos efeitos jurídicos estão entre si vinculados casualmente." CARNELUTTI, Francesco. Instituciones del nuevo processo civil italiano. trad. de Jaime Guasp, 1942. p. 243.

10. "Costuma-se falar em uma relação jurídica processual, como o liame jurídico entre partes e juiz, que nasce com a propositura da ação. Mas não é tranquilamente aceita essa possibilidade, marcada por profunda controvérsia na doutrina processual, desencadeada sobretudo pelo alemão Oskar Büllow." BRAGA, Paula Sarno. Norma de processo e norma de procedimento: o problema da repartição de competência legislativa no direito constitucional brasileiro. Tese de Doutoramento. UFBA. Faculdade de Direito. 2015. p. 114.

diferencial entre o processo e o procedimento, com o processo a ser visto como algo maior, como um verdadeiro ponto normativo para possibilidade a efetividade do direito material, mediante o exercício da jurisdição, com a regulamentação deste exercício e da relação jurídica entre as partes e o Estado-juiz, com a disposição de regras macro e o procedimento como um meio de exteriorização do próprio processo[11], uma conjunção de atos ordenados[12] para chegar ao objetivo final, a sentença a ser proferida para a resolução do conflito.

Processo é o sistema como um todo, o conjunto de regras que ordenam a relação entre as partes e o Estado-juiz, impondo as regras do jogo jurisdicional em si, ou seja, a composição da "lide em juízo através de uma relação jurídica vinculativa de direito público[13]." O procedimento é a manifestação ordenada dos atos processuais[14], a interligação a cada instituto e fase processual, mediante um desenvolvimento linear em busca do provimento jurisdicional[15].

De certa maneira, o processo é macro e o procedimento seria micro.

Os institutos processuais, as fases, dentre outras, são normas processuais e o caminho de tramitação pelo qual a demanda passará são

---

11. "Enquanto o processo é uma unidade, como relação processual em busca da prestação jurisdicional, o procedimento é a exteriorização dessa relação e, por isso, pode assumir diversas feições ou modos de ser. A essas várias formas exteriores de se movimentar o processo aplica-se a denominação de procedimento." THEODORO JR., Humberto. *Curso de Direito Processual Civil*, vol 1, 44 ed. Rio de Janeiro: Forense, 2006. p. 364.

12. "O procedimento é entendido como uma sucessão de atos interligados de maneira lógica e consequencial visando a obtenção de um objetivo final. Costuma-se dizer que o procedimento é a exteriorização do processo, seu aspecto visível, considerando-se que a noção de processo é teleológica, voltada para a finalidade de exercício da função jurisdicional no caso concreto, enquanto a noção de procedimento é formal, significando essa sucessão de atos com um objetivo final." NEVES, Daniel Amorim Assumpção. *Manual de direito processual civil*. 8. ed. Volume único. Salvador: Juspodivm, 2016. p. 196.

13. THEODORO JR., Humberto. *Curso de Direito Processual Civil*, vol 1, 44 ed. Rio de Janeiro: Forense, 2006. p. 44.

14. "E o procedimento é ato complexo de formação sucessiva, cujos atos integrantes são reunidos em cadeia causal, ordenada e progressiva - em série de atos e posições -, que seguem rumo à obtenção de um ato único e final. Abrange o que alguns autores acima citados (como Francesco Carnelutti e Paula Costa e Silva) chamam igualmente de ato-procedimento (afinal é procedimento), mas também abrange, ao menos, parte do que enquadram como ato complexo." BRAGA, Paula Sarno. Norma de processo e norma de procedimento: o problema da repartição de competência legislativa no direito constitucional brasileiro. Tese de Doutoramento. UFBA. Faculdade de Direito. 2015. p. 107.

15. "deve-se salientar que os atos de um processo são ligados entre si como elementos de um todo, como partes de uma unidade que se protrai no tempo. O princípio dessa ligação recíproca reside na identidade do escopo formal (o ato final do processo, a sentença), para atingir o qual cada ato traz a sua contribuição, embora os sujeitos que realizam os vários atos possam ler e geralmente tenham interesses e finalidades pessoais diferentes e em parte contraditórios (cada parte visa a uma sentença de conteúdo diferente e a elas se contrapõe a posição "neutral" do juiz). Assim, tais atos são como as fases de um caminho que se percorre para chegar ao ato final, no qual se identificam a meta do itinerário preestabelecido e ao mesmo tempo o resultado de toda a operação." LIEBMAN, Enrico Tullio. Manual de Direito Processual Civil. Volume I. Notas e Tradução: Cândido Rangel Dinamarco. 2 Ed. Rio de Janeiro: Forense, 1985. p. 40.

os procedimentos, o que importa em uma relação interseccional, quase umbilical[16], justamente pelo fato de que não existe processo sem procedimento e vice-versa[17], o que dificulta a sua própria diferenciação[18].

Com a sanção de um novo ordenamento processual, a discussão volta à tona, até pela necessidade de sistematização procedimental de vários institutos que foram remodelados ou criados pelo CPC/2015, com a necessidade de uma regulamentação, mesmo que seja estadual, dada a atinência à procedimentalidade.

Não é do CPC/2015 que as normas processuais apresentam lacunas procedimentais, primando em muitos ordenamentos processuais, inclusive no CPC/2015, somente positivar alguns institutos processuais, sem a devia procedimentalidade, sem o devido andamento base para a efetividade do instituto.

Diante disso, num ambiente de discussão sobre a nova ordem processual, é pertinente que a legislação estadual tenha uma maior inserção nessa regulamentação. É uma boa saída a edição de normas não gerais, sem esbarrar na competência da União, sem adentrar na esfera processual, com o intuito simples de possibilitar uma adequação procedimental.

---

16. "Processo e procedimento, na verdade, segundo expressiva doutrina, compõem, somado um ao outro, a relação jurídica processual, o primeiro como dado substancial e o segundo como aspecto formal, de ordem estrutural, pois é por meio dele – do procedimento – que o processo se desenvolve, com toda a sua complexa sequência de atos, entre si ligados, de forma a proporcionar condições para que exista o provimento jurisdicional que ponha fim à lide" WAMBIER, Luiz Rodrigues; ALMEIDA, Flávio Renato Correia de; TALAMINI, Eduardo. Curso avançado de processo civil, vol 1: teoria geral do processo e processo de conhecimento, 3 ed. São Paulo: Revista dos Tribunais, 2001. p. 156.

17. Para Braga, a questão a diferenciação entre processo e procedimento é difícil por ser indissociável, sem a possibilidade de legislar sobre um sem legislar sobre o outro: "A conclusão é uma só. Processo e procedimento são, em essência, noções indissociáveis entre si. E legislar sobre um significa legislar sobre o outro." BRAGA, Paula Sarno. Norma de processo e norma de procedimento: o problema da repartição de competência legislativa no direito constitucional brasileiro. Tese de Doutoramento. UFBA. Faculdade de Direito. 2015. p. 152.

18. Braga problematiza bem essa questão com alguns pontos pertinentes sobre essa relação umbilical. A Constituição Federal positiva a existência de uma diferença entre processo e procedimento, contudo cabe ao legislador entender quais as diferenças, até para que haja a sapiência sobre os limites legislativos. Em outro momento, o próprio intérprete também necessita de entender essa diferenciação. O problema nasce em dois pontos explicitados por Braga: a diferença maior sobre processo e procedimento; e, quando cientes do que seria procedimento, a diferenciação sobre os procedimentos de competência legislativa federal e aqueles estaduais. "Esse regramento, à primeira vista simples e equilibrado, gera, contudo, duas grandes dificuldades para o intérprete: diferenciar normas de "direito processual" (de competência privativa da União) das normas procedimentais (de competência concorrente da União, Estados e Distrito Federal); e, já no contexto das normas ditas procedimentais (e processuais dos juizados), identificar o que deve ser objeto de normatização geral da União, e o que deve ser suplementado (ou suprido) pelos estados federados, com normas locais." BRAGA, Paula Sarno. Norma de processo e norma de procedimento: o problema da repartição de competência legislativa no direito constitucional brasileiro. Tese de Doutoramento. UFBA. Faculdade de Direito. 2015. p. 24.

Regras sobre competência estadual, realização de atos processuais nos moldes e peculiaridades de cada local, dentre outros pontos possíveis legislativos.

Esse interesse e necessidade impõe a seguinte questão: até que ponto o legislador estadual deve legislar o procedimento? O novo ordenamento deixou várias lacunas sobre procedimentos de institutos que permeiam o processo em primeiro e segundo grau de jurisdição, com a possibilidade de que haja uma regulamentação estadual sobre tais pontos.

Sobre tais limites legislativos, haveria campo, em cada Estado, talvez, de uma codificação procedimental, um verdadeiro código de regras processuais e procedimentais de pontos de interesse estadual, mediante o funcionamento dos órgãos jurisdicionais ali existentes, com a liberdade e competência legislativa naquele nível[19].

O intuito da legislação estadual não pode ser criar desarmonia com a eventual norma federal, somente, se for o caso, incrementá-la nos pontos lacunosos, sem o prejuízo ou antinomia, com a sistematização para uma harmonia e existência conjunta. Essa é uma questão do estudo do federalismo processual e a intersecção com a possibilidade legislativa dos Estados sobre procedimento. O cerne deve ser não criar regras processuais estaduais, mas adaptar à realidade de cada Estado e melhorar a própria efetividade da jurisdição, seja por lacuna na lei federal, seja pela melhor aplicabilidade de um procedimento de uma maneira local, com o diálogo com a realidade igualmente local.

---

19. A ideia de Braga seria diferente sobre a divisão entre processo e procedimento, com a autorização estadual de legislar sobre o segundo, mas com a autorização estadual para legislar sobre as suas próprias peculiaridades, ainda que adentrando na esfera processual, pela própria defesa do caráter indissociável, de modo a não desvirtualizar o instituto federal em âmbito estadual: "A primeira e principal conclusão possível, a partir da leitura dos arts. 22, I, e 24, X e XI, CF, é de que: i) a União tem competência legislativa plena para reger o processo jurisdicional federal; enquanto ii) a União, Estados e Distrito Federal têm competência legislativa concorrente para tratar do processo (que é procedimento) instituído para o exercício de jurisdições estaduais. Assim, para o Direito processual aplicável pelos órgãos jurisdicionais estaduais, há dualidade legislativa, convivendo leis federais e leis estaduais (ou distritais). A União fica responsável pela elaboração da legislação federal geral sobre a matéria, naquilo em que há interesse nacional e necessidade de uniformidade legislativa. E os Estados (e Distrito Federal) assumem o papel de construir uma legislação estadual (ou distrital) suplementar ou supletiva, para atender interesse regional, sem gerar prejuízo na convivência harmônica e cooperação das diferentes jurisdições dos entes parciais brasileiros. Respeitados esses limites, a atuação legislativa estadual e distrital sobre o Direito processual é legítima. A Assembleia do Estado (ou Distrito Federal) é a autoridade natural e mais adequada (ainda que implicitamente) para adaptar tudo aquilo que previu o legislador federal genericamente às particularidades e demandas decorrentes do desempenho processual da jurisdição daquele Estado específico." BRAGA, Paula Sarno. Norma de processo e norma de procedimento: o problema da repartição de competência legislativa no direito constitucional brasileiro. Tese de Doutoramento. UFBA. Faculdade de Direito. 2015. p. 412.

Um exemplo de possível regulamentação via lei estadual, sem desarmonia com a norma federal, está no instituto do *amicus curiae*.

Enquanto a norma processual federal delimitou a sua conceituação, a legislação estadual pode delimitar os critérios, objetivamente, das entidades ou figuras públicas que possam pleitar a intervenção como *amicus curiae* naquele Estado federativo? Afinal, há de se imaginar que, agora, o instituto permeia não somente os Tribunais Superiores, mas, de igual maneira, as ações em primeiro e segundo grau, com a possibilidade, portanto, de um entendimento procedimental de critérios objetivos para tal instituto.

O critério de um limite legislativo deve ser em não desfigurar o instituto, tampouco inutilizá-lo ou tergiversá-lo, somente será possível a legislação estadual diante de um modo de sistematizar a utilização do instituto processual nas demandas em que houver tal necessidade no âmbito estadual. Ou seja, não haveria um prejuízo na própria existência do instituto, somente com a delimitação legislativa da sua incidência, com critérios específicos.

Sobre o objeto do estudo, o incidente de assunção de competência, sem nenhuma regulamentação pelo CPC/2015 de sua procedimentalidade, que se utiliza somente de um artigo para delimitação material, com alguns parágrafos para remodelar o instituto, com um ar de novidade, expondo seu conceito, requisitos e incidência, sem, no entanto, procedimentalizar é possível de ser positivada essa procedimentalidade de maneira estadual, com normas eminente e exclusivamente procedimentais, sem alterar qualquer característica processual que a lei federal dispôs.

Por exemplo, não há nenhuma regulamentação sobre a suscitação e análise (colegiada ou singular pelo relator?), realização de uma afetação no órgão maior (?), um aumento do contraditório ou não no julgamento, dentre outros pontos.

Diante disso, a legislação estadual pode suprir essa falta de procedimentalidade, regulamentando o caminho desde a suscitação até o julgamento do incidente, caso admissível. Logo, o IAC, dada a sua ausência de regulamentação pormenorizada, pode servir-se de regulamentação estadual para a sua delimitação, o que sugeriremos um modelo-base de procedimento ideal a partir do próximo capítulo, com os pontos que entendemos como uma procedimentalidade adequada para o incidente.

Diante desses exemplos, é visível que o campo para atuação do direito processual estadual – ou distrital – é amplo, com a possibilidade legislativa dos procedimentos que atenderão àquela localidade, sem confrontar com o processo de modo macro, somente atuando de modo a complementar a legislação existente com as peculiaridades pertinentes e existentes naquela localidade, diante das lacunas que o próprio código contém.

Quanto mais os Estados legislarem sobre procedimento melhor e, se possível, em um ordenamento a ser estudado em conjunto, não em lei extravagante, é salutar, justamente para alinhar a procedimentalidade dos ritos estaduais[20]. Com essa preocupação legislativa local, diversos pontos lacunosos do CPC/2015 podem ser preenchidos por essas leis procedimentais, tornando realmente a importância da legislação estadual imensa para o próprio direito processual.

Obviamente deve se considerar que as normas estaduais procedimentais têm a limitação de sua própria territorialidade, com a viabilidade legislativa para delinear e delimitar as procedimentalidades inerentes àquela localidade, sem abrangência possível maior do que a sua própria limitação territorial.

Por isso, apesar de ser uma saída interessante para a própria procedimentalidade do IAC, com um detalhamento e melhoria procedimental, com o cuidado legislativo e democrática de se pensar um procedimento adequado, cada ente federativo tem o poder de legislar da maneira que entender como pertinente ou, talvez, nem legislar sobre a matéria, o que torna possível a legislação estadual sobre a procedimentalidade do incidente, contudo não consegue uma unidade para todos os Estados.

Outro ponto pertinente é que essa legislação estadual não serviria para o incidente na sua incidência em Tribunais Regionais Federal, tampouco nos Tribunais Superiores.

---

20. "O Estado ou o Distrito Federal, de acordo com sua conveniência, tem competência para, observadas as normas gerais mínimas editadas pela União, disciplinar, de maneira até diversa da constante da lei federal, o procedimento em matéria processual, desde que o faça para suplementá-la e para atender às particularidades regionais." GAJARDONI, Fernando da Fonseca. Flexibilidade procedimental: um novo enfoque para o estudo do procedimento em matéria processual. Tese de Doutoramento. USP. Faculdade de Direito. 2008. p. 47.

Capítulo 4

A PROCEDIMENTALIDADE IDEAL

Uma definição sobre a procedimentalidade do incidente de assunção de competência é importante, seja via decisão judicial pelo relator ou colegiado, seja via regimento interno, seja por qualquer outro modo, pelo fato de que o incidente será suscitado e procedimentalizado, o que importa em se primar que este procedimento a ser utilizado seja justamente declinado para as partes com a maior antecedência, para que se tenha uma maior segurança jurídica, proporcionando uma melhor praticidade para quem utilizar deste instituto na prática cotidiana.

De certa maneira, o IAC terá, na realidade forense, uma procedimentalidade para cada Tribunal, a medida que for regulamentada via regimento interno (ou até por decisão judicial caso não haja um regramento anterior) ou, ainda, como analisada a possibilidade de disposição legislativa estadual, com o devido suprimento da lacuna procedimental, o que tem total plausibilidade, pelo fato de que tal esfera legislativa pode regulamentar normas procedimentais, sem conflitar com as normas federais processuais.

Diante de tal limite, com a observância de ater-se ao objeto procedimental, a lei estadual pode ser uma grande saída para que cada Estado federativo possa, dentre outros pontos passíveis do CPC/2015 de regulamentação, preencher a lacuna procedimental, com a positivação de parâmetros específicos.

Partindo de tal premissa da necessidade de que um procedimento seja delineado para o IAC, ainda que seja na possibilidade de uma legislação estadual, este capítulo terá a proposição sobre a procedimentalidade do IAC com a notória explicação sobre o que entendemos ser a melhor viabilidade para o instituto, com a análise do que seria o devido encaixe procedimental e, também, realizar comparação com as práticas já realizadas, seja via regimental ou, ainda, pela prática do cotidiano forense, mesmo sem uma determinação específica para tais pontos.

Obviamente que cada Tribunal pode entender que o procedimento seja de maneira diversa, por vezes comparando e utilizando de maneira comum com o IRDR ou os recursos excepcionais repetitivos, porém é necessário entender que o IAC é diverso destes outros institutos e, dessa maneira, enseja uma procedimentalidade própria, ainda que não seja o que é proposto aqui.

Nesse ponto, o intuito é apresentar uma linha ideal do que se imagina sobre o IAC e o seu real desenvolvimento, o melhor procedimento para a efetividade adequada. Obviamente que a realidade de cada Tribunal e a falta de procedimentalidade em regimento interno pode proporcionar realidades diferentes do que o defendido nesse trabalho, contudo é o que se entende como o procedimento adequado.

4.1. A SUSCITAÇÃO DO INCIDENTE

O CPC/2015, na regulamentação do art. 947 do CPC, somente se preocupou em delimitar os legitimados para a suscitação do incidente, sem a definição detalhada dos moldes em que o incidente deve ocorrer.

O dispositivo específico é o art. 947, § 1º do CPC quando determina que *"o relator proporá, de ofício ou a requerimento da parte, do Ministério Público ou da Defensoria Pública, que seja o recurso, a remessa necessária ou o processo de competência originária julgado pelo órgão colegiado que o regimento indicar."*

Somente houve a preocupação da definição de quem pode suscitar, ou seja, os legitimados, estes são, como vimos, o próprio juízo, a parte, o Ministério Público ou da Defensoria Pública, contudo nada se dispõe sobre as diretrizes de tal ato, de tal suscitação ou pleito, com a necessidade de sistematização lógica de como proceder.

Pela própria redação acima exposta, há um ponto a ser constatado, a proposição do IAC será pelo relator, seja de modo oficioso, quando o próprio já analisa o caso e vislumbra a necessidade de suscitação do incidente ou, ainda, quando algum dos outros legitimados pleita a instauração do incidente.

Não há, nesses moldes, uma suscitação pelos outros legitimados, fora o juízo, diretamente para qualquer órgão, sempre com a necessidade de que seja endereçado ao relator. Esse é o melhor entendimento sobre a suscitação, com o protocolo das partes ou demais legitimados para o relator e, com isso, a procedimentalidade começa no próprio processo base, naquele colegiado ainda, sem protocolo ou remessa, ainda, ao colegiado que será competente.

Igualmente não há disposição sobre prazo ou um momento adequado ao pleito do IAC, contudo essa solução parece ser um tanto fácil, pelo fato de que o IAC se trata de um incidente preventivo, ou seja, com o intuito de definir o entendimento de maneira anterior ao julgamento do recurso/remessa necessária/competência originária, há, evidentemente, um limite temporal para tal suscitação, o *momento do julgamento desse processo pelo Tribunal.*

Com a realização do julgamento, não caberá, ao menos naquela instância, o incidente.

Diante dessa ponderação, o pleito, seja por qualquer legitimado, deve ocorrer até o julgamento do recurso, remessa necessária ou competência originária, perante a turma ou colegiado competente para julgamento.

Essa é a premissa básica do lapso temporal da suscitação, não pode ser em momento posterior ao julgamento. O protocolo deve ser feito até esse momento, se for em peça apartada, mas pode ser na sustentação oral pela parte ou Ministério Público quando for dada a palavra no julgamento. Caso seja pelo relator, pode ser no momento do julgamento, também sendo possível pelo colegiado como um todo.

Se for pelo relator ou o colegiado, é prudente que se utilize o contraditório, com base no art. 933 do CPC e a necessidade que as partes possam se manifestar, até para que construam as suas argumentações sobre a importância ou não da admissibilidade do IAC.

De modo amplo, o pedido pode ser na *própria peça – recursal ou inicial, em petição avulsa ou na sustentação oral* pelas partes ou da Defensoria Pública, no caso do Ministério Público na sua manifestação oral durante a sessão.

Essa seria a visão pelos legitimados que não o juízo. Mas, qual seria a diferença entre os pleitos? A motivação é dada pela própria disposição sobre a proposição, o relator que será o responsável pela proposição, ainda que seja provocado por outros legitimados. Essa disposição para o relator o diferencia dos demais, pelo simples fato de que o requerimento de qualquer legitimado será direcionado ao relator que passa a ser o responsável pela proposição.

Na disposição regimental do STJ, por exemplo, o relator deve inserir a proposição no sistema eletrônico, como determina o art. 257 do RISTJ[1], com o endereçamento deste diretamente ao colegiado competente para o julgamento do mérito do incidente, para que primeiramente realize a admissibilidade e, em caso positivo, já se torne competente mediante a transferência da competência.

Com isso, no STJ, a suscitação pelo relator não passaria pelo órgão fracionário de competência, sendo diretamente direcionado para o órgão maior, seja a seção ou órgão especial. Com esse modelo específico e eletrônico de suscitação, o relator deve fazê-lo antes da própria pauta de julgamento

---

1. **RISTJ** –. Art. 257. É obrigatório ao relator o uso da ferramenta eletrônica de afetação do recurso especial à sistemática dos repetitivos e de admissão do incidente de assunção de competência, nos termos desse capítulo. (Incluído pela Emenda Regimental n. 24, de 2016) Art. 257-A. Incluída pelo relator, em meio eletrônico, a proposta de afetação ou de admissão do processo à sistemática dos recursos repetitivos ou da assunção de competência, os demais Ministros do respectivo órgão julgador terão o prazo de sete dias corridos para se manifestar sobre a proposição.

de evento recurso ou ação de competência originária, pelo fato de que é um ato postulatório de cunho específico, numa determinação regimental com um critério de ser eletrônico.

Nesses moldes, quando houver uma suscitação pela parte ou por outros legitimados, perante o STJ, esta deve ocorrer antes da sessão de julgamento, justamente para que o relator possa inserir no sistema eletrônico. Todavia, isso não impede que as partes ou os demais legitimados tenham que propor até esse momento, com a possibilidade de pleitearem até o momento da sua sustentação oral, o que fará, obviamente, que haja a suspensão do julgamento do processo para que o relator realize toda a procedimentalidade de suscitação, no formato determinado pelo RISTJ.

Mas, a indagação se torna pertinente: essa suscitação moldada pelo RISTJ deve ser o modelo para os demais Tribunais? O modelo proposto pelo RISTJ determina a suscitação diretamente ao órgão que julgará, se for admissível o IAC, o próprio mérito, sem passar pelo colegiado anterior[2]-[3]. Talvez não seja o melhor modelo, contudo no âmbito desse Tribunal Superior deve funcionar dessa maneira, com a suscitação dos legitimados ao relator, o qual terá a função de propor à Seção ou Órgão Especial.

O motivo de não ser a melhor saída e digno de crítica sobre a decisão do STJ em ser desse jeito é pela procedimentalidade ser contrária ao melhor andamento. Um dos pontos está na afetação ou protocolo diretamente no órgão maior – aquele que eventualmente assumiria a competência – traz complicações procedimentais, como desencontro de informações entre o julgamento do processo base no colegiado originário e o protocolo ou proposição de afetação diretamente no colegiado maior.

O ideal é que não seja desconectado ou desligado do processo base, sem gerar esse desentendimento. Mesmo no STJ em que o RISTJ impõe que o relator insira a proposição no sistema, o processo já é transferido automaticamente para o colegiado maior, sem uma decisão adequada sobre esse ponto.

2. Regimento Interno – TJ/BA. Art. 220 – O incidente de assunção de competência tem por objeto a solução de relevante questão de direito com grande repercussão social, jurídica, econômica ou política, sem repetição em múltiplos processos, a respeito da qual seja conveniente a prevenção ou a composição de divergência entre câmaras ou turmas do tribunal. § 1º – O Relator, de ofício ou a requerimento da parte, do Ministério Público ou da Defensoria Pública, proporá, ao órgão a que se encontre vinculado, que o recurso, a remessa necessária ou o processo de competência originária do Tribunal seja julgado pela Seção Cível de Direito Público, pela Seção de Direito Privado ou pelas Seções Cíveis Reunidas, observadas as competências definidas por este Regimento.

3. Comentário do autor: o correto é essa concepção que o TJ/BA concede à suscitação para o relator e este leva a deliberação ao órgão menor, aquele vinculado ao processo ou recurso, com a decisão preliminar de admissibilidade. Caso aceitem, suspende o julgamento e remete ao colegiado que assumiria a competência.

O complexo disso é a utilização inadequada do rito dos recursos excepcionais repetitivos como facilmente transpostos para o IAC, o que não deve ser imaginado como real. A afetação dos recursos excepcionais repetitivos é oficiosa, ou seja, sem um pedido de qualquer parte ou legitimado, o que não serve para o IAC[4], com o devido cuidado em se normatizar adequadamente este ponto.

Diante disso, não há necessidade de ser dessa maneira, pode ser de outro modo em outros Tribunais e, ainda, enxergamos que a melhor forma seria a proposição ao próprio colegiado fracionário competente originário, para que este analise preliminarmente a questão, e somente com o aval deste, ocorra a suscitação para o colegiado maior, com a remessa dos autos para esse segundo colegiado.

Se a opção for nesse sentido, os legitimados têm maior liberdade de suscitar até o momento da sustentação oral, com a influência no próprio julgamento perante o órgão fracionário. E, ainda, há um sentido prático, já possibilitar uma análise preliminar do mesmo órgão, ao menos preliminarmente, com um prejuízo menor ao andamento processual. Este ponto é importante para uma eventual fácil constatação de não incidência de divergência ou desnecessidade de IAC, o que já rejeitar-se-ia o incidente, com o prosseguimento do julgamento do recurso, remessa necessário ou ação em competência originária.

Outro ponto a se considerar depois de entender quem são os legítimos, será o modo de suscitação no processo. Como é realizado dentro do processo, uma simples petição deve ser realizada, sem qualquer inovação ou distribuição processual. Diante disso, não faz sentido entender que o pedido de IAC tenha que ser registrado em outro local sem ser o próprio processo e, se esse for eletrônico ou físico, será uma simples petição, sem qualquer necessidade de pagamento de custas processuais[5].

4.1.1. A falta de discricionariedade do relator quando suscitado pelos legitimados

O próprio teor do art. 947, § 1º do CPC impõe ao relator o ato de proposição do incidente, colocando-o como o protagonista.

Dessa maneira, o relator é o ator processual da proposição, podendo realizá-la de ofício ou a requerimento das partes. Todavia, a questão que surge desse ponto está na discricionariedade do relator sobre tal suscitação: este é

4. Comentário do autor: esse ponto é importante para qualquer construção procedimento do IAC: não comparar facilmente com o IRDR ou recursos excepcionais repetitivos sem a devida análise sobre convergência e divergências.
5. Nesse sentido: MENDES, Aluisio Gonçalves de Castro; MELLO, José Roberto. Incidente de assunção de competência. 2a. ed. Rio de Janeiro: GZ, 2021. p. 84.

obrigado a suscitar? São duas situações que temos que analisar: *a suscitação oficiosa; e a suscitação por provocação.*

Quando a suscitação for *oficiosa*, o relator realiza a análise do caso, como qualquer outro julgamento que realize em sua atividade, no entanto, caso vislumbre a incidência dos requisitos atinentes ao IAC, convém a sua suscitação. Todavia, a presença ou não dos requisitos somente é possível mediante uma análise complexa, o que concede um certo ar de discricionariedade de proposição ao relator.

Por outro lado, quando houver uma suscitação por qualquer outro legitimado, com uma petição endereçada ao relator (ao menos imaginando que este seja o modo correto), este não tem nenhuma discricionariedade sobre a proposição, devendo, portanto, realizá-la em ato contínuo, ainda que não concorde com a incidência dos requisitos.

A sua concordância ou discordância será alvo de análise, seja em sua própria votação, caso esta ocorra no colegiado fracionário originário, seja pelo colegiado maior, quando este analisar a admissibilidade. Em qualquer dos casos, o relator não tem discricionariedade para não suscitar um incidente quando os legitimados realizaram proposição nesse sentido.

Há, então, um dever de proposição, pelo relator, quando houver requerimento de qualquer dos legitimados.

4.1.1.1. Reflexo da suscitação do incidente: a suspensão do julgamento do processo representante da controvérsia

Com o requerimento do IAC, seja qualquer dos modos em que ocorra procedimentalmente, tanto de maneira oficiosa quanto pela provocação de outros legitimados, há, logicamente, a suspensão do julgamento principal para realizar-se a análise da admissibilidade da própria instauração do incidente.

Com a utilização da palavra "admissível" no teor do art. 947 do CPC, a legislação estipula um necessário juízo de admissibilidade sobre a suscitação ou requerimento do IAC e, dessa maneira, independente de como será a suscitação em si, há a admissibilidade, o que impossibilita o prosseguimento do feito, sem o julgamento principal ser factível nesse ínterim.

Se tal suscitação ocorrer diretamente ao órgão colegiado maior, evidentemente que não há como julgar o feito principal[6], enquanto não houver

6. Sobre este ponto é complexo imaginar que o protocolo seja diretamente no colegiado que, porventura, seja competente para julgar o IAC, pelo fato de que isso faria com que houvesse uma necessidade de avisar o órgão originário de que realizou o protocolo, justamente para que não julgue o recurso ou processo base. Nesse sentido, mas sobre IRDR, com o mesmo problema: LEMOS, Vinicius Silva. O pedido de instauração do IRDR e a necessidade de protocolo de petição de informação no órgão

a resolução da questão sobre a admissibilidade do incidente de assunção de competência, com a manutenção da suspensão do julgamento até o deferimento ou não do próprio incidente.

E, ainda, mesmo que seja feita perante o órgão fracionário, este deve analisar a questão e, somente após tal feito, caso julgue inadmissível, volta a julgar o processo em seu mérito, em caso positivo, com a admissibilidade deferida, há a remessa ao colegiado maior, com a manutenção da impossibilidade de julgamento do processo nesse trâmite.

Em qualquer das maneiras possíveis de se entender a procedimentalidade do incidente, com a suscitação realizada, o julgamento principal é suspenso até a definição da admissibilidade do próprio incidente, como uma consequência lógica ao próprio ato postulatório.

4.1.2. O juízo de admissibilidade do IAC

Uma vez realizada a proposição do IAC pelo relator, naturalmente, haverá a necessidade de realizar-se o juízo de admissibilidade, mediante a averiguação sobre a presença dos requisitos estabelecidos pelo art. 947 do CPC.

Sobre o juízo de admissibilidade, não pairam dúvidas sobre a sua necessidade, até pelo fato de que o art. 947 do CPC utiliza a palavra "admissível" sobre a própria incidência possível do IAC, o que deixa claro que há uma admissibilidade necessária.

No entanto, o complexo dessa admissibilidade, ao menos no tocante à procedimentalidade, está na sapiência sobre qual será o juízo competente para realizar tal admissibilidade ou, ainda, qual será o endereçamento correto da própria suscitação.

Esse ponto é importante justamente pela falta de procedimentalidade que o CPC/2015 deixou ao não legislar sobre tais pontos do IAC, o que importa, consequentemente, em uma gama de possibilidades procedimentais.

Primeiramente, a admissibilidade se divide, nesse momento, em 2 (dois) pontos, em 2 (dois) momentos, com um desdobramento de análises, sendo uma de modo prévio e outra de modo definitivo.

Em síntese, a *admissibilidade prévia* é aquela primeira a ser realizada, sem confundir-se com a admissibilidade definitiva, realizada, portanto, por um órgão anterior àquele que julgará o IAC. Mediante essa análise prévia, o juízo competente para tanto sobre a admissibilidade não decide ainda pela instauração do próprio incidente, mas, ao menos nesse momento, pela

---

originária. Disponível em: https://emporiododireito.com.br/leitura/o-pedido-de-instauracao-do--irdr-e-a-necessidade-de-protocolo-de-peticao-de-informacao-no-orgao-originario.

possibilidade deste, com a remessa, em caso positivo, para o colegiado maior, aquele competente para assumir a competência.

Já a *admissibilidade definitiva* é aquela realizada pelo órgão colegiado competente para admitir, processar e julgar o IAC, com uma composição maior do que os colegiados normais de julgamento naquele Tribunal. O resultado dessa admissibilidade definitiva é a consequência da própria transferência da competência do colegiado menor, originário, para o maior, responsável pela formação do precedente vinculante.

A partir da admissibilidade definitiva positiva, dentro do colegiado maior, há o que seria o próprio nome do incidente, a própria assunção da competência daquele recurso, remessa necessária ou ação em competência originária para o colegiado maior.

4.1.2.1. A admissibilidade prévia do IAC

Não há, como vimos, nenhuma definição procedimental sobre o modo de suscitação do IAC e, assim, não há como saber se há uma admissibilidade prévia e, ainda, se houver, qual será o juízo competente para realizá-lo[7].

A lacuna existente no CPC/2015 deixa a questão aberta, com a discrepância de ter a possibilidade de ocorrer, ou não, a admissibilidade prévia de diversos modos.

Para tanto, identifico 3 (três) possibilidades de procedimentalidade quanto ao endereçamento e, consequentemente, 3 (três) formas possíveis de admissibilidade preliminar. São elas: *(i) a admissibilidade preliminar realizada pelo relator, quando o pleito for dos outros legitimados; (ii) a admissibilidade preliminar realizada pelo órgão colegiado fracionário competente para o julgamento do recurso ou processo; (iii) a primeira e única admissibilidade diretamente no órgão competente para julgar o mérito do incidente, aquele responsável por criar o precedente.*

Todas elas são possibilidades reais de ocorrer em uma suscitação do incidente, dependendo de como aquele Tribunal entender, diante do próprio regimento interno, caso já tenha alterado, ou uma legislação estadual e, na ausência de ambas, na própria decisão reativa ao pedido de suscitação, com uma definição sobre a procedimentalidade adequada.

Sobre a admissibilidade definitiva do IAC, evidentemente, esta ocorrerá diretamente no órgão competente por assumir a competência, o chamado

---

7. Comentário do autor: este deve ser um ponto prioritário para qualquer procedimento a ser criado, em qualquer dos meios, para que se defina se o colegiado menor, ao receber o IAC, deve ou não realizar uma análise prévia.

colegiado maior, independente de qual seja, com a definição pelo regimento interno sobre qual deve ser dentro daquele Tribunal.

Esse ponto, sobre qual o endereçamento, competência da admissibilidade e procedimentalidade, necessita de regulamentação, como tratado, dependendo de cada Tribunal e Estado. Entende-se como pertinente que a regulamentação procedimental possa ser via legislação estadual, com a delimitação específica sobre a procedimentalidade, o que é permissível pela competência legislativa estadual. Mas, mesmo que o Tribunal realize pelo seu regimento interno, não há óbice que assim o seja, porém que resolva estas dúvidas pertinentes e reais.

Diante disso, é adequado percorrer todas as possibilidades, com as delineações pertinentes a cada uma delas.

4.1.2.1.1. A admissibilidade preliminar realizada pelo relator, quando o pleito for dos outros legitimados

Se o relator for realizar a suscitação, logo não seria possível essa análise preliminar, simplesmente pelo fato de que seria desnecessária, uma vez que se o relator opta pela proposição oficiosa, já ultrapassa essa admissibilidade preliminar, nem a realizando.

Todavia, quando os demais legitimados suscitarem, com uma petição endereçado ao relator, este tem o poder de realizar uma análise de admissibilidade? O primeiro entendimento, o qual defende-se aqui, é que há um dever do relator em apresentar essa suscitação dos demais legitimados ao órgão colegiado – seja ele qual for, com o intuito de que se faça a admissibilidade nesse órgão.

Logo, no entendimento aqui exposado, não há competência judicante ao relator em realizar uma análise prévia ao requerimento dos legitimados para a suscitação do IAC. Defende-se que não há possibilidade de que o relator possa, monocraticamente, indeferir essa suscitação, justamente pela redação do art. 947, § 1º do CPC indicar que o relator proporá a requerimento, sem um juízo de admissibilidade deste mesmo.

Mas, há a possibilidade de uma regulamentação específica sobre tal ponto, com a determinação em regimento interno ou legislação estadual sobre essa parte da procedimentalidade? Atribuir ao relator uma admissibilidade prévia do pedido dos outros legitimados? Não há problema dessa escolha por um Tribunal, via seu regimento interno, ou, legislação estadual e até por lei federal posterior, porém seria uma opção de regulamentação válida, apesar de entender, como exposto, não ser a melhor saída procedimental.

Theodoro Jr. entende que o correto seria exatamente desse modo[8], justamente uma análise preliminar pelo relator, com a deliberação sobre o cabimento ou conveniência de tal suscitação e, caso positivo, com a remessa ao colegiado competente para o julgamento do IAC, para que este realize o juízo definitivo de admissibilidade.

Um aspecto a ser considerado sobre esse ponto é a relação dessa decisão do relator com o agravo interno, principalmente se o resultado for pela negativa da proposição. Essa negativa levaria a uma não admissibilidade pelo relator, sem a instauração do IAC. Ou seja, se algum dos legitimados suscitar a instauração do IAC e o relator indeferir, por entender monocraticamente, não ser plausível, dada a não incidência dos requisitos ali presentes, logicamente, caberá agravo interno, levando, portanto, a questão para o colegiado fracionário originário daquele julgamento.

Ao contrário, se o relator decidisse pela admissibilidade positiva, com a remessa ao colegiado competente para analisar a admissibilidade e assumir a competência, caberia o agravo interno? Depende. São duas possibilidades: (i) o relator admitir de plano e remeter ao colegiado maior; ou (ii) o relator somente remeter para análise do colegiado originário.

Se for na primeira hipótese, a decisão seria agravável para o próprio colegiado do relator, não para o colegiado maior, o que gera uma inconsistência, uma vez que seria uma decisão já de admissibilidade preliminar e remessa ao colegiado maior. Totalmente agravável.

Por outro lado, na segunda hipótese, a percepção é que seria uma decisão irrecorrível quando somente admitir para remeter para análise do colegiado originário.

No entanto, é pertinente lembrar que essa não parece ser a melhor procedimentalidade do incidente, justamente pelo entendimento de que não cabe ao relator qualquer juízo prévio monocrático de admissibilidade sobre o pedido dos demais legitimados, servindo somente de suscitando oficial, de modo oficioso ou a requerimento – um transmissor do pedido.

---

8. Theodoro Jr. entende que seria somente pelo relator do primeiro órgão, o qual já remeteria ou negaria a matéria, discordamos dessa visão: "O incidente se desdobra em duas fases, cabendo ao relator, na primeira, deliberar, de ofício ou a requerimento, sobre o cabimento e a conveniência da submissão da causa ao julgamento do órgão regimentalmente encarregado da uniformização da jurisprudência do tribunal (art. 947, § 1º)." THEODORO JR., Humberto. Regime das demandas repetitivas no novo código de processo civil. *Coleção Novo CPC - Doutrina Selecionada - v.6 - Processo nos Tribunais e Meios de Impugnação às Decisões Judiciais*. Orgs: DIDIER JR., Fredie; FREIRE, Alexandre; MACEDO, Lucas Buril de; PEIXOTO, Ravi. 2ª. Salvador: Juspodivm, 2016. p. 443.

4.1.2.1.2. A admissibilidade preliminar realizada pelo órgão colegiado fracionário competente para o julgamento do recurso ou processo

Outra possibilidade de procedimentalidade passa pela sistematização na proposição do relator – de ofício ou a requerimento, ao órgão a que pertence, aquele competente para o julgamento do recurso, remessa necessária ou processo no Tribunal. Com isso, esse colegiado faria uma análise preliminar de admissibilidade, com a participação do relator, por ser membro desse colegiado e, dependendo do resultado dessa análise preliminar, há ou não a remessa ao colegiado maior, aquele competente para assumir a competência do recurso ou processo.

Essa proposta de procedimentalidade é a que se defende nesse trabalho[9] como a mais correta para a utilização do IAC, apesar de não ser a escolhida pelo RISTJ, mas é aquela que permite dois julgamentos colegiados de admissibilidade: *(i) um preliminar pelo colegiado originário; e, em caso positivo, (ii) um definitivo pelo colegiado maior que julgará o mérito do IAC e da demanda/recurso.*

Essa também é a procedimentalidade defendida por Marinoni, Arenhart e Mitidiero, que entendem que a suscitação deve ser para o colegiado menor, com a remessa, caso o resultado seja positivo[10], para o colegiado maior.

Quando o relator propuser o IAC, seja oficiosamente ou a requerimento, este deve levar a matéria ao colegiado em que é membro, justamente para que realize a análise preliminar, com a verificação do preenchimento dos requisitos impostos pelo art. 947 do CPC, com duas possibilidades decisórias incidentais: *(i) rejeitar o incidente, ultrapassando a questão, voltando ao julgamento do recurso em si; ou (ii) admitir o incidente, não julgar o recurso e remeter ao colegiado competente para o julgamento da assunção de competência.*

Na ocorrência da primeira hipótese, *pela rejeição do IAC, ainda pelo próprio colegiado menor*, determina-se a volta do olhar judicante do colegiado para a matéria principal e não mais para os aspectos incidentais, prosseguimento no julgamento do recurso/remessa/competência originária.

Por outro lado, caso *a análise preliminar resulte em positiva*, o processo, com o recurso/remessa/competência originária e o incidente, deve ser

---

9. No livro de recursos, defendo tal procedimentalidade como a melhor para o IAC: LEMOS, Vinicius Silva. Recursos e processos nos tribunais. 5a. ed. São Paulo: Juspodivm, 2021.

10. "Vale ressaltar, que essa decisão é tomada em duas instâncias sucessivamente: em primeiro lugar, pelo órgão que seria naturalmente competente para julgar o recurso e em seguida pelo órgão designado pelo regimento interno como responsável pelo exame do julgamento por assunção de competência. Apenas quando for obtida decisão positiva em ambos os órgãos é que o deslocamento poderá ocorrer, outorgando-se ao novo colegiado competência para julgar o recurso." MARINONI, Luiz Guilherme; ARENHART, Sérgio cruz; MITIDIERO, Daniel. *Novo curso de processo civil: tutela dos direitos mediante procedimento comum.* São Paulo: Revista dos Tribunais, v.2. 2015. p. 56.

remetido ao órgão competente – mais amplo – para o julgamento, tanto da parte principal do processo quanto do incidente, o qual deve analisar, de maneira definitiva, o juízo de admissibilidade da instauração do incidente, com a verificação dos requisitos diante dos argumentos apresentados, seja de ofício ou por requerimento dos legitimados.

4.1.2.1.3. A primeira e única admissibilidade diretamente no órgão competente para julgar o mérito do incidente, aquele responsável por criar o precedente: *a confusão entre a prévia e a definitiva*

A última das possibilidades diante das formas de suscitação não seria a existência de uma admissibilidade prévia, mas a inexistência de um sistema bifásico, proporcionando, consequencialmente, uma admissibilidade meramente monofásica, realizada meramente pelo órgão competente para assumir a competência, aquele que formará o precedente judicial vinculante do IAC.

Nos moldes do que o RISTJ determina, o relator tem a função de propor o IAC diretamente no sistema eletrônico, como vimos, com o endereçamento à Seção ou Órgão Especial, o que impõe a falta de uma admissibilidade prévia, uma vez que o colegiado endereçado é o mesmo competente para julgar o IAC, culminando num sistema de admissibilidade monofásico, com somente uma análise judicial sobre o tema, ocorrendo só a definitiva, sem uma preliminar anteriormente.

Diante desse prisma, não houve nenhuma admissibilidade anterior, sendo a primeira análise sobre o incidente, sem nenhuma análise judicante anterior, sem nenhum posicionamento existente. O juízo de admissibilidade, nessa hipótese, seria a primeira análise a ser realizada, contudo não seria prévia, mas única e definitiva sobre a questão.

No entanto, pertinente diferenciar essa análise definitiva de admissibilidade, justamente pelo fato de que em outras procedimentalidades, pode ocorrer uma admissibilidade prévia, alterando o modo de realizar a admissibilidade definitiva, uma vez que seria em um segundo momento, em uma segunda análise.

O problema dessa escolha é a suscitação, o procedimento de julgamento do processo base e a posterior avocação do processo. Como a suscitação seria diretamente no colegiado maior, este seria desinterligado ao processo base, o que importaria em ter que informar o relator de que há esse pedido e que não se poderia julgar o recurso/remessa necessária/ação em competência originária enquanto não houvesse essa decisão de admissibilidade.

E, caso positivo, este colegiado deveria avocar os autos para esse colegiado, o que torna um desenrolar meio estranho, como um incidente fora daquele processo, o que não parece ser a melhor saída.

4.1.2.1.4. A remessa ao colegiado competente pela formação do precedente

Nas duas primeiras hipóteses apresentadas, o juízo de admissibilidade seria bifásico, com uma admissibilidade anterior, realizado por um colegiado prévio, sem competência para julgar o IAC, mas atendo-se somente à incidência e presença dos requisitos previstos no art. 947 do CPC.

Desse modo, o colegiado originário, aquele menor ou até o relator, deve analisar a admissibilidade da proposição de IAC, com a possibilidade de inadmiti-lo, com a rejeição de tal alegação e o prosseguimento do feito para o julgamento do recurso ou processo; ou aceitá-lo, previamente, com a remessa do incidente e do processo para o colegiado maior[11], justamente para que este passe, ao menos momentaneamente, a ser competente pela demanda[12].

Uma vez recebido o IAC pelo colegiado maior[13], este deve realizar novamente a admissibilidade do incidente, justamente por ser aquele responsável por aceitar, processar e julgar o precedente judicial vinculante oriundo do IAC.

Logo, pertinente entender que a consequência lógica da admissibilidade prévia positiva do incidente – seja por qualquer dos competentes, em qualquer hipótese – é a *remessa do incidente ao colegiado que o regimento indicar como competente para julgar o IAC.*

---

11. Mendes e Mello discorrem sobre uma prevenção entre órgãos, com a menção de que o primeiro que afetar a matéria seria o prevento, o que se discorda. A matéria somente terá um órgão competente para o IAC e deve ser remetido para esse e, se houver pluralidade de órgãos, deve ir para o maior órgão que detenha autoridade sobre ambos, o que deve ser o pleno ou o órgão especial daquele Tribunal. "O órgão julgador que primeiro profere a decisão de afetação estará prevento para o julgamento objetivo da questão (art. 1.037, §3º). Essa previsão normativa tem caráter prático e se volta àquelas hipóteses de instaurações múltiplas ou plúrimas. Pode-se interpretar o dispositivo, ainda, no sentido de que, em existindo vários órgãos colegiados35 destacados pelo regimento interno do tribunal, aquele que primeiro identificar a questão submetida a julgamento será o responsável pela fixação da tese." MENDES, Aluisio Gonçalves de Castro; MELLO, José Roberto. Incidente de assunção de competência. 2a. ed. Rio de Janeiro: GZ, 2021. p. 95.
12. Comentário do autor: o colegiado a ser competente deve ser aquele que tem a autoridade sobre aquele assunto e que seja o máximo para tanto naquele Tribunal. O Regimento Interno de cada Tribunal deve delinear isso. No entanto, é pertinente seguir o que o STJ em seu Regimento Interno delineou, quando diz que deve ser pela Corte Especial quando a matéria ultrapassa uma seção, como dispõe o art. 11, IV do RISTJ e será somente de uma das Seções se a matéria for atinente somente a essa seção, como no art. 12, IX do RISTJ.
13. Comentário do autor: mas qual seria o colegiado competente? Depende do Regimento Interno de cada Tribunal e a sua própria divisão interna, como se subdivide em relação ao julgamento das matérias e, ainda, em momento posterior, deve relacionar a competência com a matéria suscitada e afetada. Geralmente se for processual, mesmo que haja divisão entre direitos materiais e competência, esse IAC deve ir para o maior colegiado ou o pleno ou órgão especial. Utilizando como exemplo o STJ, a competência se divide entre a seção ou a Corte Especial, dependendo se for sobre direito material ou direito processual.

No entanto, não há que se falar de remessa ao colegiado competente quando a admissibilidade for monofásica, como determina o IAC no RISTJ, sendo realizado diretamente pela Seção ou Órgão Especial. Nessa situação, o IAC, ao ser proposto diretamente ao órgão competente a formar o precedente judicial, já detém uma análise definitiva, o que importa em ausência de remessa a este órgão, justamente por tratar-se imediatamente deste.

4.1.3. A admissibilidade definitiva do IAC

Por admissibilidade definitiva entende-se aquela que foi realizada pelo órgão responsável por julgar o IAC, o que importa no julgamento sobre a necessidade de aceitação, ou não, de tal instauração. O que se decidir nesse colegiado, no tocante à admissibilidade do IAC, justamente por ser um colegiado maior do que o usual, deve ser seguido.

Afinal, é a decisão definitiva sobre a admissibilidade do incidente.

Independente do trâmite selecionado[14] pelo Tribunal para que o IAC seja instaurado, com a admissibilidade prévia pelo relator, pelo colegiado competente para julgar o processo, remessa necessária e recurso ou diretamente no colegiado competente para julgar o processo, formando, desde logo, o precedente judicial, a admissibilidade definitiva é realidade.

Não há como instaurar o IAC sem que o colegiado responsável pela formação do precedente não decida, em admissibilidade definitiva, assumir tal competência.

---

14. Diante da existência de uma lacuna procedimental, Cunha e Didier Jr. entendem de modo amplo, com a possibilidade tanto do relator propor diretamente no órgão de maior composição, aquele que julgará para formar o precedente ou, ainda, se o próprio relator entender melhor, propor primeiro ao seu colegiado, aquele que compõe, para somente com a admissibilidade positiva deste, remeter-se ao colegiado de maior composição. "Enquanto examina o caso, e antes mesmo de pedir inclusão em pauta para julgamento, o relator pode verificar a presença dos pressupostos para a assunção de competência e decidir que ela deve ser instaurada, requerendo a inclusão do processo na pauta do órgão de maior composição, indicado pelo regimento interno, a fim de que assuma a competência para julgamento do caso. O relator deve participar do julgamento. Este órgão de maior composição irá, preliminarmente, por ocasião do próprio julgamento, avaliar a proposta do relator e concordar ou não com a presença dos pressupostos previstos no art. 947 do CPC para, então, assumir ou não a competência para julgamento do caso. Em vez de assim proceder, o relator poderá, ao examinar o recurso, a remessa necessária ou o processo de competência originária, pedir sua inclusão em pauta no órgão fracionário competente para o julgamento e, lá durante o julgamento, desde que antes de sua conclusão, o colegiado decidir pela transferência da competência para o órgão de maior composição, indicado pelo regimento interno para formação de precedente obrigatório. Assim decidido pelo colegiado, será instaurado o incidente de assunção de competência, sendo o caso incluído na pauta do órgão de maior composição, que poderá assumir ou não a competência para o julgamento do caso, ao reconhecer ou não o preenchimento dos pressupostos previstos no art. 947 do CPC." CUNHA, Leonardo José Carneiro da; DIDIER JR., Fredie. *Curso de direito processual civil. Meios de impugnação às decisões judiciais e processo nos tribunais*. 13ª ed. Salvador: Juspodivm, 2016. p. 666.

Desse modo, diante do recebimento da proposta de IAC – diretamente ou via uma admissibilidade prévia, o colegiado maior deve analisar a admissibilidade, com uma votação sobre a instauração ou não do incidente e a verificação se todos os requisitos estão presentes e uma fundamentação adequada sobre todos os requisitos[15], desde a certeza pelo conhecimento do recurso – caso seja recurso, passando para os requisitos inerentes ao próprio incidente, tais quais assim delineados: tratar-se de uma questão de direito, com grande repercussão social, sem repetição em múltiplos processos e reconhecimento de interesse público na assunção de competência para prevenir ou compor divergência.

Com a devida distribuição, ao ser remetido para o colegiado maior, aquele que deve ter a competência[16] para formar precedente judicial, há uma decisão sobre a admissibilidade do IAC, com duas possibilidades de julgamento: *(i) rejeição do incidente, por não conter os requisitos e, consequentemente, devolução para o colegiado anterior; ou (ii) a admissibilidade positiva, com o aceite da assunção de competência, tanto da questão de direito delimitada, quanto do recurso/remessa necessária/competência originária.*

No caso de *inadmissibilidade do IAC*, além de decidir que não há motivos para a instauração do incidente, consequentemente, o relator deve determinar a devolução para o colegiado originário, para que julgue o pedido principal, sem mencionar o incidente, uma vez que restou inadmitido, não reconhecendo ao menos um dos requisitos necessários para o deslocamento da competência. Essa decisão deve ser fundamentada[17] sobre o requisito faltante, de maneira clara e exaustiva.

De outro modo, se o colegiado maior proceder pela *admissão do incidente*, a tramitação do IAC será agora, processualmente, perante o colegiado

15. Com a necessidade de fundamentar a presença de todos os requisitos: "Em razão da utilização de um conceito genérico pela legislação, aumenta a responsabilidade do Poder Judiciário. Ao suscitar o IAC, o relator do recurso, remessa necessária ou processo de competência originária, deverá fundamentar, de forma completa e coerente, quais são a relevância e o interesse social da questão jurídica colocada para julgamento. A fundamentação deficiente dará azo para a discricionariedade judicial no manuseio desse tipo de conceito. Importante salientar que o fato de a legislação ter lançado mão de conceitos fluídos, em nenhuma oportunidade, essa fluidez pode ser subterfúgio para a atuação discricionária do Judiciário." ABBOUD, Georges; YAMIN, Ricardo. Requisitos legais para instauração do incidente de assunção de competência. Revista de Processo. Ano 43, Vol. 279, p. 339-356, São Paulo: Ed. RT, 2018. p. 341.

16. Enunciado n.º 202 do FPPC: O órgão a que se refere o § 1° do art. 947 deve atender aos mesmos requisitos previstos pelo art. 978.

17. Sobre a importância da fundamentação da falta de um requisito, inclusive a efetiva repetição de processos: "Dessa forma, caberá ao julgador, novamente, fundamentar que não há efetiva repetição de processos envolvendo aquela matéria, a fim de admitir a instauração do Incidente. Para tanto, deverá levar em conta principalmente a matéria jurídica discutida, a localidade do Tribunal e a competência, se federal ou estadual." ABBOUD, Georges; YAMIN, Ricardo. Requisitos legais para instauração do incidente de assunção de competência. Revista de Processo. Ano 43, Vol. 279, p. 339-356, São Paulo: Ed. RT, 2018. p. 345.

maior, com análise e ulterior julgamento, tanto do incidente quanto do mérito da demanda, o que, nas palavras de Medina, esse órgão "assumirá o julgamento[18]."

4.1.4. Incidente admitido: procedimentalidade de instrução

Com a admissão do IAC pelo colegiado maior, ocorre a instauração do incidente, com a transferência da competência definitiva daquele órgão menor para o órgão maior responsável por formar o precedente judicial.

Esse ponto acaba por ser a própria explicação da nomenclatura do incidente, uma vez que o colegiado maior assumirá a competência para julgamento, não somente da questão de direito que resultou no IAC, mas, de igual maneira, do próprio julgamento do recurso/remessa necessária/competência originária.

A competência desse próximo colegiado[19], como define Marinoni, Mitidiero e Arenhart, não será somente do ponto em que se pretende definir como um precedente judicial, com um rito amplificado, mas do processo ou recurso como um todo, julgando a parcela – questão de direito – que será base do IAC e o restante daquele recurso ou processo, diferenciando, necessariamente, o que será matéria atinente ao incidente e o que será matéria julgada fora do incidente.

Obviamente a admissibilidade do IAC, seja por qualquer dos colegiados – o originário ou o novel – deve obedecer o preenchimento de todos os requisitos anteriormente expostos, sem a incidência de qualquer um desses, não há como admitir-se tal instauração.

Feita a admissão e uma vez transferida a competência do IAC para o colegiado maior, este será responsável por toda a condução do julgamento, bem como do restante da procedimentalidade, qual seja a necessidade de instruir o próprio incidente, com os ditames necessários para um julgamento que forma um precedente judicial, com a delimitação da questão a ser decidida, abertura para um colegiado ampliado, dentre outros pontos a serem considerados.

Há um ponto de necessária reflexão.

---

18. MEDINA, José Miguel Garcia. *Novo código de processo civil comentado*. 2ª Edição. RT: São Paulo. 2015. p. 842.

19. A assunção de competência leva toda a competência para o outro órgão, é realmente uma elevação da competência ali descrita. Uma real transferência de competência para um órgão hierarquicamente maior: "Vale observar que o presente instituto não tem por objetivo apenas submeter a questão jurídica da interpretação controvertida a um outro colegiado. Isso porque vai além, para atribuir o julgamento de todo o recurso, de todo reexame necessário ou de toda causa a esse outro órgão." MARINONI, Luiz Guilherme; ARENHART, Sérgio Cruz; MITIDIERO, Daniel. *Novo curso de processo civil: tutela dos direitos mediante procedimento comum*. São Paulo: Revista dos Tribunais, 2015. p. 566.

O relator originário permanece a ser o relator nesse colegiado? Essa disposição é um ponto a ser definido pelo próprio regimento interno dos Tribunais, contudo não há resposta automática, até pelo fato de que o julgamento pode ocorrer por um colegiado no qual o relator anterior não seja componente, com a necessidade, portanto, da escolha de um novo relator, dentre aqueles que compõe esse novo colegiado competente para o julgamento do recurso.

Nessa situação, a escolha do novo relator deve ser feita de modo até anterior à admissibilidade positiva, pelo fato do relator originário não ser membro do colegiado maior, com a necessidade, até para a análise inicial, da distribuição de um novo relator. Cunha e Didier Jr. entendem que esse relator participa dessa discussão[20], sem mencionar se este faz parte ou não do colegiado desse segundo colegiado.

Caso contrário, com a presença do relator nesse novo colegiado, não vejo óbice de que permaneça como relator também nesse novo momento processual, porém necessita do respeito ao procedimento e ao estabelecido. Se o regimento interno dispuser sobre mudança ou mantença, deve-se respeitar, independentemente do relator fizer parte do novo colegiado competente.

Dessa maneira, não há nenhum impedimento de que seja um novo relator no colegiado maior ou que se mantenha o mesmo relator, caso este seja componente desse colegiado maior. No STJ, por exemplo, em muitas matérias, o colegiado maior competente para o procedimento do IAC e o julgamento será a Corte Especial, não sendo todos os ministros que participam, o que é normal que se altere a relatoria, se for o caso.

4.1.5. A possibilidade de fungibilidade com o IRDR ou recursos excepcionais repetitivos[21]

No CPC/2015, existem diversos institutos formadores de precedentes vinculante[22], mas, numa diferenciação básica e inicial, há aqueles que

20. "requerendo a inclusão do processo na pauta do órgão de maior composição, indicado pelo regimento interno, a fim de que assuma a competência para julgamento do caso. O relator deve participar do julgamento." CUNHA, Leonardo Carneiro da; DIDIER JR., Fredie. *Curso de direito processual civil. Meios de impugnação às decisões judiciais e processo nos tribunais*. 13ª ed. Salvador: Juspodivm, 2016. p. 666.

21. Assunto com mais detalhes no artigo: LEMOS, Vinicius Silva. A fungibilidade entre o IRDR e o incidente de assunção de competência: necessidade de sistematização. REVISTA DE PROCESSO. v.274, p. 255 - 289, 2017.

22. As diferenças entre os institutos delineadas por Cunha e Didier Jr.: "Assunção de competência *versus* IRDR. Para que se instaure o incidente de resolução de demandas repetitivas, é preciso que haja (a) efetiva repetição de processos que contenham controvérsia sobre a mesma questão unicamente de direito; e (b) risco de ofensa à isonomia e à segurança jurídica. Por outro lado, se houver múltiplos processos, não cabe a assunção de competência. Há situações que podem estar entre as duas hipóteses, acarretando eventuais dúvidas sobre o cabimento do incidente de assunção de competência. Imagine-se, por exemplo, que haja cinco ou dez processos sobre o mesmo tema. Todos

servem para controle de estoque, os chamados repetitivos, classe que junta os recursos excepcionais repetitivos e o IRDR[23], identificando como problemática primordial a existência de milhares de demandas ou questões de direito idênticas; e aqueles que não servem a um controle de estoque, como o IAC que não tem o mesmo viés, tampouco trabalha com repetitividade, preocupando com as grandes questões de direito, com grande importância para a sociedade, ainda que com poucas demandas.

Mesmo que os institutos convirjam no intuito de formar precedentes judiciais e, assim, almejam conceder maior estabilidade, coerência e integridade para as decisões judiciais e a própria atividade judicante do sistema, servem para aplacar situações diversas, com intuito, evidentemente, divergências, o que importa, processualmente, a terem requisitos convergentes e, principalmente, divergentes.

No entanto, dentre os institutos que trabalham com a multiplicidade, o IRDR tem características diferentes dos recursos excepcionais repetitivos. O primeiro tem competência atinente aos Tribunais de segundo grau e os excepcionais, como já se espera, estão no âmbito dos Tribunais Superiores. Essa é a primeira diferença, porém há um outro ponto que é ainda mais pertinente para esse desenvolvimento do pensamento da fungibilidade entre os institutos repetitivos e o IAC, o fato de que no IRDR há um pedido de instauração pelos legitimados e nos recursos repetitivos isso inexiste, restando a cargo somente dos representantes do Judiciário a suscitação da transformação de um recurso excepcionais em um excepcional repetitivo.

Diante de tal diferença, o IRDR e o IAC, por serem passíveis de atos postulatórios dos mesmos legitimados – partes, Ministério Público e a Defensoria Pública – terão a necessidade de uma análise reativa, de uma resposta a uma proposição realizada e, por isso, talvez haja uma confusão entre os institutos sobre a sua própria incidência, o que torna mais fácil de construirmos um pensamento sobre fungibilidade do pedido de instauração entre ambos. Não é inviável, no entanto, que em Tribunal Superior, se peça em uma petição ou no recurso um IAC e o colegiado competente decida

---

foram julgados no mesmo sentido. Rigorosamente, há aí casos repetitivos, mas não há a existência de "múltiplos processos". Por terem sido todos julgados no mesmo sentido, também não há risco de ofensa à isonomia, nem à segurança jurídica, mas a questão pode ser relevante, de grande repercussão social. Nesse caso, não caberá o incidente de resolução de demandas repetitivas (por não haver risco à isonomia, nem à segurança jurídica), mas é possível que se instaure a assunção de competência, por ser conveniente prevenir qualquer possível divergência futura (CPC, art. 947, § 4.º)." CUNHA, Leonardo José Carneiro da; DIDIER JR., Fredie. Comentários ao art. 947. CABRAL, Antonio Passo, CRAMER, Ronaldo (orgs.). *Comentários ao Novo Código de Processo Civil, 2ª edição.* Método, 06/2016. Versão Digital: [Minha Biblioteca]. Retirado de https://integrada.minhabiblioteca.com.br/#/books/9788530971441/.

23. Sobre IRDR, detalhadamente: LEMOS, Vinicius Silva. Incidente de resolução de demandas repetitivas. Londrina: Thoth, 2019.

por instaurar um recurso excepcional repetitivo, contudo pertinente tal diferenciação para determinação de premissas, com o recorte de que tratar-se-á mais da fungibilidade entre o IAC e o IRDR, com menores menções aos recursos excepcionais repetitivos.

Como as situações jurídicas da sociedade são rápidas e evolutivas, com conflitos ocorrendo a cada momento, muitas vezes, uma questão de direito pode parecer, em dado momento, suscetível a instauração de um IAC, mas, na ocasião em que for realizado tal pleito, pode, dado o tempo para a admissibilidade e seu processamento, transformar-se aquela situação fática mais condizente, agora, com um IRDR ou recurso excepcional repetitivo. Ou, ainda, a parte que realiza tal suscitação não enquadra de maneira correta a situação fático-jurídica no incidente correto, o que ocasionaria em pleitear um IRDR quando fosse um IAC ou vice-versa.

Em situações como essas e outras similares: a pergunta chave desse recorte do estudo nasce diante desse ponto: é possível a fungibilidade entre tais institutos[24]? Ao suscitar um IAC, na admissibilidade, o colegiado pode transformar tal suscitação em IRDR, e vice-versa? Em um acórdão do Tribunal de Justiça de Minas Gerais - número 1.0000.16.025020-5/002 numeração 0250205 - em um julgamento de agravo de instrumento, o relator suscitou o IAC, com a proposição de uma questão de direito ser levada para um colegiado ampliado. A delimitação fático-jurídica, na visão do relator, tinha a repercussão social da questão relativa à suscitação, por tratar-se da regulação pelo Poder Público dos serviços prestados pelo aplicativo digital "Uber", porém sem a existência de tantas demandas que pudesse ensejar um IRDR.

Durante os debates, diante da análise sobre a admissibilidade do IAC, debateu-se sobre existência ou não de múltiplos processos, se era óbice para a instauração de tal instituto e, ainda, se a situação não era mais adequada ao IRDR, esse foi um fundamento dos votos divergentes.

No entanto, como é possível ver na transcrição do acórdão abaixo, o IAC foi acolhido para sua instauração e início de sua tramitação, com a decisão contendo a seguinte ementa:

> Tribunal de Justiça de Minas Gerais Número do 1.0000.16.025020-5/002 Numeração 0250205- Relator: Des.(a) Corrêa Junior Relator do Acordão: Des.(a) Corrêa Junior Data do Julgamento: 26/08/0016 Data da Publicação: 21/09/2016 EMENTA: INCIDENTE DE ASSUNÇÃO

24. Câmara, em live sobre precedentes judiciais, não somente cita essa possibilidade, mencionando o estudo apresentado nesse livro e em artigo do autor sobre o assunto, menciona que os institutos deveriam ser fundidos, o que deve ser enfrentado em ponto posterior, com o devido registro dessa menção.

DE COMPETÊNCIA - SERVIÇO DE TRANSPORTE PRIVADO - APLICATIVO UBER - FISCALIZAÇÃO E CONTROLE PELO PODER PÚBLICO MUNICIPAL - OBSTRUÇÃO LIMINAR - NOTÓRIA REPERCUSSÃO SOCIAL - RELEVÂNCIA DA QUESTÃO DE DIREITO - AUSÊNCIA DE MULTIPLICIDADE DE RECURSOS - ACOLHIMENTO - O novel Código de Processo Civil (Lei n. 13.105/2015) instituiu o Incidente de Assunção de Competência como mecanismo apto a permitir que o Tribunal resolva, por meio de colegiado mais amplo, questão de direito relevante, com grande repercussão social e que não seja objeto de repetição em múltiplos processos. - É notória a repercussão social da questão relativa à regulação pelo Poder Público dos serviços prestados pelo aplicativo digital "Uber", haja vista a visibilidade atribuída à "quaestio" pelos veículos de comunicação, seja em virtude da crescente adesão da população ao serviço, seja em razão dos graves episódios de confronto entre taxistas credenciados e os motoristas que atendem por mediação da ferramenta digital. - É relevante a questão de direito atinente à legitimidade do Município de Belo Horizonte para regular o transporte privado de passageiros, mormente em face da publicação da Lei Municipal n. 10.900, de 08 de janeiro de 2016, que estabelece as diretrizes para o credenciamento de motoristas e estabelece penalidades. - Também é relevante o debate jurídico versando sobre a viabilidade da concessão de decisões liminares que obstem o exercício da 1 Tribunal de Justiça de Minas Gerais fiscalização preconizada referida lei, regulamentada pela Portaria n. 054, de 31 de março de 2016, da BHTRANS. - A matéria relativa ao controle exercido pelo Município de Belo Horizonte sobre o serviço prestado por profissionais cadastrados no aplicativo "Uber" não se encontra replicada em múltiplos recursos, mormente em face do pequeno lapso temporal transcorrido desde a publicação da Lei Municipal. IAC - CV Nº 1.0000.16.025020-5/002 - A C Ó R D Ã O (SEGREDO DE JUSTIÇA) Vistos etc., acorda, em Turma, a 1ª Seção Cível do Tribunal de Justiça do Estado de Minas Gerais, na conformidade da ata dos julgamentos, em REJEITAR A QUESTÃO DE ORDEM E AS PRELIMINARES, POR MAIORIA. INSTAURAR O INCIDENTE DE ASSUNÇÃO DE COMPETÊNCIA, POR MAIORIA. DES. CORRÊA JUNIOR RELATOR.

A questão levantada sobre a fungibilidade não foi a central desse acórdão, tampouco o acolhimento do IAC, mas a passagem do voto do Des. Renato Dresch sobre a preliminar suscitada de possibilidade fungibilidade entre os institutos, quando enfrentou da seguinte maneira a matéria: "da conversão em diligências. Em razão da fungibilidade é possível converter o IAC como IRDR, contudo devem ser considerados requisitos no momento da provocação do incidente. Não vislumbro razões para neste momento converter o julgamento do processo em diligências. Voto de acordo como relator."

Desse modo, a dúvida continua ecoando: é possível tal fungibilidade? Apesar de ausência de previsibilidade legal para tanto, sem nenhum dispositivo a tratar do tema, essa conclusão é totalmente viável, com a defesa de que há essa possibilidade e a viabilidade de que um instituto, ao ser pleiteada sua instauração e posto ao crivo do colegiado competente, este, ao analisar a matéria, entender que não tem a percepção do cumprimento de tais requisitos inerentes ao pleito realizado, mas percebe o preenchimento dos requisitos do outro instituto, podendo, desse modo, proceder a fungibilidade.

E, ainda, essa possível fungibilidade seria de mão dupla, ou seja, tanto para transformar o IAC em um IRDR quanto vice-versa, o IRDR em IAC, dependendo sempre do não enquadramento de um deles e, conjuntamente, da presença dos requisitos nos outros. No entanto, sobre a afetação dos recursos excepcionais repetitivos, há, de igual maneira, a possibilidade de fungibilidade, contudo mais restrita quanto à sua suscitação, como vimos.

Nos próximos pontos, a análise será, especificadamente, sobre a fungibilidade entre o IAC e o IRDR e, posteriormente, com as devidas considerações sobre as aplicações subsidiárias ao IAC e recursos excepcionais repetitivos.

4.1.5.1. O ponto autorizante da fungibilidade: a possibilidade de suscitação oficiosa em ambos institutos - IAC e IRDR

Se falta previsibilidade expressa sobre a questão, a saída pela aceitação de tal situação jurídica - a fungibilidade entre o IAC e IRDR - está presente na possibilidade, em ambos institutos, da suscitação oficiosa: no IAC, pela dicção do art. 947 do CPC, há a disposição sobre o relator propor de ofício[25]; já no IRDR, o art. 977, II do CPC também discorre que o juiz ou o relator poderão suscitar oficiosamente.

Desse modo, quando o colegiado competente analisar a admissibilidade de qualquer dos institutos, pela própria possibilidade oficiosa de suscitação, ao perceber que tal pleito não preenche os requisitos específicos de determinado instituto, mas, ao mesmo tempo, preenche todos do outro instituto, pode aquele colegiado proceder pela fungibilidade, seja para um pleito oficioso para a

25. Freire e Schmitz entendem que na assunção de competência, o relator tem, além da legitimidade para tanto, o dever-poder de suscitação: "O relator, as partes, o Ministério Público e a Defensoria Pública possuem legitimidade para suscitá-lo. Exige-se que a questão seja de Direito. Não se admite, portanto, a provocação do incidente quando a matéria for eminentemente de fato. É dever-poder do relator desencadear o incidente sempre que presentes os requisitos delineados no caput do art. 947 do CPC." FREIRE, Alexandre; SCHMITZ, Leonardo. *Comentários ao código de Processo Civil, 11ª edição.*. Saraiva, 3/2016. [Minha Biblioteca]. Retirado de https://integrada.minhabiblioteca.com.br/#/books/9788502635609/.

instauração fungível, caso não seja competente para o julgamento do instituto, remetendo ao devido colegiado daquele novo instituto ou, se for competente para o julgamento de ambos, pode, desde logo, admitir a existência do outro instituto, ainda que não pleitado pelas partes, somente com o reconhecimento do colegiado sobre tal preenchimento de requisitos específicos.

Se em ambos os institutos, o juízo, oficiosamente, pode proceder a suscitação, sem maiores explicações expressas sobre o *modus operandi* de tais pleitos ou momentos para tanto, por consequência, não há óbice de que tal oficiosidade ocorra no momento da análise de um instituto e sua não configuração, optando pela suscitação ou, até, a instauração direta do outro instituto, mais condizente com aquela situação jurídica.

Se os relatores podem, oficiosamente, suscitar IAC, podem convertê-lo para IRDR, caso se perceba que não preenchem os requisitos de um e preenchem os do outro instituto e, em via de mão dupla, o mesmo de maneira inversa, com a suscitação do IRDR, a sua não admissibilidade por falta de requisitos e a conversão em IAC.

4.1.5.2. A necessidade de sistematização: as diferenças de suscitações

Com a viabilidade da fungibilidade entre o IAC e o IRDR, o próximo ponto de análise passa pela procedimentalidade de tal realização, com a necessidade de imaginar, corretamente, as suas possibilidades, com as reflexões corretas para sua sistematização, com a devida análise e desenvolvimento de como se deve proceder cada ator processual, desde o legitimado que realizou o pleito de um modo e será, posteriormente, transformado em outro; qual o órgão competente para analisar tais institutos e como seria esse momento de tal fungibilidade; os efeitos práticos e eficácia da decisão pela fungibilidade; dentre outras análises sobre tal viabilidade.

Desse modo, importante delinear a seguir toda a procedimentalidade, seja na fungibilidade de um pedido de IAC, transformando-o em IRDR, quanto ao inverso, quando houver um pedido de IRDR e a conversão em IAC.

4.1.5.2.1. A suscitação do IAC, a admissibilidade e a possibilidade de conversão em IRDR

Uma vez suscitado o IAC, este passará, a princípio[26], como vimos, por 2 (dois) momentos de admissibilidade: *(i) um preliminar, na própria turma; e, (ii) um definitivo, no colegiado competente para o julgamento do mérito do instituto.*

26. Comentário do autor: no STJ, como vimos anteriormente, não passará por essa dupla análise.

O objetivo da *primeira admissibilidade* é a verificação preliminar do preenchimento dos requisitos e, ainda, da análise desse colegiado sobre a modificação da competência, com a assunção para o colegiado maior. Já a *segunda admissibilidade* tem o intuito diverso, desde a convergência sobre a presença de todos os requisitos, bem como a aceitação, ou não, da competência para julgar aquela questão de direito e, ainda, o instituto principal – recurso, remessa ou ação de competência originária.

O colegiado maior deve, então, aceitar a assunção de competência, na literalidade da palavra.

Se no IAC a visão que se tem é de uma admissibilidade que funciona melhor quando delineada como bipartida, com a necessidade de uma análise preliminar pelo colegiado originário e uma posterior, por aquele competente para o julgamento meritório do próprio incidente, a fungibilidade poderá ser requerida, suscitada ou proposta em qualquer desses momentos de análise de admissibilidade? Não há problemas para tanto, pelo fato de que o colegiado originário, mesmo que menor, cumpre o requisito da suscitação oficiosa. Se o relator pode suscitar qualquer dos institutos, o colegiado, ainda que o menor, ao analisar a admissibilidade do IAC, vislumbre a possibilidade da fungibilidade, não há óbice em seu pleito e a conversão em IRDR.

No entanto, diante da bipartição da admissibilidade, cada qual terá uma procedimentalidade para a fungibilidade.

Importante analisar ambas as hipóteses.

4.1.5.2.1.1. A fungibilidade pela turma quando da análise da admissibilidade preliminar do IAC

Se qualquer dos legitimados suscitarem o IAC, aquele colegiado originário, competente para o julgamento do recurso, remessa necessária ou ação de competência originária, deverá suspender o julgamento principal, para possibilitar a análise perfunctória da admissibilidade do incidente[27]. Em caso positivo, suspende o julgamento daquela demanda e realiza a remessa ao colegiado maior para o julgamento do incidente e da demanda. Por outro lado, se o resultado for negativo, a normalidade seria o prosseguimento da questão principal e o julgamento do recurso, remessa necessária ou ação de competência originária.

---

27. "A proposta do relator deverá ser aprovada pelo colegiado (Câmara ou Turma), a quem caberá remeter a causa ao exame do órgão colegiado maior. Afetada a competência ao colegiado maior, é dele a competência para decidir se deve ou não assumir essa mesma competência. Assumindo-a, deve julgar a causa." NERY JR, Nelson; NERY, Rosa Maria de Andrade. *Código de Processo Civil Comentado.* 16ª. Ed. São Paulo. RT. 2016. p. 2.008.

No entanto, se, nesse momento, o colegiado, independentemente de quem suscitar, verificar que não estão presentes os requisitos do IAC, mas, ao mesmo tempo, perceber o preenchimento dos requisitos do IRDR, poderão, de igual maneira, suspender o julgamento daquela demanda principal, com a expedição de ofício para o órgão competente para a análise e julgamento do IRDR.

Desse modo, a fungibilidade ocorreu no órgão menor, competente para o julgamento da questão principal, originariamente, contudo, para o colegiado maior, aquele competente para a definição da questão jurídica e a formação do precedente judicial, somente houve, nessa hipótese, o protocolo do ofício sobre o IRDR, pelo fato de que a fungibilidade ocorreu antes de tal suscitação.

O colegiado deve analisar, portanto, os requisitos do IRDR e o seu devido processamento, como qualquer outro incidente instaurado e distribuído para esse colegiado. Não há a necessidade do colegiado que recebeu o ofício de suscitação de IRDR pelo colegiado menor - subscrito pelo seu relator - em analisar a fungibilidade, somente em analisar se os requisitos do IRDR estão presentes.

4.1.5.2.1.2. A fungibilidade pelo colegiado maior quando da análise da admissibilidade definitiva do IAC

Outra hipótese da fungibilidade pode ocorrer já no colegiado maior, quando for analisar, definitivamente, a admissibilidade do IAC. Se o órgão menor, competente para a questão principal, optou pela admissibilidade positiva do incidente, suspende o julgamento e remete para o colegiado maior[28], para o devido processamento.

A admissibilidade a ser realizada pelo colegiado maior, é sobre a existência ou não dos requisitos inerentes ao IAC, ou seja, aqueles do art. 947 do CPC: *questão de direito, com repercussão social, interesse público e não multiplicidade de demandas.* Se o colegiado admitir o incidente, afeta a matéria, assume a competência para o julgamento da matéria base do incidente e da questão principal e, realiza toda a procedimentalidade para o julgamento, ampliando o contraditório, com o intuito de exaurimento material, para

28. "Em vez de assim proceder, o relator poderá, ao examinar o recurso, a remessa necessária ou o processo de competência originária, pedir sua inclusão em pauta no órgão fracionário competente para o julgamento e, lá durante o julgamento, desde que antes de sua conclusão, o colegiado decidir pela transferência da competência para o órgão de maior composição, indicado pelo regimento interno para formação de precedente obrigatório." CUNHA, Leonardo Carneiro da; DIDIER JR., Fredie. *Curso de direito processual civil. Meios de impugnação às decisões judiciais e processo nos tribunais.* 13ª ed. Salvador: Juspodivm, 2016. p. 666.

culminar na formação de um precedente judicial e o julgamento do restante do processo, caso haja mais matéria a ser julgada.

De modo contrário, sem o preenchimento de algum requisito, o colegiado inadmite o incidente, com a devolução da questão para o órgão menor, competente para o julgamento principal. Todavia, nesse momento, há a possibilidade do colegiado não visualizar o enquadramento devido para o IAC, mas, ao mesmo tempo, vislumbrar a presença dos requisitos para o IRDR, suscitando tal incidente.

Essa possibilidade abrirá duas alternativas, dependendo do regimento interno de cada Tribunal para a delimitação do órgão competente para julgar os incidentes de formação de precedentes. Se o regimento interno dispuser que o mesmo colegiado é competente para ambos os institutos, no momento em que inadmite o IAC, pode, oficiosamente, suscitar e instaurar o IRDR, caso veja que estão presentes os requisitos para tanto, procedendo, posteriormente, somente a modificação da classe processual, mantendo a mesma numeração.

Ou seja, ao mesmo tempo que opta pela fungibilidade, por ser competente para ambos os institutos, já instaura o IRDR, procedendo a admissibilidade positiva e, concedendo a possibilidade do relator proferir, devidamente, a decisão de afetação, nos moldes do art. 982 do CPC e seguintes[29].

Nessa situação, a fungibilidade já proporcionou a admissibilidade positiva do IRDR. Ou seja, deixou de ser IAC e passou, no mesmo momento, a ser, positivamente, IRDR.

Em sentido diverso, se, naquele Tribunal, o regimento interno determinar a competência a órgãos diversos para o processamento e julgamentos dos incidentes – IAC e IRDR, a fungibilidade realizada pelo órgão maior competente para o julgamento do IAC será de modo parecido com o explicado no subcapítulo anterior, com a diferença que o julgamento será encerrado nesse colegiado atinente a julgar e processar o IAC, para remeter tal pleito ao colegiado competente ao julgamento do IRDR, com a necessidade de distribuição.

Para esse colegiado, uma vez distribuído esse ofício para a instauração do IRDR, tal pleito será para o julgamento da admissibilidade do próprio incidente, nem necessitando adentrar na questão da fungibilidade, pelo fato do incidente já chegar com o pleito de instauração como IRDR.

---

29. Sobre o tema da decisão de organização do processo, artigo detalhado: DIDIER JR., Fredie; TEMER, Sofia. A decisão de organização do incidente de resolução de demandas repetitivas: importância, conteúdo e o papel do regimento interno do tribunal. REVISTA DE PROCESSO. v. 258, p. 257-278, 2016.

No entanto, nessa possibilidade, por serem colegiados diversos – seja vindo do colegiado menor ou do colegiado para julgamento do IAC, aquele competente para receber o IRDR, realizar-se-á a análise de admissibilidade do incidente, com a possibilidade de negar a admissibilidade do incidente, se verificar ausência de algum requisito, negando tal suscitação. Ou seja, não há vinculatividade para a fungibilidade, caso os colegiados sejam diversos, com a necessidade daquele competente para o IRDR, proceder com a sua admissibilidade, ainda que negue tal instauração.

Evidentemente que o colegiado competente para o processamento do IRDR, se verificar presente os requisitos, podem admiti-lo, com a prolação, posterior, da decisão de afetação e o início de toda procedimentalidade de tal incidente.

A dúvida, nesse ponto, passa a ser outra: o órgão competente para julgar o IRDR, ao receber a suscitação, fruto da fungibilidade, ao não verificar presentes os requisitos desse incidente, pode converter na fungibilidade para o IAC? Depende. Se a remessa ocorreu do órgão competente para julgar o IAC, entendo que não seria possível, por esse colegiado já ter negado a admissibilidade do IAC, contudo se for oriundo do órgão fracionário, aquele competente para julgar a questão principal, não vejo óbice em tal fungibilidade, com a necessidade de remessa ao colegiado maior competente para o processamento e julgamento do IAC.

4.1.5.2.2. A suscitação do IRDR, a admissibilidade e a possibilidade de conversão em IAC

A procedimentalidade da suscitação do IRDR é mais simples do que no IAC, pelo fato de que há um pleito autônomo, fora de qualquer demanda, iniciando um novo procedimento, diretamente no colegiado competente para tal, sem nenhuma análise do colegiado daquela demanda, até pelo fato dessa suscitação ser, também, por um juízo de primeiro grau.

Desse modo, uma vez suscitada a instauração do IRDR, com a distribuição para o órgão competente e a definição do relator, deve-se proceder o julgamento de admissibilidade, com a verificação do preenchimento dos requisitos do art. 976 do CPC. Se os requisitos estiverem presentes, a admissibilidade será positiva e, o relator autorizado a realizar a decisão de afetação, conforme o art. 982 do CPC.

Em contrário, sem o vislumbre, pelo colegiado, de algum dos requisitos, o IRDR será arquivado, dada a sua existência autônoma, somente com a intimação das partes para tal e, ainda, a informação ao colegiado daquela demanda sobre tal resultado e a possibilidade de prosseguir com o andamento processual pertinente, julgando o processo base.

Esse será o momento oportuno para a fungibilidade, caso algum dos julgadores suscite tal aplicabilidade do princípio e a conversão para o IAC.

Se o colegiado entender sobre tal fungibilidade, deve-se proceder para tal viabilidade, contudo depende do regimento interno de cada Tribunal.

Se o órgão colegiado competente para o IRDR for, igualmente, competente para o IAC, a análise de fungibilidade, com a sua devida aceitação, é, ao mesmo tempo, a admissibilidade positiva desse incidente, com o prosseguimento, agora, de seu processamento, com a devida afetação, intimações para manifestações, tudo para exaurir a demanda, cognitivamente.

Por outro lado, se os órgãos forem diversos, a fungibilidade proposta por esse colegiado competente para o IRDR, somente será uma suscitação de IAC para o órgão competente para tal, com a necessidade de expedição de um ofício para tanto, com a devida distribuição e, quando for possível, a análise sobre a admissibilidade de tal incidente, com a análise sobre o cumprimento dos requisitos do art. 947 do CPC.

Se a admissibilidade for positiva, o IAC estará instaurado e, o processamento será realizado para o julgamento da questão de direito pertinente ao incidente e, se for o caso, das demais que contiverem no processo, inclusive daquela principal, perante o órgão maior que assumiu a competência.

De modo inverso, com a negativa de admissibilidade, o órgão informará o competente para o julgamento da questão principal – recurso, remessa necessária ou ação de competência originária – para o devido prosseguimento da demanda e seu julgamento.

Pela fungibilidade ser suscitada diretamente pelo órgão competente pelo julgamento do IRDR, caso o órgão competente para o IAC entenda de modo diverso, sem acatar tal fungibilidade, não pode esse colegiado entender pela fungibilidade inversa, com a suscitação do IRDR, pelo fato de que o colegiado remetente já negou tal incidente.

4.1.5.2.3. A fungibilidade, o IAC e os recursos excepcionais repetitivos

No STJ não é cabível, de maneira geral, o IRDR[30-31], pelo fato de que este seria possível somente para questões em trâmite nos Tribunais de segun-

30. Cunha e Didier Jr. salientam que é cabível o IRDR no STJ quando este atuar como um Tribunal de segundo grau, no caso de julgamento do recurso ordinário em demanda em que houver um Estado estrangeiro ou organismo internacional, como uma parte e do outro lado, uma pessoa residente no Brasil ou Município. Outro ponto seria um IRDR sobre demandas de competência originária direta dos Tribunais Superiores. "Não há nada que impeça a instauração de IRDR em tribunal superior. É bem verdade que, no STJ, há o recurso especial repetitivo e, no STF, há o recurso extraordinário repetitivo e o recurso extraordinário com repercussão geral reconhecida, mas é possível haver IRDR em causas originárias e em outros tipos de recursos no âmbito dos tribunais superiores." CUNHA, Leonardo Carneiro da; DIDIER JR., Fredie. *Curso de direito processual civil. Meios de impugnação às decisões judiciais e processo nos tribunais*. 13ª ed. Salvador: Juspodivm, 2016. p. 630.

31. Comentário do autor: ao menos não com o mesmo intuito que se almeje nos Tribunais de segundo grau, focando esse cabimento, se possível, no recurso ordinário ou ações de competência originária. No STF, a lógica seria a mesma.

do grau, ao menos na seara recursal, simplesmente pelo fato de que existe a sistemática dos recursos excepcionais repetitivos, não contendo motivos para ter duas técnicas parecidas de resolução de demandas repetitivas. O IRDR, nesse sentido, é justamente um instituto que possibilita os Tribunais de segundo grau a atuarem de maneira parecida ao rito dos recursos excepcionais repetitivos.

Mas, o IAC é cabível no âmbito dos Tribunais Superiores, de maneira ampla, tanto em recurso quanto em ação de competência originária, o que impõe uma amplitude maior do que as técnicas repetitivas, sendo possível em qualquer Tribunal.

Dito isso, a indagação permanece: se cabe fungibilidade entre IAC e IRDR, caberia entre o IAC e os recursos excepcionais repetitivos? A resposta é positiva, apesar do modo de suscitação ser um pouco diverso, com a limitação dos recursos excepcionais repetitivos serem somente atribuição do relator ou do colegiado, de maneira totalmente oficiosa e de maneira limitada ao próprio ofício judicante.

No entanto, o STJ alterou essa atribuição meramente ao relator, numa interpretação diferente do que está no art. 1.037 do CPC, atribuindo uma colegialidade para a decisão de afetação. Nisso, mesmo que seja atribuição do relator, diante dessa nova visão, somente há a suscitação da afetação, com a remessa ao colegiado competente para tanto e, quando chegar nesse órgão, no momento da admissibilidade da afetação e houver a votação pelo entendimento, ou não, se há necessidade do recurso excepcional tornar-se um recurso inserto ao rito repetitivo.

Caso o colegiado entenda que não há a presença dos requisitos para a afetação do recurso excepcional em rito repetitivo, justamente pela ausência de multiplicidade, a consequência será a não afetação daquele recurso, contudo se vislumbrarem ser uma questão de direito, com grande repercussão social e interesse público, já realizam, se for o caso, na própria Seção, a fungibilidade, aceitando aquela suscitação de recurso excepcional repetitivo como um pedido de IAC.

O caminho inverso também é totalmente possível, caso haja a proposição eletrônica de um IAC e, durante a análise pelo órgão responsável, vislumbre-se que há multiplicidade, com a impossibilidade de instauração do IAC, totalmente viável e pertinente que se realize a afetação em recurso excepcional repetitivo.

No STF, onde a afetação é atribuição de competência do relator, é possível a fungibilidade entre o IAC e os recursos extraordinários repetitivos? Somente na hipótese em que houver um pleito pela admissibilidade do IAC e, nessa análise, entenderem que não é possível a instauração do incidente, pela presença de evidente multiplicidade, com a possibilidade, então, de conversão em um recurso extraordinário repetitivo.

4.1.5.2.4. A possibilidade de a fungibilidade ser regulamentada via regimento interno ou lei estadual

A fungibilidade é um princípio processual[32], geralmente aceito na fase recursal[33], mediante a possibilidade de aceitar-se um recurso por outro, quando houver ausência de erro grosseiro e a existência de dúvida doutrinária ou jurisprudencial. Essa é a regra geral sobre a própria incidência da fungibilidade recursal, pelo fato de que os recursos são atos postulatórios com alto grau de preclusão.

No entanto, somente os recursos são passíveis de fungibilidade? Evidentemente que a resposta tende a ser negativa. Qualquer outro ato postulatório que puder ser aproveitado no processo, diante de uma primazia ao julgamento de mérito, pode ser fungível, se atender as diretrizes básicas daquele pleito que se pretende. Ou seja, a fungibilidade é um princípio processual macro, delineado na fase recursal, mas possível em outras fases, o que nos leva a entender, como exposto, a aplicabilidade entre a suscitação do IAC, IRDR e recursos excepcionais repetitivos.

Mas, há a necessidade de regulamentação de tal cabimento? E, se a resposta for positiva, esta pode ser via regimento interno ou legislação estadual? Essa indagação é pertinente, pela própria matéria.

Para ser possível de regulamentação regimental, a disposição deve limitar-se a dispor sobre a organização dos órgãos dos Tribunais, mediante as suas competências e atribuições. Talvez, seria possível um regimento interno prever que é poder do relator ou do colegiado proceder sobre a fungibilidade, mas seria, de um modo transverso e consequencial, uma legislação sobre processo.

De igual maneira, há a possibilidade, via lei estadual, de regulamentar todo o procedimento sobre a fungibilidade, tal qual foi proposto no desenvolvimento anterior, pelo fato dessa competência legislativa poder alcançar essa procedimentalidade, contudo não poderia haver a determinação autorizante da fungibilidade, mas, ao entender que esse princípio é inerente ao processo

---

32. Enunciado no. 104 do FPPC. (art. 1.024, § 3º) O princípio da fungibilidade recursal é compatível com o CPC e alcança todos os recursos, sendo aplicável de ofício.

33. "É aquele pelo qual se permite a conversão de um recurso em outro, no caso de equívoco da parte, desde que não houvesse erro grosseiro ou não tenha precluído prazo para a interposição. Trata-se de aplicação específica do princípio da instrumentalidade das formas". CUNHA, Leonardo Carneiro da; DIDIER JR., Fredie. *Curso de direito processual civil. Meios de impugnação às decisões judiciais e processo nos tribunais*. 13ª ed. Salvador: Juspodivm, 2016. p. 108.

como um todo, legislar sobre o seu procedimento de aceitação e conversão de fungibilidade, não seria atentar contra a legislação federal, mas somente compatibilizar o procedimento ao princípio e sua incidência, no caso, entre os institutos formadores de precedentes judiciais vinculantes.

4.2. DA DECISÃO DE AFETAÇÃO

Para a transformação de um recurso excepcional em um recurso repetitivo, por exemplo, há um momento processual primordial para o início procedimental diverso, que resolve por diferenciar o rito daquela demanda ou recurso para atribuir-lhe um trâmite diverso, com o intuito de transformar o julgamento daquele processo - ou mais de um se for o caso - num julgamento que servirá de paradigma para os casos idênticos existentes ou futuros. No IRDR também tem igual momento e decisão, assim como nos recursos excepcionais repetitivos.

Esse momento primordial é *a decisão de afetação*[34].

O momento decisório que, geralmente, o relator define quais os processos/recursos e, principalmente, o objeto material que será afetado por um rito diferente, com um contraditório ampliado, na busca do exaurimento material sobre aquela matéria, no anseio de definir-se a matéria como ponto influenciante material para outras demandas de igual matéria.

A importância da decisão de afetação é tamanha que sem afetação não há formação do precedente judicial vinculante repetitivo, pelo fato desse momento representar a delimitação de qual a matéria que será julgada, o limite dentro daquele processo que servirá futuramente como paradigma para os processos idênticos. Obviamente que no IAC, de igual maneira aos meios repetitivos, deve conter uma decisão de afetação.

Na decisão de afetação, há, pelo juízo, a delimitação fática material do que será sujeito à controvérsia, com a ampliação do contraditório para exaurir-se as discussões e possibilidades jurídicas interpretativas sobre a questão. Quanto melhor e mais clara for a decisão de afetação, de igual modo, melhor será a decisão que sairá daquele julgamento diferenciado.

Muitas vezes, o processo ou os processos escolhidos como representativos da controvérsia têm uma multiplicidade material específica, contudo

34. A conceituação por Nery Jr. e Nery é da decisão de afetação sobre os recursos excepcionais repetitivos, contudo, vemos como ampliativa a todos os outros mecanismos do microssistema: 'Decisão de afetação. É aquela por meio da qual o STJ ou STF reconhecem a existência de multiplicidade de recursos com idêntico fundamento de direito. Por meio da decisão de afetação, fica delimitada a questão que permeia todos os recursos extraordinários ou especiais tidos como repetitivos.' NERY JR, Nelson; NERY, Rosa Maria de Andrade. *Código de processo civil comentado.* 16ª. Ed. São Paulo: RT. 2016. p. 2.382.

não serão, necessariamente, todas as matérias que serão objeto do julgamento que formará o precedente judicial, sendo a decisão de afetação o momento em que há a delimitação de qual ou quais daquelas matérias que terá o rito diferenciado.

Sem uma decisão que delimite a matéria, não há como saber qual é o precedente judicial posterior que vinculará os processos futuros idênticos a este. Consequentemente, a decisão de afetação tem caráter importante para a própria formação do precedente judicial oriundo daquele rito procedimental[35].

Diante desse ponto, a decisão de afetação tem total interligação com os limites do futuro precedente judicial a ser criado pelo rito repetitivo – onde é bem delimitado, motivo pelo qual a importância tamanha na atenção a ser dada pela doutrina e pelo judiciário a este momento processual, pelo seu entrelaçamento material com a formação do próprio precedente judicial. A decisão de afetação é a consequência da percepção de que aquela matéria deve ser decidida para a formação de um precedente judicial, seja no caso dos repetitivos, seja na instauração de um IAC, depois da admissibilidade positiva.

A decisão de afetação é o embrião dos limites da *ratio decidendi* futura[36] do precedente judicial.

4.2.1. Há uma decisão de afetação no IAC?

No IAC é difícil se imaginar uma decisão de afetação propriamente dita, nos mesmos moldes dos outros institutos formadores de precedentes judiciais,

35. A decisão de afetação é a base para a criação do precedente repetitivo ou, ampliativamente, em qualquer outro instituto. No entanto, foi revogado o dispositivo que determinava a congruência entre a decisão de afetação e a decisão que culminará do procedimento, podendo, então, vir com mais matérias ou com menos matérias. O complicado, como dispõe Nery Jr. e Nery, é a vinculatividade dessa decisão e o procedimento, que todos já têm ciência de seu conteúdo pela decisão de afetação, mas com a possibilidade de ampliar, pode surgir surpresas materiais na decisão, o que pode gerar complicações na prática:"Estrita correspondência. Na redação original do CPC, a decisão de afetação era o norte para a disseminação do impacto da decisão tomada a respeito dos recursos repetitivos, uma vez que nela fica delimitada a questão que será levada a julgamento. Não se poderia incluir no julgamento questão não incluída na decisão de afetação, portanto. Porém, isso se justificava não apenas pela letra da lei, mas pelo fato de que todos os atos que precederam o julgamento visaram à solução de uma questão específica, que é justamente aquela que permeia os recursos tido como vinculados." NERY JR, Nelson; NERY, Rosa Maria de Andrade. *Código de processo civil comentado.* 16ª. Ed. São Paulo: RT. 2016. p. 2.382.

36. A *ratio decidendi* é o que extraímos da decisão para fundamentar a próxima, o precedente propriamente dito. Nesta sistemática em que se tem uma afetação material para criar um precedente, a importância desta é enorme, com a delimitação fática do que se julgará para que se possa debater-se sobre a matéria devidamente: "Melhor explicando: para Goodhart é necessário determinar todos os fatos do caso *como vistos* pelo juiz e, após, identificar quais destes fatos o juiz admitiu como materiais ou fundamentais para decidir. Mas, para a *ratio*, além dos fatos que o juiz considerou materiais, também é importante a decisão que neles se fundou." MARINONI, Luiz Guilherme. *Uma nova realidade diante do projeto de CPC: a ratio decidendi ou os fundamentos determinantes da decisão.* www.marinoni.adv.br/files_/ARTIGO%20-%20RT%202012.docx.

pelo fato de que um dos requisitos desse incidente passa pela ausência de multiplicidade de demandas sobre aquela questão de direito.

O principal motivo de suscitação do IAC está na presença, como vimos, da repercussão social, contida no texto do art. 947 do CPC, contudo, o fato de não ser repetitivo não implica que o IAC deixe de ser um instituto inserto ao microssistema de formação de precedentes judiciais vinculantes e, mesmo com o fato de que não há ali uma multiplicidade imensa, de igual maneira, há uma vinculação de todos os juízes e órgãos fracionários, no mínimo até que haja uma revisão de tese, àquele julgamento proferido nesse incidente.

Por outro lado, com a admissibilidade positiva, o incidente é instaurado para a instrução processual perante o colegiado maior[37], o cerne da própria "assunção de competência", o qual, entende-se como pertinente admitir que nesse momento decisório, com o resultado positivo de admissibilidade, realizado em votação colegiada, ocorra, consequencialmente, uma decisão de afetação[38], com a necessidade da delimitação correta da questão de direito ali existente e a estipulação dos parâmetros iniciais procedimentais sobre os quais o IAC será tramitado, principalmente as intimações pertinentes para a participação do contraditório ampliado.

Esse ponto é bem pertinente até para deixar claro que não se pode admitir o IAC e já julgar o mérito. Ou seja, é necessária uma notória bipartição entre o juízo de admissibilidade do incidente e o posterior julgamento do mesmo e do restante do processo como um todo. O colegiado que assumirá a competência deve decidir, notadamente e isoladamente, sobre a assunção da competência e, em momento posterior, sobre o mérito do incidente e o restante do processo.

A decisão de afetação, de um modo geral, é a delimitação material do direito a ser definido para a formação do precedente judicial vinculante e, assim, há um momento específico para tal no IAC, ainda que não haja especificação legal para tanto, diferentemente do IRDR e dos recursos excepcionais repetitivos.

---

37. Medina bem delineia, sinteticamente, o procedimento de transferência de competência: "Verificadas as condições referidas no caput do art. 947 do CPC/2015 e admitido o incidente, outro órgão colegiado do tribunal, de maior amplitude, assumirá o julgamento (daí se falar em assunção de competência). O julgamento proferido nesse contexto, de acordo com o § 3.º do art. 947, "vinculará todos os juízes e órgãos fracionários, exceto se houver revisão de tese", cabendo reclamação contra a decisão que o desrespeitar (cf. inc. IV do art. 988 do CPC/2015)." MEDINA, José Miguel Garcia. *Novo código de processo civil comentado.* 2ª Edição. RT: São Paulo. 2015. p. 842.

38. Também entende que no IAC tem uma decisão de afetação: CORTÊS, Osmar Mendes Paixão. Comentário ao art. 947. In: *Breves comentários ao código de processo civil.* CoordS: Teresa Arruda Alvim, Fredie Didier Jr, Eduardo Talamini e Bruno Dantas. São Paulo: Ed. RT, 2015. p. 2.111.

Tomando como base a regulamentação existente no RISTJ, o art. 271-C[39] determina que o presidente ou o relator deve identificar, na decisão positiva de admissibilidade, com precisão a questão a ser submetida a julgamento; outro ponto que corrobora a visão de uma decisão de afetação no início do IAC é o art. 257 do mesmo RISTJ[40], com a inserção da decisão de afetação ao IAC, igualando-o ao que ocorre no rito repetitivo.

Diante dessa argumentação, parece não nos restar dúvidas sobre uma decisão de afetação inerente ao procedimento do IAC, com a necessidade de inserção desta quando for realizada qualquer regulamentação inerente ao instituto, seja via regimento interno dos Tribunais ou, ainda, via lei estadual, com a criação de critérios e procedimentos pertinentes à sua prolação, com o alcance possível.

O importante é que haja uma decisão que diferencie o que é matéria do IAC e o que é matéria do restante do processo e, consequentemente, apesar de ser julgado pelo mesmo colegiado, não formará o precedente judicial vinculante. Apesar de difícil de imaginar uma delimitação clara no art. 947 do CPC, o procedimento do IAC deve primar por essa decisão de afetação de maneira clara e, ainda, caso o regimento interno do Tribunal não contenha essa previsão, o do STJ deve ser usado como base normativa para tanto, ao menos comparativamente.

4.2.1.1. A delimitação material da decisão de afetação do IAC

Ponto importante a salientar é a necessidade de que esse colegiado maior que assumiu a competência do recurso, ou qualquer outra causa que possibilite o IAC, deve definir de maneira clara *os limites da questão de direito que ensejou o incidente*, com a necessidade de que o juízo individualize a resolução da questão formada como precedente judicial, nos dizeres de Marinoni e Mitidiero, até pelo motivo de que somente essa parte contém a vinculação e a formação de precedente judicial, o que enseja um destaque no julgamento, até pela cooperação do colegiado para a utilização posterior daquela decisão incidental como precedente[41].

---

39. **RISTJ** – Art. 271-C. Na decisão que determinou a assunção de competência, o relator ou o Presidente identificará com precisão a questão a ser submetida a julgamento.

40. **RISTJ** – STJ. Art. 257. É obrigatório ao relator o uso da ferramenta eletrônica de afetação do recurso especial à sistemática dos repetitivos e de admissão do incidente de assunção de competência, nos termos desse capítulo.

41. A questão incidental forma precedente vinculante, a questão de fundo, na assunção de competência, não. Esse ponto enseja uma modificação na colheita de votos no colegiado, com a necessidade de que tenha votação apartada sobre este ponto. "deve discutir e decidir, de forma individualizada, a questão de direito. (...) A assunção de competência requer não só a discussão individualizada da questão de direito que a justifica, mas a sua decisão, que só pode ser particularizada. Ou seja, todos os membros do colegiado devem votar não apenas para dar ou negar provimento ao recurso, mas

Se é necessária a diferenciação da questão que é afetada ao IAC e que se tornou vinculante pelo julgamento dentro de um instituto que assim determina, é natural que se deva separar as questões vinculantes e não vinculantes de maneira antecipada. Ou seja, esse é o ponto crucial da própria existência de uma decisão de afetação: *delimitar a questão de direito a ser submetida à análise como objeto do IAC.*

Como vimos, uma vez instaurado o incidente, o procedimento é alterado, a competência é transferida para um colegiado maior e, consequentemente, inaugurar um rito diferente, ampliado, em busca da formação de um precedente judicial vinculante. Dada todas essas diferenças inerentes à admissibilidade positiva do IAC, a determinação específica da matéria a ser julgada, a ser tida como necessária de formar um precedente judicial, seja para prevenir ou compor divergência, é de suma importância, justamente para delinear os moldes do que se debaterá e decidirá como um precedente judicial vinculante.

Sem essa delimitação material, a própria discussão inserta ao IAC se torna desorganizada, sem a definição do que será julgado como precedente judicial a ser formado e do que seria julgado como mero reflexo e consequência da demanda. A delimitação material é condição que se impõe logo no início da instauração do IAC, delimitando o que deve ser o motivo do debate ampliado e pormenorizado a ser realizado durante toda a procedimentalidade e o que deve ser decidido pelo colegiado maior sem a função de formar um precedente judicial.

Diante dessa visão, pertinente imaginar que há uma decisão de afetação também no IAC, pela necessidade de ampliação do contraditório, com a possibilidade de manifestação ampla, como nos demais procedimentos, bem como, em hipótese excepcional, suspender os demais processos idênticos, delimitando a parte vinculante do que se julgará, uma autêntica decisão de afetação.

4.2.1.2. É cabível a suspensão de processos no IAC, via decisão de afetação?

Numa decisão de afetação, ao menos no IRDR e nos recursos excepcionais repetitivos, uma vez definida a matéria objeto do futuro julgamento, há a suspensão dos processos com identidade material. A dúvida, nessa decisão

também para decidir a questão de direito envolvida no recurso. Significa que a questão de direito relevante pode ser decidida em favor do recorrido e o recurso ser provido, em virtude de outros fundamentos que podem ser acolhidos pelos membros do colegiado." MARINONI, Luiz Guilherme; MITIDIERO, Daniel. *Comentários ao novo código de processo civil: artigos 926 a 975.* Coord.: MARINONI, Luiz Guilherme; ARENHART, Sérgio Cruz; MITIDIERO, Daniel. 1ª, Ed, RT: São Paulo: 2016. p. 250.

de afetação do IAC, passa justamente sobre esse ponto, sobre a *possibilidade da suspensão dos processos de identidade material.*

O IAC foi pensado como uma forma de prevenir[42] ou compor divergência de matéria com repercussão social, contudo sem multiplicidade, o que, por si só, já rejeitaria a necessidade de suspensão dos processos. Todavia, importante imaginar que essa ausência de multiplicidade não condiz como inexistência de diversos processos[43], somente que não há uma quantidade exacerbada de demandas sobre aquela matéria, quase que impossível imaginar a ausência de multiplicidade com a necessidade de somente um processo. Seria, no mínimo, incongruente esse modo de pensar.

Se o IAC não significa um único processo, mas uma prevenção ou composição de divergência em matéria que pode estar em diversos processos, somente que não se multiplica enfaticamente, a suspensão não é algo que seja equivocada como consequência da instauração do incidente. Madruga,

---

42. O IAC tem função preventiva? Evidentemente, Medina alcança essa visão, o que concordamos, mas, também tem a visão de composição de divergência, o que já se espreita na possibilidade de existir o instituto com alguns processos, ainda que não seja uma clara multiplicidade: "A assunção de competência, por sua vez, é admitida quando, a despeito de ter grande relevância social, a questão de direito não se repetir em múltiplos processos (cf. art. 947, caput, in fine, do CPC/2015). Compreende-se, assim, que, sob esse prisma, a assunção de competência tenha também função preventiva (cf. § 4.º do art. 947 do CPC/2015), algo que não deve ocorrer em relação a casos repetitivos (já que, nessa hipótese, deve ter havido a repetição de casos)." MEDINA, José Miguel Garcia. *Novo código de processo civil comentado.* 2ª Edição. RT: São Paulo. 2015. p. 842.

43. E, como saber a diferença para a aplicação do IRDR para o IAC? Quantos processos são necessários para um ou para outro? A quantidade não foi definida por lei, nem poderia ser pela diversidade dos tribunais, o que para um estado pode ser muito para o outro, não. Por isso, depende do subjetivismo. Diante desta situação, Theodoro Jr. entende que o tribunal, sempre que possível, mesmo com processos existentes, deve priorizar o IAC, não o IRDR. Cunha e Didier Jr. colocam, em seu exemplo, o IAC para pouquíssimos processos, dando exemplo de 5 ou 10, o que acho pouco. Acho a visão do Theodoro Jr. mais acertada e, com isso, o estudo o IAC está sendo totalmente desconsiderado em detrimento do IRDR: "Para preservar a economia processual e assegurar a duração razoável do processo, sempre que a divergência interpretativa se resumir ao âmbito interno do tribunal e não houver necessidade de suspensão de numerosos processos em andamento for a do tribunal, a preferência deve, naturalmente, inclinar-se para o incidente de assunção de competência, que tem condições, de uma só vez, não só de resolver a questão pertinente à tese de direito controvertida, como de solucionar os próprios processos em curso no tribunal." THEODORO JR., Humberto. Regime das demandas repetitivas no novo código de processo civil. *Coleção Novo CPC - Doutrina Selecionada - v.6 - Processo nos Tribunais e Meios de Impugnação às Decisões Judiciais.* Organizadores: DIDIER JR., Fredie; FREIRE, Alexandre; MACEDO, Lucas Buril de; PEIXOTO, Ravi. 2ª. Ed. Salvador: Juspodivm, 2016. p. 445. Há casos em que pode surgir a dúvida sobre o cabimento do IRDR ou do incidente de assunção de competência. Imagine-se, por exemplo, que haja cinco ou dez processos que versem sobre a mesma questão de direito, tendo todos sido julgados no mesmo sentido. Há ai casos repetitivos, mas não há a existência de "múltiplos processos". Por terem sido todos julgados no mesmo sentido, também não há risco de ofensa à isonomia, nem à segurança jurídica, mas a questão pode ser relevante, de grande repercussão social. Nesse caso, não caberá o incidente de resolução de demandas repetitivas (por não haver risco à isonomia, nem à segurança jurídica), mas é possível que se instaure a assunção de competência, por ser conveniente prevenir qualquer possível divergência futura (art. 947, § 40, CPC)." CUNHA, Leonardo Carneiro da; DIDIER JR., Fredie. *Curso de direito processual civil. Meios de impugnação às decisões judiciais e processo nos tribunais.* 13ª ed. Salvador: Juspodivm, 2016. p. 630.

Mouzalas e Terceiro Neto concordam com a possibilidade de suspensão, já "*julgado o incidente, será vinculante o precedente, inclusive para os processos que ficaram sobrestados e também para os futuros, que venham a ser formados*[44]."

Talvez haja uma complicação para a aceitação de que não caberia a suspensão dos processos idênticos pela falta de previsão legal para tal desiderato, porém há a possibilidade da regulamentação desse ponto via lei estadual, com a possibilidade, dada a procedimentalidade em questão, da suspensão dos processos de idêntica material. Esse tocante à suspensão processual é matéria procedimental inerente ao IAC, passível, então, de regulamentação em lei local e, se for o caso, até em regimento interno de Tribunal.

Essa seria uma solução para essa crítica sobre a inviabilidade da suspensão por falta de previsão legal, porém entendo que ainda sem essa existência legal, pelo fato do IAC ser um instituto formador de precedente judicial, com impacto naquela demanda e em outras, para agora e para o futuro, não há restrição de utilizar mecanismos dos ritos repetitivos, ainda que não haja uma multiplicidade. Por exemplo, na definição de uma questão de direito processual, sobre o cabimento ou não de uma hipótese de agravo de instrumento, com a decisão positiva de admissibilidade em suscitação de IAC, se existirem outros agravos que dependem de tal definição, há a possibilidade de julgá-los antes do IAC ser definido? A resposta tende a ser negativa, simplesmente pelo fato de que seria incoerente ter uma matéria afetada para ser julgada em instituto que conferirá um efeito vinculante e o próprio sistema continue a julgar do mesmo modo, sem a possibilidade de suspensão do processo.

A visão pela autorização da suspensão passa pela coerência do próprio sistema de precedentes judiciais vinculantes. Como falar dos atributos do art. 926 do CPC se há a possibilidade de os processos serem julgados com matéria idêntica sem a suspensão, com a possibilidade de criar ou continuar a ter divergência, ainda que exista um IAC? Esse ponto que deve ser evitado, com a ampla possibilidade de suspensão dos processos com matérias idênticas.

No entanto, pelo fato de que não há previsão legal, ao menos até uma legislação estadual a regulamentar, se for o caso, a suspensão deve ser utilizada com parcimônia e total zelo pelos processos, sem uma imaginação de que seria uma consequência automática da própria admissibilidade positiva do IAC e sua decisão de afetação. Não deve ser vista, a suspensão, como algo natural do incidente, mas como uma possibilidade existente e aberta para o caso em concreto.

---

44. MADRUGA, Eduardo; MOUZALAS, Rinaldo; TERCEIRO NETO, João Otávio. *Processo Civil Volume Único.* 8ª. ed. revisada, ampliada e atualizada. Salvador: Juspodivm, 2016. p. 935.

E, ainda, ultrapassada a visão de que a suspensão é cabível em todos os institutos do microssistema de formação de precedentes judiciais vinculantes, evidentemente que esse ato deve ater-se à territorialidade e alcance de cada instituto.

No IAC, dependerá muito do Tribunal em que o instituto foi suscitado, se for em Tribunal de segundo grau, evidentemente que somente haveria a suspensão com aquela limitação territorial. Se for no STJ, há a possibilidade desse sobrestamento ser em âmbito nacional, o que também deve ser do mesmo modo no STF, apesar de já constar a repercussão geral que faria o mesmo, mas o alcance seria muito maior pela própria vinculação a ser realizada em processos existentes e futuros.

4.2.1.3. É cabível a comunicação aos juízes em graus anteriores ou outros colegiados menores?

Nos recursos excepcionais repetitivos, o relator, se houver necessidade, quando prolatar a decisão de afetação pode requisitar informações a todos os Tribunais inferiores - Estaduais ou Regionais - para prestarem esclarecimentos e posicionamento sobre a matéria, com a finalidade de ampliar os fundamentos da controvérsia.

O intuito é esgotar todas as possibilidades de manifestação e de fundamentos para uma decisão completa sobre a demanda. Essa é uma faculdade do relator, não uma imposição. O relator pode requisitar de todos os Tribunais ou somente de alguns, escolhendo aqueles em que a controvérsia é mais afetada ou judicialmente tem mais processos ou decisões sobre o tema, trazendo, naturalmente, maior expertise material daquele Tribunal.

No IAC, é possível, na decisão de afetação, realizar o mesmo? Não vejo óbice nenhuma para tal prática, até pelo intuito ser a colheita ampla de informações daqueles órgãos judicantes que já detêm maior conhecimento da matéria, com uma rotina de julgamentos dessa determinada matéria, podendo, também, oficiar-se todos os Tribunais para manifestação.

Desse modo, no IAC, o colegiado competente para o seu devido julgamento, pode oficiar os colegiados fracionários menores do próprio Tribunal, pelo fato de que não serão todos os Desembargadores ou Ministros que farão parte do julgamento no colegiado maior, podendo, assim, todos influenciarem o julgamento, com as suas devidas informações.

Se for o caso, também, com menor incidência, requerer informações de juízos de primeiro grau, caso o IAC seja instaurado em um Tribunal de segunda instância.

Já no âmbito dos Tribunais Superiores, há a possibilidade de oficiar os órgãos fracionários, principalmente quando o IAC for julgado pelo órgão especial, quando terão muitos Ministros que não participarão do julgamento. Além desses órgãos internos, pode-se oficiar os Tribunais de segundo grau, nos mesmos moldes dos recursos excepcionais repetitivos.

4.2.1.4. A escolha do recurso ou processo representativo da controvérsia

A escolha do recurso representativo da controvérsia é algo que causa uma complicação e necessidade de cuidado em qualquer instituto que seja utilizado para fixar parâmetros para os demais processos, justamente para que se almeje uma amplitude material completa, com um ou mais processos que possam representar todas as problemáticas e dúvidas que aquela questão mereça e possibilite o exaurimento material.

Dessa maneira, há a necessidade de que o recurso – ou os recursos – representativo da controvérsia, ou remessa necessário/competência originária, seja capaz de trazer em seu arcabouço jurídico, uma densidade material e argumentativa acima da média, já que, ao ser escolhido para representar a controvérsia, representará todo a matéria ali instaurada, como salienta Marinoni, em casos pendentes no próprio Tribunal[45].

Mas, como escolher esses processos? No IAC, por um lado, não há o que se fazer sobre essa escolha, seja pelo fato de que as partes – ou o Ministério Público e a Defensoria Pública – podem suscitar, o que ensejaria uma necessária resposta ao requerimento, sem ter uma real escolha do relator ou colegiado sobre qual seria o processo representativo da controvérsia. Nessa situação, o colegiado acaba por não proceder uma escolha, mas somente fazê-lo como resposta ao requerimento formulado, ainda que não seja da melhor qualidade processual material o processo a ser escolhido.

Por outro lado, há a possibilidade do juízo suscitar, oficiosamente.

O relator, ou até o colegiado, conjuntamente, pode suscitar o melhor recurso ou processo sobre aquela controvérsia, almejando o melhor debate sobre a matéria, a maior abrangência cognitiva sobre a demanda e os aspectos

---

45. Marinoni prevê que o tribunal que for realizar a seleção dos representativos da controvérsia, seja no Recurso Especial, sobre o qual escreve, mas todos os outros que irão escolher, para afetar ou depois da afetação, como no IRDR, devem preocupar-se não somente com a controvérsia, mas como o impacto nos casos pendentes, afinal, a amostragem pertinente à formação do precedente é importante para visualizarmos de que o julgamento como um todo é diferente do rito norma do julgamento de um recurso. Utiliza-se essa visão para o IAC? "Contudo, em caso de recurso repetitivo, em que se elabora precedente considerando-se casos pendentes, a necessidade de a Corte buscar a essência da discussão a partir da seleção de casos realmente representativos da controvérsia pode ter outra conotação. Aqui não importaria apenas a circunstância de que a Corte não está decidindo para as partes, porém o fato de que a Corte está a decidir um caso pendente em vários recursos" MARINONI, Luiz Guilherme. O "problema" do incidente de resolução de demandas repetitivas e dos recursos extraordinário e especial repetitivos. *Revista de Processo*. vol. 249. ano 40. p. 399-419. São Paulo: Ed. RT, nov. 2015. p. 415.

fático-jurídicos ali descritos. Quanto melhor o processo, certamente, também da mesma qualidade será a análise e a formação do precedente judicial vinculante.

A Recomendação nº. 76/CNJ[46] versa sobre critérios básicos para a escolha do representativo da controvérsia nos processos repetitivos e, de certa maneira, também será cabível, ainda que não dito no texto, ao IAC. Os critérios seriam que o processo, se escolhido, deve ser aquele que a discussão argumentativa seja exaustiva, com abrangência, diversidades e profundidade, dentre outros pontos que complementam estes.

Uma indagação surge de maneira adequada e consequente sobre a possível escolha, principalmente na suscitação oficiosa: *pode o relator reunir processos idênticos para julgá-lo de maneira conjunta no IAC, formando representativos da controvérsia?* A resposta é complexa, uma vez que no incidente o cerne é a transferência da competência daquele processo – recurso, remessa necessária ou competência originária – para um órgão colegiado de composição maior, com o julgamento daquela questão controvertida juntamente à definição material daquele processo, sendo este realizado de maneira una, analisando no mesmo ato decisório, a questão suscitada para admissibilidade do incidente e, logo após a definição dessa matéria, o julgamento do recurso ou outra espécie processual possível do incidente.

Mesmo numa hipótese em que suscitado um IAC, com a posterior admissibilidade e transferência da competência para o colegiado devido, se houver outro pedido de IAC sobre a mesma questão jurídica ou um outro processo apto a ser trazido para representativo da controvérsia, há essa possibilidade? Entendo que o correto seria a suspensão desse outro processo, com o posterior impacto e aplicabilidade da decisão definitiva do IAC primário.

Ou, ainda, se o rito procedimental comportar e a abrangência do outro recurso for maior, julgá-los conjuntamente, como uma reunião de representativos da controvérsia, apesar da dificuldade de tal hipótese.

4.3. CONSEQUÊNCIAS PROCEDIMENTAIS DA ADMISSIBILIDADE POSITIVA DO IAC E DA DECISÃO DE AFETAÇÃO

Com a admissibilidade positiva e a decisão de afetação prolatada no IAC, a demanda principal – recurso, remessa ou competência originária –

46. Recomendação no. 76/CNJ. Art. 8º Recomendar que os incidentes de resolução de demandas repetitivas e os recursos repetitivos sejam, respectivamente, suscitados, selecionados ou instruídos, a critério do órgão judicial, quando possível, preferencialmente, a partir de processos coletivos, se esses, de fato, fornecerem, nas suas peças, arrazoados e eventuais decisões, elementos que sejam considerados os melhores em termos de representatividade da controvérsia, tendo em vista, em especial, a abrangência, o debate, a diversidade e a profundidade de fundamentos, argumentos e teses apresentados e relacionados com a questão de direito comum a ser decidida.

sofrerá consequências procedimentais, com alteração no seu andamento, no que outrora seria um caminho normal e natural, para uma nova formatação.

Diante disso, analisaremos justamente essas alterações procedimentais, dado o novo caminho que implica na própria aceitação do IAC.

4.3.1. Alteração da competência para o julgamento da questão de direito incidente e do recurso

No IAC, quando há admissibilidade positiva pelo órgão competente, não há o julgamento somente da questão incidente, mas, também, o julgamento do recurso/remessa necessária/competência originária por esse órgão maior, com uma composição capaz de pacificar as posições daquele Tribunal.

Definida a delimitação da questão de direito que ensejou a assunção da competência, com o deslocamento para o colegiado maior, não é somente essa questão que tem o enfrentamento realizado por esse órgão. A questão principal, mesmo com pontos materiais diversos do incidente, é julgada, em momento processual posterior ao julgamento e a estabilização da questão de direito incidente e relevante, mesmo que seja na mesma sessão de julgamento.

A assunção da competência é sobre a questão de direito relevante e do processo como um todo. O novo órgão – colegiado maior – assume toda a competência sobre aquele processo. O incidente de assunção de competência é uma técnica de causa-piloto e com uma lógica até mais interligada à formação de precedentes de maneira mais normal do que os repetitivos que pensam sobre a gestão de estoque.

Diante disso, essa é a ordem que deve ser seguida. Debruça-se sobre a questão de direito afetada ao incidente e, posteriormente, sobre o restante da demanda. Pode acontecer de a questão afetada para o IAC seja realmente a totalidade da demanda, aquela ação que somente detém uma questão de mérito e, esta, é a relevante para o incidente, logo confundir-se-á o julgamento do IAC com a totalidade do julgamento do processo.

Não há uma cisão de julgamento, somente uma necessidade de, preliminarmente, julgar a questão de direito relevante, aquela que ensejou a própria existência do incidente, quando ela não for a mesma do processo como um todo. Se o incidente for sobre um pedido da demanda em uma ação que detém cumulação de pedidos, há de se julgar este pedido de maneira prioritária e depois os demais, justamente para entender que haja uma fixação primeiro do precedente judicial vinculante e, posteriormente, os demais pedidos, até em caso de impactar os demais.

No acórdão que o órgão colegiado competente para o incidente decidir, naturalmente, há duas decisões diversas. Uma primeira que decidiu a questão de direito relevante, objeto da assunção de competência, prevenindo uma divergência ou pacificando posicionamentos com a fixação da tese jurídica. No segundo momento da decisão, o julgamento enfrenta os pontos não constantes nem na questão de direito relevante, tampouco na fixação da tese jurídica que se torna precedente judicial, porém em pontos pertinentes somente àquele caso, com a decisão para o recurso e as partes.

Há um evidente deslocamento da competência do recurso como um todo, não somente do incidente, alterando a competência inicial da distribuição recursal ou da ação para um novo órgão por causa da instauração da assunção de competência.

Uma vez admitido o incidente, o recurso, remessa ou ação é julgado pelo novo órgão competente para tal. Ocorre uma alteração evidente do que foi estabelecido inicialmente como competência, entretanto, essa mudança não ocorre em caráter horizontal para nomear-se como um mero deslocamento, acontecendo de forma vertical, para um órgão com um colegiado maior, geralmente com a junção das câmaras ou turmas, realizando uma remessa a este colegiado interno, que assume a competência para o julgamento.

De modo posterior, até sem tanta interligação com a formação do precedente judicial, mas sobretudo sobre a prevenção, este colegiado maior será o competente para um futuro recurso daquela ação? Se o colegiado maior utiliza como base um julgamento de agravo de instrumento para julgar um IAC, em eventual apelação posterior, há a prevenção do colegiado maior? A ideia de prevenção e a assunção de competência parece nos responder que sim, pelo fato de que assume a competência como um todo e, diante disso, assume para os momentos posteriores, ainda que não forme precedente judicial no julgamento posterior.

4.3.2. A formação de um contraditório ampliado na tramitação do IAC

Em todos os institutos atinentes ao microssistema de formação de precedentes judiciais vinculantes, após a decisão de afetação, um novo procedimento será instaurado, com uma tramitação diversa do que seria a normalidade daquele procedimento, justamente para a devida e total definição do conteúdo material que será julgado e firmado como um precedente judicial vinculante.

A principal alteração, além da transferência da competência para um colegiado maior, no trâmite, será a instauração de um contraditório qualificado[47], com ampliação da discussão material para a inserção de manifestações

47. Marinoni e Mitidiero entendem de maneira diversa, de que não há necessidade de contraditório ampliado por não resolver a causa e somente a questão. Discordamos desse ponto, já que há vinculatividade para os julgamentos posteriores: "julga-se um caso específico que detém a questão de grande repercussão social. Mas não há solução de caso, nem de questão de terceiros. Por isso,

da sociedade, com a possibilidade de diversas manifestações que transcendem a própria causa, processo ou recurso representativo da controvérsia, em termos subjetivos em relação às partes. O intuito é possibilitar que mais atores influenciam o debate que formará o precedente judicial vinculante.

Não há, no art. 947 do CPC, nenhuma disposição sobre a possibilidade dessa formação de um contraditório ampliado no incidente de assunção de competência. Mas, essa lacuna legal é impeditivo para que não haja o contraditório ampliado e a maior discussão jurídica sobre a questão de direito relevante base do IAC? A resposta é negativa, mesmo que não haja essa previsão legal, notadamente o procedimento deve ser alterado, não somente em termos de competência e sim com uma amplitude material condizente com a formação de precedente.

Essa interpretação é inerente ao próprio sistema de precedentes judiciais escolhido pelo CPC/2015 e o intuito de alterar a procedimentalidade para um julgamento que tem o intuito definido de formar um precedente judicial vinculante. Dada essa visão, com outros institutos existentes, ainda que para aplacar outros pontos e intuitos do sistema, como o controle de estoque nas demandas repetitivas, a intenção é esgotar as matérias, as visões, as possibilidades de argumentação para o julgamento e, com isso, há a necessidade de aumentar o debate.

Diante disso, por analogia e completude do sistema e do instituto, há a possibilidade de utilização dos mesmos parâmetros inerentes ao IRDR e aos recursos excepcionais repetitivos ao procedimento do IAC, contudo não há impossibilidade para que uma legislação estadual ou o regimento interno determine as diretrizes dessa procedimentalidade ampliada e, ainda, da própria participação, com a definição, por exemplo, de critérios mais objetivos para a definição de *amicus curiae*, mesmo que seja a criação de um rol exemplificativo de entidades vistas como possíveis de atuar como *amicus curiae*, dentre outros tantos exemplos e possibilidades legislativas para auxiliar uma melhor regulamentação dessa própria ampliação.

Com o aspecto de que há a formação de um precedente judicial com eficácia vinculante, necessária a ampliação cognitiva, com a possibilidade de um contraditório majorado, no intuito de exaurir a matéria a ser discutida, ainda que seja somente para pouca quantidade de demandas, mas, o conteúdo

---

não há motivos para reclamar a participação de representantes adequados das partes que foram excluídas – como ocorre no incidente de resolução de demandas. (...) A decisão proferida no incidente de assunção de competência, por não julgar questão de terceiros, não produz coisa julgada erga omnes." MARINONI, Luiz Guilherme; MITIDIERO, Daniel. *Comentários ao novo código de processo civil: artigos 926 a 975*. Coord.: MARINONI, Luiz Guilherme; ARENHART, Sérgio Cruz; MITIDIERO, Daniel. 1ª, Ed, RT: São Paulo: 2016. p. 250/251.

ali decidido valerá para aquele processo e, ainda, para os processos que já existam e os futuros[48] que existirão – se as condições permanecerem idênticas.

Cunha e Didier Jr. vão nesse ponto de que no IAC[49], por fazer parte do que denominam como microssistema concentrado de precedentes judiciais vinculantes, utilizando da mesma base em relação aos demais[50], com a inserção de *amicus curiae*[51], audiências públicas[52] e do próprio Ministério Público, caso não seja quem suscitou o incidente.

Uma autêntica utilização do microssistema para preencher a lacuna deixada pelo legislador[53].

No entanto, cumpre relembrar que no IAC há a transferência da competência para o órgão maior, levando o julgamento não somente da questão sobre a qual se instaurou o incidente, quanto todas as demais questões. Com

---

48. Marinoni entende que o IAC não forma em si um precedente judicial, somente evita que casos futuros tenham outro comportamento e teor, o que soa como um precedente judicial: "É que a decisão do incidente de assunção não se destina a fixar um entendimento para a regulação dos casos futuros, mas apenas resolve uma questão de direito importante para a distribuição da justiça no âmbito da circunscrição do tribunal. A decisão não se propõe a orientar a sociedade e fixar critério para a regulação dos casos que estão por vir, mas apenas e tão somente a evitar que os juízes dos casos futuros decidam a questão de direito de maneira diversa." MARINONI, Luiz Guilherme. Sobre o incidente de assunção de competência. Revista de Processo. Ano 41, Vol. 260, p. 233 – 256, São Paulo: Ed. RT, 2016. p. 245.

49. Como compreendem que existem dois microssistemas com intersecção entre eles, um para os repetitivos e outro para precedentes obrigatórios, somente adicionando o IAC, Cunha e Didier Jr. estendem as regras do primeiro microssistema para o segundo: "Para formação do precedente obrigatório, aplicam-se as normas que exigem a ampliação da cognição e da publicidade, com qualificação do debate e dever de fundamentação reforçada. (...) Os instrumentos destinados à formação de precedente devem contar com ampla participação de interessados, inclusive pessoas, órgãos e entidades com interesse na controvérsia. Todos devem participar, com a finalidade de ampliar a qualidade do debate, permitindo que a questão de direito seja mais bem compreendida, com a apresentação de diversos pontos de vista e variegados argumentos a serem objeto de reflexão pelos julgadores." CUNHA, Leonardo Carneiro da; DIDIER JR., Fredie. *Curso de direito processual civil. Meios de impugnação às decisões judiciais e processo nos tribunais*. 13ª ed. Salvador: Juspodivm, 2016. p. 659.

50. No mesmo sentido, Madruga, Mouzalas e Terceiro Neto: "A ser assim, antes do julgamento do incidente, facultar-se-á a manifestação, no prazo de 15 dias, das partes, dos terceiros interessados (inclusive os que tiveram seus processos suspensos, em aguardo do julgamento ao incidente de assunção de competência), do *amicus curiae* e do Ministério Público." MADRUGA, Eduardo; MOUZALAS, Rinaldo; TERCEIRO NETO, João Otávio. *Processo Civil Volume Único*. 8ª. ed. revisada, ampliada e atualizada. Salvador: Juspodivm, 2016. p. 935.

51. Concordando com o nosso entendimento de cabimento do *amicus curiae* no IAC: "Embora não haja a previsão expressa no art. 947 do atual CPC, a participação de amicus curiae é sempre possível, a critério do órgão julgador. Pela legitimidade que dá a decisão vinculativa e pela efetiva contribuição que o amicus curiae pode trazer para a tese, sua participação é sempre recomendável." CORTÊS, Osmar Mendes Paixão. Comentário ao art. 947. in: *Breves comentários ao código de processo civil*. Coord.: Teresa Arruda Alvim, Fredie Didier Jr, Eduardo Talamini e Bruno Dantas. São Paulo: Ed. RT, 2015. p. 2.113.

52. BUENO, Cassio Scarpinella. *Novo código de processo civil anotado*. São Paulo: Saraiva, 2ª. ed. 2016. p. 594.

53. Enunciado n.º 201 do FPPC: Aplicam-se ao incidente de assunção de competência as regras previstas nos arts. 983 e 984.

isso, a manifestação tanto das partes quanto de todos os outros participantes desse incidente, deve-se ater ao que se afetou como objeto da própria instauração do incidente.

Evidentemente que se houver influência desse ponto do incidente no mérito da demanda ou em questão subsequente, como se for uma prejudicial de mérito, por exemplo, os manifestantes podem assim manifestar-se, contudo não é o motivo primordial de tais intervenções materiais.

Esse ponto da formação do precedente judicial é importante para que haja a legitimação do próprio procedimento, haja vista que o que ali se decidir terá vinculação para os outros casos que ainda estão em trâmite e, consequentemente, servirá de precedente judicial para as demandas futuras.

Desse modo, há um *grande problema de representação.*

Todos os interessados estão ali representados? Evidentemente que não. Não há como imaginar que todos os interessados (até por nem saber de maneira clara quais seriam os impactos) terão condições de ingressar nos procedimentos, isso inviabilizaria o próprio microssistema[54], uma vez que não foram pensados como possíveis de utilização de técnicas de *opt-in*, quando um terceiro que não participa da formação do precedente judicial, escolhe se será, ou não, afetado pelo que ali se decide.

No IAC, o que for decidido como precedente judicial terá validade a processos que não foram representativos da controvérsia e, consequentemente, às suas partes, estes terceiros que também serão afetados, agora, nos processos existentes, e no futuro.

De maneira geral, em todos os institutos insertos do microssistema de formação de precedentes judiciais vinculantes, ao se ampliar o contraditório na tramitação, não se pode somente buscar a legitimação de que todos os entes e atores processuais possam se manifestar no processo para uma mera formalidade, essas manifestações devem, de igual modo a qualquer das partes representantes da controvérsia, influenciarem na demanda, de modo a terem os seus argumentos considerados, debatidos e respondidos, mesmo que forem rejeitados, o que Cabral bem defende quando dispõe que o contraditório

54. Cavalcanti coloca que um dos problemas das referidas técnicas do microssistema, explicando o IRDR, contudo, abrangendo os demais institutos de formação de precedentes, inclusive o IAC, é a ausência de controle sobre quais os processos que serão impactados, uma vez que versaria a qualquer ação pendente sobre a matéria e até sobre as demais futuras. Não há uma técnica de controle realmente, porém, creio que não seja o intuito do legislador que sejam técnicas somente de resolução de demandas existentes, mas, criação também de precedentes para balizar as futuras demandas, por isso, sem a existência de uma técnica de controle:" No Brasil, não há qualquer controle. Para a instauração do IRDR, basta que uma ação esteja pendente no tribunal e que haja uma repetição de processos na primeira instância". CAVALCANTI, Marcos de Araújo. A falta de controle judicial da adequação da representatividade no incidente de resolução de demandas repetitivas (IRDR). *Revista Pensamento Jurídico*. v. 7, n. 1, 2015. p. 42.

deve ser visto um fator de influência[55] na decisão judicial, principalmente na formação do precedente judicial.

E, por consequência, o precedente judicial somente pode ser criado, em qualquer dos institutos e, inclusive no IAC, sob o prisma de que os argumentos insertos em seu bojo tenham sido debatidos nesse contraditório qualificado e ampliado[56]. Se ocorrer de modo diverso, ficaria sem sentido um precedente judicial que, apesar de diversos pontos suscitados, priorize um resultado que não foi posto à baila.

A possibilidade de um contraditório qualificado demonstra a preocupação do julgador com a influência de todos os atores processuais na construção do precedente, o que Mitidiero colocaria como exemplo de colaboração[57]. Dessa maneira, é essencial que no IAC contenha esse contraditório ampliado, com a manifestação aberta da sociedade, justamente para que o melhor precedente judicial seja firmado.

4.3.2.1. As manifestações dos interessados legitimados e o contraditório ampliado no IAC

Diante da possibilidade de um contraditório ampliado e qualificado, os atores processuais, desde aqueles já inerentes à demanda ou, ainda, aqueles que adentram nesse momento, podem se manifestar, com o total

55. O contraditório deve ser visto como direito de influência, Cabral delineia bem essa visão, a qual deve ser preponderante no processo civil como um todo, mas, de sobremaneira, no microssistema de formação de precedentes, com o direito de qualquer participante desse procedimento influenciar na decisão ulterior formada como precedente: "E, como visto, se o processo é um dos cenários onde produz o Estado decisões vinculativas, podemos afirmar que os sujeitos processuais, através de suas manifestações no curso do processo, exercem profunda influência no exercício do poder estatal. No âmbito processual, a dinâmica do poder abrange a prática da influência. Se apenas as decisões do magistrado são vinculativas e imperativas – manifestação de poder – os atos dos demais sujeitos processuais incluem-se no espectro maior de influir na decisão. (...) A influência, como temos sustentado, é reflexiva: difusa e multidirecional, partindo de todos e absorvida por todos." CABRAL, Antonio do Passo. Contraditório como influência. *Dicionário de Princípios Jurídicos*. Flávio Galdino; Silvia Faber Torres; Ricardo Lobo Torres; Eduardo Takemi Kataoka. Editora: ELSEVIER – CAMPUS. 2011. p. 199.

56. Enunciado n.º 2 do FPPC: Para a formação do precedente, somente podem ser usados argumentos submetidos ao contraditório.

57. Nesse sentido, Mitidiero bem delimita a participação de todos para que o processo seja justo em seu aspecto decisório, com a devida colaboração, o que podemos trazer para o microssistema como necessidade de colaboração para uma decisão democrática, justa e representativa: "É fundamental na organização do formalismo um modelo de processo civil inspirado na colaboração, que se levem em considerações os pontos de vistas externados pelas partes ao longo do procedimento no quando da decisão da causa. Trata-se de exigência calcada na necessidade de participação de todos que tomam parte no processo para alcance da justa solução do caso concreto, tendo o diálogo papel de evidente destaque nessa estruturação. Fora dessas coordenadas não há se falar em cooperação no processo." MITIDIERO, Daniel. *Colaboração no processo civil: pressupostos sociais, lógicos e éticos*. São Paulo: Editora RT, 2009. p. 140.

cabimento de cada manifestação, com a sua pertinência e função diante do julgamento do IAC.

Analisaremos a manifestação de cada um dos atores.

Primeiramente, as *partes* podem se manifestar nesse novo momento processual, nessa nova tramitação da demanda, não com o intuito de ampliar a causa de pedir recursal ou da demanda/recurso, mas com o intuito de melhorar os subsídios para a análise judicante, agora calcada em formar um precedente judicial e com uma discussão mais detalhada.

Não há um prazo específico para tal manifestação, podendo, portanto, o relator determinar os procedimentos a serem seguidos, estipulando prazos para tanto, principalmente às partes.

Se as partes não quiserem se manifestar, não haverá um prejuízo, pelo fato de que as suas manifestações anteriores contarão e devem ser consideradas para a formação do precedente judicial do IAC e o próprio julgamento do recurso, remessa ou demanda originária.

O *Ministério Público* pode se manifestar de igual maneira, sendo intimado para realizar o seu parecer sobre aquela matéria a ser julgada como um precedente judicial em IAC. A atuação ministerial tem o intuito de cumprir a sua visão de *custos legis*, de participação em prol dos direitos da sociedade, com a intenção de chegar-se ao melhor precedente judicial possível. Evidentemente que se o representante da norma jurídica for parte da demanda, não será instado a manifestar com concessão de seu parecer, justamente pela sua condição na demanda.

A *Defensoria Pública*, como legitimada a propor o IAC, pode se manifestar em qualquer um dos incidentes admitidos, atuando de modo a pensar na coletividade, como representante de diversas partes e demandas sobre a matéria, sem ater-se a representar nenhum dos jurisdicionados, especificadamente. Mesmo que o processo representativo da controvérsia seja patrocinado pela Defensoria Pública, esta, como entidade, pode manifestar-se no contraditório ampliado.

E, principalmente, o instituto do *amicus curiae* é aplicável nesse momento, em todos os institutos[58], numa ampliação[59] de sua própria importância no processo civil brasileiro.

---

58. Araújo vê, acertadamente, no novel ordenamento que o *amicus curiae* teve uma ampla positivação, com o direito de participação em qualquer demanda em que se demonstre um interesse maior: "Percebe-se, portanto, que a ampliação desta modalidade de intervenção demonstra o novo momento do sistema processual nacional. A coletivização dos conflitos permite a intervenção do *amicus curiae* em qualquer causa judicial, com participação nesse processo de sedimentação da decisão judicial a ser vinculante pelos magistrados." ARAÚJO, José Henrique Mouta. Os precedentes vinculantes e o novo CPC: o futuro da liberdade interpretativa e do processo de criação do direito. *Precedentes.* Orgs: DIDIER JR., Fredie; CUNHA, Leonardo Carneiro da; MACEDO, Lucas Buril de; ATAIDE JR, Jaldemiro Rodrigues de. Salvador: Juspodivm, 2015. p. 433.

59. A figura do *amicus curiae* não é novidade no processo civil, somente a sua ampliação que sim: "É corrente afirmar que a figura do *amicus curiae* já se encontra entre nós desde 1978, introduzida pela

A participação do *amicus curiae*, evidentemente, não é para defender qualquer das partes, a princípio somente concede a sua opinião, o seu parecer sobre o assunto, para uma visão mais ampla e técnica de todos os aspectos possíveis para uma melhor decisão.

Uma defesa da sociedade como um todo a partir da sua visão técnica e com a defesa de seu ponto de vista para um melhor julgamento.

O *amicus curiae* também é totalmente possível no IAC, ou até imprescindível, pela conjunção das possibilidades de atuação na tramitação do incidente. Se houver o entendimento pelo colegiado maior de que há relevância, repercussão social e a ausência de multiplicidade, logicamente que será passível de manifestação de *amicus curiae*.

A situação jurídica permissiva da instauração do incidente preconiza que não haja um interesse pela quantidade de demandas existentes, mas pela matéria importante a ser ali julgada, o que necessita da manifestação - ou possibilidade - de *amicus curiae* para realizar a sua função precípua, ajudar o colegiado nas tecnicidades do conteúdo a ser julgado, para um melhor entendimento da matéria[60].

Não, há, por obviedade, que se imaginar que o *amicus curiae* se manifestará sobre a admissibilidade do IAC, por ser possível somente após a decisão de afetação, com a influência somente sobre o caráter meritório do incidente.

De modo geral, o *amicus curiae* independe de que as partes ou outros terceiros admitam ou queiram a participação desse interveniente, a decisão é do juízo[61]. Em qualquer uma das modalidades, o interveniente pode

---

Lei 6.616/78, que alterou a redação da Lei 6.385/76, que disciplina o mercado de valores mobiliários (art.31). A doutrina, ademais, aponta outras hipóteses que também seriam de intervenção do "amigo da corte", como a prevista na Lei 8.884/94 (CADE), que regula a defesa da concorrência (art.89), e a prevista Lei 10.259/2001, que instituiu o Juizado Especial Federal (art.14, §7°, LJEF)." DEL PRÁ. Carlos Gustavo Rodrigues. Breves Considerações sobre o *Amicus Curiae* na ADIN e sua Legitimidade Recursal. In *Aspectos Polêmicos e Atuais sobre os terceiros no processo civil e assuntos afins.* DIDIER JR., Fredie; ARRUDA ALVIM, Teresa (coord.). São Paulo: RT, 2004. p. 61.

60. O *amicus curiae* tem diversos papéis e, dentre eles, melhorar a condição da sapiência técnica do julgador: "Um dos papéis do *amicus curiae* consiste na ampliação do círculo de intérpretes que, na visão de Häberle, seria apenas uma consequência da necessidade de integração da realidade no processo de interpretação, gerando diversos efeitos para o Estado Constitucional, como (a) a ampliação e o aperfeiçoamento dos instrumentos de informação dos juízes constitucionais e (b) as formas gradativas de participação, como a interpretação no processo constitucional, por meio de intervenções e audiências. Assim, observa-se um refinamento no âmbito do Estado Constitucional, à medida que se estabelece uma comunicação efetiva entre os cidadãos, conferindo-se o direito de participação democrática." SILVA, Christine Oliveira Peter da; GONTIJO, André Pires. O papel do *amicus curiae* no estado constitucional: mecanismo de acesso da transdisciplinaridade no processo de tomada de decisão constitucional. *Trabalho publicado nos anais do XIX Encontro Nacional do CONPEDI*, realizado em Fortaleza – CE, nos dias 09, 10, 11 e 12 de junho de 2010. p. 91.

61. Enunciado n.º 127 do FPPC: A representatividade adequada exigida do *amicus curiae* não pressupõe a concordância unânime daqueles a quem representa.

ofertar parecer sobre o julgamento meritório e, ainda, sustentar oralmente as suas razões.

Mas, quais seriam os critérios para a aceitação do *amicus curiae*? Esse ponto é pertinente e o próprio art. 138 do CPC, aquele que regulamenta a matéria, não esgota essa discussão. Por isso, é possível via lei estadual o estabelecimento de diretrizes procedimentais objetivas para o pleito da intervenção como *amicus curiae* em uma demanda, criando, dessa maneira, uma sistematização melhor para a sociedade, com a determinação clara de quem pode ser aceito como tal, ao menos exemplificativamente. Ou, claro, até uma alteração no Regimento Interno do Tribunal específico.

Outro ponto importante da alteração do rito procedimental de um contraditório ampliado passa pela possibilidade de realização de *audiência pública*[62] sobre o objeto dos recursos ou processos representativos da controvérsia, para que se tenha a participação efetiva da sociedade sobre a matéria posta como afetada. No IRDR (art. 983, § 1º do CPC) e nos recursos excepcionais repetitivos (art. 1.038, II do CPC) há a previsão expressa de que o relator pode convocar a audiência pública, o que importa que o IAC também pode importar esse mesmo ato para que possa assessorar no exaurimento material e na melhor elucidação da controvérsia ali disposta.

O relator, após a afetação, se entender pertinente, determina a realização de audiência pública[63] ou de várias, com data fixada e com ampla divulgação, para, nesse momento, ouvir pessoas sobre a matéria, principalmente pessoas com experiência e conhecimento sobre a questão de direito controversa.

A possibilidade de uma audiência pública demonstra uma abertura à sociedade, com um procedimento com fácil acesso, com ampla discussão, concedendo a palavra a pessoas com expertise na matéria, mas que não teriam como atuar perante o processo em si, atuando como uma ampliação do próprio *amicus curiae*, alcançando indivíduos que não têm condições de

62. Sobre o tema: WAGNER, Juliana Mendes de Oliveira. Democratização do processo judicial: a participação da sociedade via audiência pública na formação de precedentes como garantia do efetivo acesso à justiça. Programa de Pós-Graduação – Mestrado Profissional em Direito Humanos e Desenvolvimento da Justiça. UNIR – Universidade Federal de Rondônia.

63. Bueno coloca, acertadamente, as audiências públicas com o mesmo rol de importância que o próprio *amicus curiae*. Isso seria muito importante, apesar de não ser na prática desse modo, tampouco ser tão influente quanto a figura do amigo da corte. No entanto, há de se imaginar que assim deva ser: "Importante evidenciar, contudo, que tais audiências públicas e a oitiva do *amicus curiae* merecem ser tratadas como as duas faces de uma mesma moeda, isto é, como técnicas que permitem a democratização (e, consequentemente, a legitimação) das decisões jurisdicionais tomadas em casos que, por definição, tendem a atingir uma infinidade de pessoas que não necessariamente far-se-ão representar pessoal e diretamente no processo em que será fixada a interpretação da "questão jurídica." BUENO, Cassio Scarpinella. *Novo código de processo civil anotado.* São Paulo: Saraiva, 2ª. ed. 2016. p. 807.

participar como aquele interveniente, contudo detêm sapiência suficiente para tal desiderato.

Apesar da previsão legal da existência de uma audiência pública, tanto no IRDR quanto nos recursos excepcionais repetitivos, não há uma especificação de como será essa audiência pública, quais seriam as diretrizes de atuação. Esse ponto, até pela lacuna existente, fica a critério do relator, quando proferir a decisão de afetação ou, posteriormente, se deferir essa realização somente em outro momento. Quando decidir pela realização de uma audiência pública, é função do relator a definição dos parâmetros de participação, de duração, de divulgação, dentre outros aspectos.

Esse ponto – sobre a audiência pública – é um que carece de uma melhor regulamentação, podendo esta realizar-se via lei estadual ou Regimento Interno do Tribunal, com as diretrizes procedimentais para a devida realização de uma audiência pública, abrangendo, se for o caso, toda a sua incidência no processo, não somente sobre a audiência pública do IAC, mas de um modo em geral no processo.

Esses debates com todos esses atores têm o intuito de ampliar visões das mais variadas possibilidades dos afetados, dos possíveis autores ou réus, peritos, estudiosos, especialistas, pessoas comuns, entidades, dentre outros. Um procedimento, organizando pelo relator[64], menos formal e mais efetivo diante do processamento do microssistema.

Uma abertura processual para ampliar os debates, para uma decisão mais próxima de realidade da causa, com uma pluralidade de conhecimentos

---

64. A atribuição da audiência pública, desde a decisão pela sua realização, coordenação, local, dentre outros afazeres, é do relator, que deve assim, dirigir todo esse trabalho e, consequentemente, primar pela organização dos argumentos dali proveniente: "A organização dos trabalhos em uma audiência pública é dada por quem a preside, seja o relator do processo seja o presidente da Casa, nos moldes dispostos nos artigos 154 e 155 do Regimento Interno do Supremo Tribunal Federal, onde é exigido: 1- despacho convocatório amplamente divulgado; 2 - fixação de prazo para os interessados habilitarem-se como *amicus curiae*; 3 - seleção das pessoas a serem ouvidas; 4 - divulgação da lista dos habilitados; 5 - garantia do pluralismo (participação das diversas correntes de opinião); 6 - determinação sobre a ordem dos trabalhos; 7 - fixação do tempo de manifestação dos participantes, "limitar-se ao tema ou questão em debate" Cabe verificar ainda, e mais especificamente, 8 - como é feita a organização dos participantes, se individualmente ou em grupos; 9 - a definição da sequência dos debates, em função do posicionamento a favor ou contra a tese defendida pelo autor da *21 Cass Sunstein* aponta para o fenômeno da polarização nas decisões colegiadas, quando os membros de um grupo, envolvidos em um processo deliberativo, acabam assumindo uma posição mais extremada, alinhada com as tendências mais evidentes deste grupo, antes da deliberação. 9 - ação; 10 - a apresentação pública de filmes e gravações no momento da audiência, bem como o testemunho presencial; 11 - a inclusão de um novo manifestante dentre os presentes na audiência; 12 - a possibilidade de perguntas; 13 - a concessão da palavra ao advogado; 14 - a apresentação de considerações finais apresentadas pelo advogado, pelo Ministério Público e pela Advocacia Geral da União. O convite específico ou a chamada pública por edital seguem às necessidades sentidas por quem toma iniciativa de convocar a audiência pública, conforme o caso." CAMARGO, Margarida Maria Lacombe. *As audiências públicas no supremo tribunal federal brasileiro: o exemplo da ADPF 54.* http://www.publicadireito.com.br/artigos/?cod=01d8bae291b1e472.

técnicos diferentes a influenciar a formação do precedente judicial. Quando o julgamento for proferido, se realmente houver a influência do que ali for discutido, haverá, de certo modo, uma participação efetiva da sociedade, certamente estão mais preparados para embasar juridicamente suas decisões, com uma visão dos impactos sociais nas partes daquela decisão.

4.3.2.2. A sustentação oral no IAC

Como funcionam as manifestações de sustentação oral na sessão sobre o julgamento do próprio IAC, depois de encerrada a instrução? Não há uma procedimentalidade prevista sobre tal ponto, podendo, portanto, ser definida pelo Regimento Interno do Tribunal, principalmente os Superiores, ou, ainda, via lei estadual, para esses Tribunais.

O IRDR tem delimitado como funciona essa sustentação oral, o que pode ser uma saída de utilização dos mesmos moldes, até pelo microssistema de formação de precedentes judiciais vinculantes como um todo. Se entendermos possível essa relação, mesmo no IAC, na sessão de julgamento, cabe ao relator, com a palavra, realizar a leitura do relatório, e, após, determinar a abertura de prazo para a manifestação em sustentação oral dos inscritos para tanto, seguindo uma determinada ordem: *partes do processo originário*, pelo prazo de 30 (trinta) minutos para cada um desses e, se forem vários, a repartição desse tempo entre tais, mas nunca com tempo inferior aos 15 (quinze) minutos; o *Ministério Público*, por mais 30 (trinta) minutos; e os interessados na figura do *amicus curiae*, juntos, por 30 (trinta) minutos, divididos entre os inscritos e, se houver excesso de inscrições, o colegiado pode estender esse prazo.

Com todas as manifestações realizadas, passa-se ao voto do relator para o início do julgamento meritório.

Uma dúvida pertinente ao IAC e a sustentação oral: a previsão legal existente dispõe sobre as devidas manifestações no julgamento do IAC, contudo há possibilidade de manifestação na sessão de julgamento da admissibilidade do incidente? Creio que sim[65], pela necessidade de sustentação, principalmente pelo requerente, dos motivos ensejadores da instauração do incidente, porém sem alcançar os terceiros/*amicus curiae*, por não estarem ainda no processo e por ser uma fase de admissibilidade somente.

---

65. Enunciado no. 651 do FPPC: É admissível sustentação oral na sessão de julgamento designada para o juízo de admissibilidade do incidente de resolução de demandas repetitivas ou do incidente de assunção de competência, sendo legitimados os mesmos sujeitos indicados nos arts. 984 e 947, § 1º.

4.4. O JULGAMENTO DA MATÉRIA DO IAC E DAS QUESTÕES PRINCIPAIS

No IAC, uma vez definida a delimitação da questão de direito que ensejou a instauração do incidente, com o deslocamento para o colegiado maior, não é somente essa questão incidental que será enfrentada e julgada pelo órgão colegiado formador do precedente vinculante, mas, de igual maneira, o próprio recurso, remessa ou processo originário.

Evidentemente que o julgamento, apesar de envolver somente um processo, deve seguir sistemática parecida com o julgamento dos recursos excepcionais repetitivos, porém não como uma real bipartição do julgamento, mas um ordenamento judicante das questões, o que se deve, preliminarmente, julgar a questão de direito relevante, o que ensejou a própria existência do incidente, para depois julgar a questão de fundo ou do mérito da demanda, ou, ainda, outros pedidos e méritos que não são afetados pelo incidente.

Nesse momento, o colegiado expandido se debruça, primeiramente, sobre a *questão relevante do IAC*, para depois continuar o julgamento para *resolver a demanda ou o recurso*[66], aplicando, desde já, o que se decidiu, incidentalmente, na mesma sessão de julgamento.

A análise, num momento posterior, na mesma sessão – se possível – enfrenta os pontos não constantes na questão de direito relevante, tampouco na fixação da tese jurídica proveniente do julgamento do caso concreto que se torna precedente judicial, porém naqueles pertinentes somente àquele caso, com a decisão para o recurso ou demanda e as partes.

Há um evidente deslocamento da competência da demanda ou recurso como um todo, não somente do incidente, alterando a competência inicial da distribuição recursal para um novo órgão por causa da instauração da assunção de competência.

Uma vez admitido o incidente, a demanda ou recurso é julgado pelo novo órgão competente para tal. Julgada a questão afetada como relevante, o precedente judicial vinculante está formado sobre esse ponto, não alcançado outros pontos que, porventura, foram ali julgados.

Essa diferenciação é importante para que se entenda que a formação do precedente judicial deve ser limitado à afetação do próprio IAC, o que significa que nem todo conteúdo do julgamento ali realizado pelo órgão julgador será considerado como um precedente judicial.

---

66. A diferença entre os julgamentos é denominada por Mendes e Mello como etapa essencial, aquele que fixa a tese e etapa acessória, aquela que julga o restante da demanda e, se for o caso, até interligando com a tese fixada: MENDES, Aluisio Gonçalves de Castro; MELLO, José Roberto. Incidente de assunção de competência. 2a. ed. Rio de Janeiro: GZ, 2021. p. 109/113.

Mesmo sendo somente um só acórdão, o que difere dos repetitivos[67], materialmente, são, em regra, dois conteúdos decisórios[68]: *um afetado pela instauração do incidente, mesmo que verse sobre parte do mérito; e o outro que seja do restante material que não for afetado pelo incidente.*

4.4.1. A necessidade de uma fundamentação analítica e pormenorizada

Se o CPC/2015, com base no art. 489, § 1º, regulamentou uma fundamentação mais analítica[69] de uma decisão judicial, justamente para balizar a necessidade de que tanto as partes quanto a sociedade – pelo próprio princípio da publicidade – entendam o que se decidiu em qualquer demanda, é prudente pensar que a fundamentação diante de um microssistema de formação de precedentes judiciais vinculantes será, no mínimo, tão importante quanto as demais decisões, talvez até ainda com maior importância.

---

67. Essa é a grande diferença entre o IAC e os repetitivos, uma vez que nestes últimos não julgam os casos. Mas, Theodoro Jr. tem uma visão peculiar sobre a diferença entre ambos, conseguindo vislumbrar que ambos são mais parecidos do que a doutrina tem adotado, com a visão somente de que o IAC seria anterior ao IRDR. Um com características preventivas e outro, repressivas: "Cumpre, de certa forma, o mesmo objetivo do incidente de resolução de demandas repetitivas, com um destaque, todavia, visto que a assunção ocorre em caráter preventivo, quando ainda não se instalou a pluralidade de entendimento em decisórios de diferentes processos (art. 947, in fine.)." THEODORO JR., Humberto. Regime das demandas repetitivas no novo código de processo civil. *Doutrina Selecionada - v.6 - Processo nos Tribunais e Meios de Impugnação às Decisões Judiciais.* Orgs: DIDIER JR., Fredie; FREIRE, Alexandre; MACEDO, Lucas Buril de; PEIXOTO, Ravi. 2ª. Salvador: Juspodivm, 2016. p. 442.

68. Sobre a divisão do julgamento e até a possibilidade de que os julgamentos não sejam no mesmo sentido: "A assunção de competência requer não só a discussão individualizada da questão de direito que a justifica, mas a sua decisão, que só pode ser particularizada. Ou seja, todos os membros do colegiado devem votar não apenas para dar ou negar provimento ao recurso, mas também para decidir a questão de direito envolvida no recurso. Significa que a questão de direito relevante pode ser decidida em favor do recorrido e o recurso ser provido, em virtude de outros fundamentos que podem ser acolhidos pelos membros do colegiado que decidiram a questão de direito em favor do recorrido. Saliente-se que o recurso pode ser provido com base em vários fundamentos, enquanto a questão de direito, no caso de assunção de competência, constitui fundamento para o provimento do recurso. Mesmo que exista um único fundamento ou apenas a questão de direito dotada de grande repercussão social envolvida no recurso a ser julgado, isso não é garantia de que a questão de direito será discutida e decidida por todos os membros do colegiado." MARINONI, Luiz Guilherme. Sobre o incidente de assunção de competência. Revista de Processo. Ano 41, Vol. 260, p. 233 – 256, São Paulo: Ed. RT, 2016. P. 245.

69. A fundamentação é um dos pontos que o novo ordenamento processual primou por enfatizar, justamente pelo déficit existente no judiciário: "Trata-se de importante inovação do Código. O histórico de decisões mal fundamentadas, o número excessivo de embargos de declaração e uma certa permissividade dos Tribunais Superiores na exigência de fundamentação fizeram com que o legislador optasse por fazer um controle mais rigoroso das decisões e seu componente principal: a fundamentação. Uma decisão – que, como referi no comentário ao caput, é um ato de responsabilidade política – não pode ser um produto estandardizado. Aqui fica nítida a opção hermenêutica do legislador, na medida em que impede que verbetes, enunciados ou condensações estandardizadas produzidas por compêndios ou resumos de baixa intensidade teórica possam vir a ser citadas sem o necessário contexto (DNA da decisão)." STRECK, Lenio. Comentário ao art. 489. STRECK, Lenio. *Comentários ao código de Processo Civil, 11ª edição.*. Saraiva, 3/2016. [Minha Biblioteca]. Retirado de https://integrada.minhabiblioteca.com.br/#/books/9788502635609/.

É perceptível que o próprio rito procedimental comum entre as espécies de precedentes judiciais criados no microssistema proposto no CPC/2015 é diferente de uma decisão normal, prolatada em um processo individual. E o IAC se insere exatamente dentre esses institutos, com a mesma necessidade de que o rito seja diferente e, consequentemente, a construção da decisão que formará o precedente judicial.

O novel ordenamento processual preocupou em sistematizar essa formação dos precedentes judiciais, que apesar de cada qual ter a sua própria peculiaridade, todos têm a similaridade de mudança procedimental[70] para a formação do precedente judicial, principalmente no intuito de exaurir a matéria a formar aquele precedente, com a visualização de um contraditório ampliado, por exemplo.

A decisão proferida em qualquer dos precedentes judiciais vinculantes tem características diferentes das normais, em processos individuais interpartes, uma vez que o que for decidido tem um encaminhamento de uma decisão de autoridade, necessitando, portanto, da formação de um contraditório ampliado, com maior intervenção material, com o intuito de conseguir a cognição totalmente exauriente, com a discussão de maior quantidade possível de argumentos sobre aquela matéria.

O colegiado julgador com uma maior autoridade judicante – e também as partes – deve entender que aquela decisão será paradigmática[71], formando uma norma jurídica – a conjunção interpretativa da lei para aqueles fatos – com aplicabilidade posterior, o que imputa àquele momento uma importância enorme, maior do que uma decisão judicial comum.

Dessa maneira, há um evidente peso a ser considerado neste julgamento, com a necessidade da melhor fundamentação possível[72], seguindo todas as recomendações previstas no já citado art. 489, § 1º do CPC.

O dever constitucional de fundamentar existe em qualquer decisão e deve ser respeitado sempre, como um princípio da própria existência processual, tanto que o art. 11 do CPC reafirma tal ponto, concedendo-lhe a

70. Sobre esse ponto, defendendo que há um procedimento base padrão para todos os requisitos: LEMOS, Vinicius Silva. O procedimento do microssistema de formação de precedentes: desafios, deficiências e ponderações. Dissertação – Mestrado em Sociologia e Direito – Universidade Federal Fluminense, Niterói, 2017.

71. Comentário do autor: de certa maneira, no Brasil, pelas técnicas oriundas do microssistema, o precedente judicial nasce desse modo, com eficácia vinculativa, sem interferência posterior para se entender que é um bom precedente ou não. É um ponto deficitário com necessária ponderação.

72. Rossi critica muito a estrutura dos precedentes no Brasil e, dispõe acertadamente que a fundamentação é o caminho base para a construção correta de um precedente, o que notadamente concordamos, neste ponto: "Construir um precedente não é tarefa simples, pois exige exaustiva fundamentação." ROSSI, Júlio Cesar. *Precedente à Brasileira: A jurisprudência vinculante no CPC e no novo CPC*. São Paulo: Atlas, 2015. p. 314.

ênfase de uma norma fundamental ao processo civil. E, especificadamente, no tocante ao acórdão firmado em recurso excepcional repetitivo, mas tomando este exemplo como base aos demais, o art. 1.038, § 3º do CPC dispõe que o "conteúdo do acórdão abrangerá a análise dos fundamentos relevantes da tese jurídica discutida[73]."

No julgamento da decisão que forma o precedente judicial, todos os incisos do art. 489, § 1º do CPC devem ser considerados[74], desde o enfrentamento analíticos para as citações legais, pormenorizando cada ponto de relação entre o que se discute naquele ou naqueles processos que formam o precedente judicial vinculante e a interpretação daquele ponto normativo que será utilizado para basear o que se decidirá; também há de se concentrar em delinear especificadamente todos os pontos processuais e materiais em que se utilizam, por ventura, conceitos jurídicos indeterminados, algo necessário em qualquer decisão, mas que ganha importância ainda maior neste ponto, pelo fato de que esta decisão deve ser detalhada em seus aspectos, argumentos, fundamentos e caminhos decisórios, não possibilitando que nada permaneça com dúvidas ou indeterminações; e, evidentemente, não é concebível que se faça uma decisão que valeria para fundamentar qualquer outra, tamanha é a importância deste momento, dessa decisão.

Todos os pontos suscitados pelas partes devem ser analisados, cumprindo, assim, o inciso IV do art. 489, § 1º do CPC.

Nessa decisão é ainda mais essencial que os argumentos levantados por todos os lados sejam encaradas e enfrentadas, colegiadamente, repassando cada um dos pontos ou questões levantadas, para que se refute ou acate minuciosamente cada tese suscitada, informando a relevância de cada qual, com o que se retira dali positiva ou negativamente.

O intuito desse detalhamento de todos os argumentos levantados pelas partes nasce da visão de exaurimento material necessário para a autoridade do

---

73. Comentário do autor: na redação original do CPC/2015, o art. 1.038, § 3º tinha os seguintes e acertados dizeres: O conteúdo do acórdão abrangerá a análise de todos os fundamentos da tese jurídica discutida, favoráveis ou contrários.

74. Qualquer decisão deve considerar todos os argumentos, sobretudo aquelas que formam precedentes: "Ou seja, não basta tomar conhecimento dos argumentos e delineá-los no relatório. A parte tem direito a que sejam considerados os argumentos de modo sério e detido, valendo, aqui, outra vez invocar o princípio da Erwägungspflicht (dever de examinar o que foi argumentado). Com isso, cai por terra, definitivamente, a decisão slogan muito utilizada em embargos de declaração e em outros recursos para rebater a alegação de que não foram examinados todos os argumentos, como: "O juiz não está obrigado a examinar todas as alegações das partes, se apreciando apenas um dos fundamentos indicados já tem motivo suficiente para decidir a controvérsia, em prejuízo dos demais". Ora, há milhares de decisões desse jaez que, agora, seriam inquinadas de nulidade, em face do comando do dispositivo. STRECK, Lenio. Comentário ao art. 489. STRECK, Lenio. *Comentários ao código de Processo Civil, 11ª edição.*. Saraiva, 3/2016. [Minha Biblioteca]. Retirado de https://integrada.minhabiblioteca.com.br/#/books/9788502635609/.

precedente judicial. O RISTJ dispõe sobre a construção da decisão do IAC e a necessidade de analisar os argumentos favoráveis e contrários[75], esse ponto disposto no art. 104-A pode ser a base para toda decisão de IAC, ainda que não seja no STJ, mas um parâmetro para a construção de qualquer decisão de IAC em todos os Tribunais, uma grande diretriz normativa regimental.

Somente com uma decisão que enfrentou todos os pontos, visões, argumentos e questões possíveis sobre a matéria controversa em julgamento que se consegue a autoridade da vinculação do precedente judicial. Apesar da lei, mediante o art. 927 do CPC, impor a vinculação do precedente judicial, com a clara redação pela sua notória observância, este deve, para alcançar o seu grau de argumentação e utilidade processual[76], conter uma autoridade de seu próprio argumento, com exaurimento cognitivo material, abrangendo todas as hipóteses legais ali previstas, com ênfase nas suscitadas pelas partes.

Esse ônus argumentativo do precedente judicial é o que lhe concede a autoridade de sua utilização, além, evidentemente, da vinculação prevista no próprio texto legal. Temer exterioriza que as questões que foram refutadas devem ser expostas justamente para que se saiba que não havia como infirmar, pelos argumentos existentes o resultado da decisão[77].

A fundamentação da decisão que forma o precedente judicial vinculante deve, inclusive, suscitar e enfrentar outros precedentes judiciais sobre

75. **RISTJ** – Art. 104-A. Os acórdãos proferidos em julgamento de incidente de assunção de competência e de recursos especiais repetitivos deverão, nos termos do § 3º do art. 1.038, c/c art. 984, § 2º, do Código de Processo Civil, conter: I – os fundamentos relevantes da questão jurídica discutida, favoráveis ou contrários, entendidos esses como a conclusão dos argumentos deduzidos no processo capazes de, em tese, respectivamente, confirmar ou infirmar a conclusão adotada pelo órgão julgador; II – a definição dos fundamentos determinantes do julgado; III – a tese jurídica firmada pelo órgão julgador, em destaque; IV – a solução dada ao caso concreto pelo órgão julgador. § 1º Para definição dos fundamentos determinantes do julgado, o processo poderá ter etapas diferentes de deliberação, caso o órgão julgador, mesmo com votos convergentes, tenha adotado fundamentos diversos para a solução da causa. § 2º O Presidente do órgão julgador, identificando que o(s) fundamento(s) determinante(s) para o julgamento da causa não possui(em) a adesão da maioria dos votos dos Ministros, convocará, na mesma sessão de julgamento, nova etapa de deliberação, que contemplará apenas a definição do(s) fundamento(s) determinante(s).

76. Comentário do autor:a linha tênue entre procedimento e substância.

77. Todas as teses levantadas pelas partes, pelos legitimados e terceiros devem ser consideradas e constar na decisão que resolve o instituto do microssistema. Temer diz isso sobre o IRDR, o que concordamos e ampliamos para qualquer dos institutos, uma vez que a visão proposta de que somente com as teses refutadas constantes na decisão que se conseguirá o convencimento daqueles que não participaram e a visão de que foi a melhor decisão jurídica diante das diversas argumentações. Com eventual omissão de teses refutadas, não se consegue visualizar se realmente versou sobre diversos pontos, bem como se a tese escolhida era realmente a melhor: "justamente pela necessidade de demonstrar que a tese é a melhor, em termos de racionalidade e universabilidade, é que também os fundamentos analisados e não acolhidos são essenciais no acórdão que julga o incidente, porque apenas será possível ter a visão panorâmica da controvérsia e da resolução da questão jurídica pela análise e refutação dos argumentos contrários, considerados pelo tribunal como insuficientes para infirmar a conclusão sobre a questão jurídica." TEMER, Sofia Orberg. *Incidente de resolução de demandas repetitivas.* 1ª. Salvador: Juspodivm, 2016. p. 177.

a matéria, sejam anteriores sobre o mesmo ponto, o que seria a prática do *overrruling*[78], ou, ainda, a verificação se outros precedentes judiciais em matérias correlatas têm ou não influência, com a possibilidade ou não de uso para aquele caso, procedendo com essa visão comparativa, se for o caso de precedente judicial parecido, mas com características fáticas diversas, o *distinguishing*[79], do precedente já existente e o caso a ser base da formação do novel precedente para entender que não é aplicável naquele caso fático em julgamento.

Todas essas argumentações sobre os precedentes judiciais anteriores ou parecidos são necessárias para a própria melhoria do julgamento em questão, para que enfrente pontos que em outros momentos foram decididos em casos idênticos, levantando os aspectos sociais ou legais que necessitam de revisão do julgamento. Todos os prismas possíveis devem ser analisados para formar o melhor precedente possível, inclusive, nos dizeres de Nery Jr. e Nery, sobre as questões levantadas durante o instituto pelos outros atores processuais, formados a partir do contraditório ampliado[80].

Além dos precedentes judiciais vinculantes que existam sobre a matéria, o que ensejaria uma revisão de tese ou em matérias correlatas que podem influenciar, a jurisprudência sobre aquela matéria e a sua construção no tempo deve ser considerada, ainda que não tenha a mesma autoridade vinculante que o precedente judicial, o caráter persuasivo pode ser influenciante no debate que formará o precedente judicial do IAC.

---

78. Conceituando a superação de tese ou *overruling*: "O *overruling* nada mais é do que a superação do precedente quando as razões de decidir daquela decisão já não se coadunam com a realidade atual. Ocorre que, é de crucial importância um cuidado desmedido ao ser aplicado o referido instituto, tendo em vista que, aparentemente, vai de encontro à tendência atual de seguimento de precedentes." GOUVEIA, Lucio Grassi de. BREITENBACH, Fabio Gabriel. Sistema de precedentes no novo código de processo civil: um passo para o enfraquecimento da jurisprudência. *Precedentes.* Organizadores: DIDIER JR., Fredie; CUNHA, Leonardo Carneiro da; MACEDO, Lucas Buril de; ATAIDE JR, Jaldemiro Rodrigues de. Salvador: Juspodivm, 2015. p. 514.

79. Conceituando *distinguishing*: "A previsão do "*distinguishing*" insere-se no campo de fundamentação das decisões judiciais, pois estas serão tidas como não fundamentadas (e inválidas, portanto) quando o juiz ou o tribunal "deixar de seguir enunciado de súmula, jurisprudência ou precedente invocado pela parte, sem demonstrar a existência de distinção no caso em julgamento ou a superação do entendimento" (art. 489, § 1º, inc. VII)." MARCATO, Antonio Carlos. Os precedentes judiciais e o novo Código de. Processo Civil. *Revista de Direito da ADVOCEF.* Ano XI nº 21 nov/2015. p. 57.

80. A fundamentação é questão primordial para qualquer decisão, como Nery Jr. e Nery preconizam. Contudo, há uma necessidade maior de análise pormenorizada perante a decisão que servirá de paradigma para processos sobrestados ou futuros: "Com o poder vinculante da jurisprudência, a segurança jurídica ganha um novo parâmetro de avaliação; não se pode, pois, proceder a qualquer alteração de entendimento já pacificado sem ampla discussão e participação da sociedade, mesmo porque haverá a necessidade de direcionar de forma nova a situação envolvida. (...) A fundamentação já é necessária de qualquer forma, em razão do disposto no CF 93 IX." NERY JR, Nelson; NERY, Rosa Maria de Andrade. *Código de Processo Civil Comentado.* 16ª. Ed. São Paulo. RT. 2016. p. 1.968.

4.4.2. A necessidade da análise das questões suscitadas pelos atores do contraditório ampliado: *amicus curiae, Ministério Público e audiências públicas*

Houve, no CPC/2015, a preocupação na formação de um embasado contraditório para o julgamento da decisão que se tornará um precedente judicial vinculante, com a possibilidade de manifestação do Ministério Público e intervenção do *amicus curiae*, ou até, realização de audiência pública[81], com a chamada da sociedade para delimitar e explanar sobre a matéria. Esses debates visam ampliar visões das mais variadas possibilidades dos afetados, dos possíveis autores ou réus, peritos, estudiosos, pessoas comuns, dentre outros.

A intervenção do Ministério Público é essencial para o julgamento, diante de sua função de fiscal da norma jurídica, legalmente amparado, para posicionar-se sobre a questão de direito controversa. A participação do *amicus curiae*, evidentemente, não é para defender qualquer das partes, somente concede a sua opinião, o seu parecer sobre o assunto, para uma visão mais ampla e técnica de todos os aspectos possíveis para uma melhor decisão, ainda que seja mais impactante para um lado, para uma parte. A possibilidade de uma audiência pública demonstra uma abertura à sociedade, com um procedimento com fácil acesso, com ampla discussão, concedendo a palavra a pessoas com expertise na matéria, mas que não teriam como atuar perante o processo em si, atuando como *amicus curiae.*

O relator, se houver necessidade, pode requisitar informações a todos os Tribunais inferiores, estaduais ou regionais, para prestarem esclarecimentos e posicionamento sobre a matéria, com a finalidade de ampliar os fundamentos da controvérsia. Esgotar todas as possibilidades de manifestação e de fundamentos para uma decisão completa sobre a demanda.

---

81. Sobre audiência pública, esta deve acontecer não somente para que seja um evento do procedimento, mas que seja substancialmente influenciante no decorrer da decisão. Abreu e Souza pesquisaram sobre a audiência pública determinada ADin – que apesar de não ser nosso foco no estudo -, contudo, os argumentos ali desprendidos não foram considerados: "Confessamos que a análise da decisão se faz aqui de modo bastante simplório, pois o que nos importa é que o embate entre o direito fundamental à vida e à saúde, ou ainda ao de liberdade de pesquisa, tão enfatizamos na audiência pública não foram abordados pelos ministros. O que nos é relevante para passarmos adiante é o dado empírico de que ao final das três sessões a Lei de Biossegurança foi declarada totalmente constitucional, pela maioria de seis ministros, sendo que somente um dos ministros de fato abordou de forma clara o julgamento de valor sobre o vocábulo vida, apesar de recair no mesmo movimento de estranhamento do direito dos demais campos." ABREU, Luiz Eduardo de Lacerda; SOUZA, Larissa Maria Melo. Direito e linguagem na casuística da ação direta de inconstitucionalidade contra a lei de biossegurança. *Trabalho publicado nos anais do XIX encontro nacional do CONPEDI realizado em Fortaleza – CE*, nos dias 09, 10, 11 e 12 de junho de 2010. p. 8.571.

Essa é uma faculdade do relator, não uma imposição.

Encerrada a instrução daquele rito procedimental, evidentemente, quando for realizado o julgamento, seja no voto do relator ou dos demais membros do colegiado, as manifestações destes terceiros acima mencionados devem ser levadas em consideração e não somente de maneira seletiva, mas com a análise de todos os pontos ou questões levantadas por qualquer dos intervenientes.

A construção instrutória para este julgamento visa ampliar o âmbito material, almejando atingir todas as possibilidades e teses jurídicas, exaurindo toda a cognição possível, para ensejando a necessidade de resposta sobre cada um desses fundamentos, aplicados ou não.

Se há o aumento do contraditório, ampliando-o com o intuito de exaurir materialmente o que se discute na formação do precedente judicial, notadamente deve-se, na hora da construção decisória, fundamentar respondendo todas as questões e pontos elencados por todos estes partícipes do rito de formação desse precedente judicial vinculante.

Somente com a resposta a todos os pontos que se entende o caminho de formação da construção decisória, os argumentos considerados e rejeitados, o que podemos chamar até de *obiter dictum*, têm vital importância para o entendimento do que decidiu, da maneira sobre a qual os argumentos que serão vencedores tiveram este êxito e, sobretudo, em qual prisma foram considerados.

Todos esses enfrentamentos argumentativos são necessários para que se entenda que realmente chegou-se na cognição exauriente, no esgotamento da matéria, com respostas sobre pontos e questões de prismas diferentes, uma vez que todos esses partícipes são oriundos de mundos jurídicos diversos, proporcionando ao julgamento visões totalmente diversificadas, necessitando, portanto, de esgotar-se materialmente a discussão sobre esses pontos ou questões levantadas, ainda que diante de um *amicus curiae* ou em audiência pública por um indivíduo.

Se um argumento por qualquer dos participantes não for considerado e debatido, não houve, de fato, um contraditório influenciante, como preconiza o próprio CPC/2015. O que se espera é a construção cooperativa de um precedente judicial, inclusive no IAC, com a resposta a todas as suscitações materiais realizadas.

Por consequência, o julgamento deve ser exauriente, com a necessidade de fundamentação pormenorizada e enfrentando todos pontos possíveis, sejam os argumentos das partes, bem como de todos os que participaram deste contraditório ampliado, pelo fato da sua existência somente tem sentido material se for utilizado como forma de exaurimento da matéria. Um *amicus curiae* que levanta matéria importante, mesmo rejeitada, há o dever de enfrentamento e fundamentação, bem como se for acatada, por qual prisma e impacto.

De igual modo, o que se levantou de argumentos novos na audiência pública devem ser considerados e enfrentados, apesar de não ser fato muito comum nos Tribunais Superiores, mas, se houver tal solenidade, os pontos relevantes devem ser considerados e respondidos pelo colegiado.

Mesma relevância e consideração deve ser dada ao fiscal da ordem jurídica, que deve manifestar-se sobre a sua visão *custa legis* da legalidade e posicionamento da matéria ali discutida, considerando o grau de importância que tem o parecer do Ministério Público.

Caso o relator opte por requerer informações aos Tribunais inferiores que já enfrentaram a questão, ao recebê-las, devem igualmente ser consideradas durante o julgamento, com a fundamentação sobre os pontos ou questões levantadas por estes juízos anteriores, até pelo fato de que já enfrentaram a matéria por diversas vezes – ou ao menos uma vez no IAC – importando que os argumentos ali dispostos devem ser considerados e fundamentados, mesmo em sua negativa, melhorando a própria construção da decisão do precedente. Sobre o IAC e a fundamentação, Bueno enfatiza que "o acórdão do Incidente deve analisar – e sempre fundamentadamente – todas as teses que foram apresentadas para dar solução à questão de direito que enseja a instauração do incidente, independentemente de elas serem favoráveis ou desfavoráveis a um ou a outro ponto de vista[82]."

A fundamentação é importante em qualquer decisão judicial, contudo na formação do precedente judicial ganha uma relevância ainda maior, dado o impacto que tal decisão afetará outras demandas com matérias e *rationes decidendi* idênticas, merecendo, portanto, uma fundamentação pormenorizada.

O dever de fundamentação detém o intuito de proporcionar ao processo uma linha lógica de entendimento do que se decidiu, possibilitando aos jurisdicionados entenderem os motivos pela qual a decisão fora tomada daquela maneira, a qual arbítrio utilizado. O ato decisório não pode e nem deve ser solto em sua interpretação, deve alinhar-se aos argumentos fáticos[83],

82. BUENO, Cassio Scarpinella. *Novo Código de Processo Civil Anotado*. São Paulo: Saraiva, 2ª. ed. 2016. p. 807.

83. Na fundamentação de uma decisão judicial, o juízo deve delimitar os fatos, encará-los com a necessária definição. Sempre, antes da aplicabilidade do direito, deve haver a definição fática. Na decisão que forma o precedente, não há uma definição dos fatos, na maioria dos institutos, mas, necessita da correlação com os fatos delineados, justamente para a aplicabilidade posterior, com a visão do julgador futuro no real enquadramento da decisão: "Na análise do material probatório, o magistrado deve, antes mesmo de verificar se há uma ligação entre a prova produzida e a alegação de fato que ela visa demonstrar, avaliar a própria credibilidade da prova. Entendendo que ela carece

com base no art. 371 do CPC, e os fundamentos jurídicos para que as partes entendam a decisão em si, os motivos que a construíram.

A importância é tamanha que uma decisão sem a devida fundamentação é nula[84], não guardando existência no mundo jurídico, já que não corresponde com aspectos formais da própria decisão judicial. Num estado democrático de direito, a decisão judicial deve ser fundamentada, narrada desde seus fundamentos fáticos e jurídicos, como um direito claramente constitucionalizado, o qual sem proceder-se a fundamentação, não se alcança um processo justo, não se assegura o cumprimento das garantias fundamentais às partes, tampouco se cumpre o devido processo legal.

4.4.3. A necessidade da análise coletiva das questões definidas na decisão de afetação e a formação da *ratio decidendi* do precedente judicial vinculante

Outro ponto necessário na fundamentação e construção do acórdão oriundo do IAC é a necessidade de que o colegiado como um todo analise as questões definidas na decisão de afetação, ou seja, o autêntico objeto do incidente.

Apesar de o julgamento ser materialmente bipartido, este é realizado em uma só sessão, em um só momento, contudo com a necessidade de resolver, primeiramente, o objeto material do IAC, para somente após, resolver as demandas matérias existentes na demanda, com a aplicação, se for o caso, da decisão do próprio incidente.

Um julgamento com diversos pontos ou mesmo com apenas um ponto material, pode ensejar diversas teses jurídicas, argumentos e defesas, com cada uma das partes, dos legitimados para manifestação, com diferentes pontos de vista, com colocações materiais pertinentes, com a necessidade de resposta a cada uma delas, com a análise pormenorizada, como vimos, e, sobretudo, com a admissão ou rejeição de cada um desses pontos materiais argumentativos.

---

de credibilidade — por exemplo, porque a testemunha foi contraditória em seu depoimento ou porque o perito não demonstrou apuro técnico em sua investigação pericial —, deve expor essa circunstância, cuidando de apontar os elementos que o levaram a tal conclusão." DIDIER JR, Fredie. *Sobre a fundamentação da decisão judicial.* http://www.frediedidier.com.br/wp-content/uploads/2012/02/sobre-a-fundamentacao-da-decisao-judicial.pdf.

84. Se a decisão não foi bem fundamentada, ainda que seja oriunda de um instituto do microssistema, ainda assim, será tida como nula: "Reafirme-se, por fim, que a existência de um vício de fundamentação (que pode consistir em sua absoluta ausência ou na existência de uma *fundamentação inadmissível*, assim entendida a que se enquadra em alguma das hipóteses previstas nos incisos do § 1º do art. 489, ou que não atende à exigência feita pelo § 2º do mesmo artigo) acarreta a *nulidade* da decisão judicial." CÂMARA, Alexandre Freitas. *O Novo Processo Civil Brasileiro, 2ª edição*. Atlas, 03/2016. Retirado de https://integrada.minhabiblioteca.com.br/#/books/9788597005967/.

A vinculação da norma jurídica criada a partir da decisão judicial que forma o precedente judicial não nasce do resultado do recurso, remessa ou processo, mas, sim, da fundamentação[85] e do caminho argumentativo[86] percorrido para se chegar no resultado.

Essa parte da decisão tem caráter abstrato e pertinente a todas as outras demandas que futuramente contenham a mesma conjuntura fático-jurídica.

O precedente judicial a ser formado nasce justamente das razões[87] que levaram o colegiado a decidir daquela maneira, justamente a *ratio decidendi*, passando pelas argumentações passageiras, mas não menos importantes – o *obiter dictum* – já que também há de entender os pontos e questões que foram enfrentados e rejeitados para que não se utilize estes, posteriormente, para uma revisão de tese[88].

Quanto mais detalhada for a fundamentação, maior a autoridade argumentativa substancial do próprio precedente judicial.

O ideal, como em qualquer julgamento colegiado, é que cada ponto seja analisado de modo conjunto, mesmo que a votação ocorra de modo serial, justamente para que em cada ponto, em cada argumento coloca a juízo, todos os membros do colegiado efetivamente se manifeste, justamente para

---

85. "a *ratio decidendi* não se confunde com a fundamentação, mas nela se encontra." MARINONI, Luiz Guilherme, *Precedentes obrigatórios*. São Paulo.: RT, 2010. p. 211.

86. A *ratio decidendi* de um precedente está inserta na fundamentação e esta é o caminho para entendermos lógica e juridicamente o que se decidiu, até para retirar dali uma norma jurídica abstrata. Com isso, o dever de fundamentação é o dever democrático da atividade estatal, sem isso, não há diálogo com a sociedade: "A motivação controla tanto a racionalidade do convencimento fático do magistrado como a aplicação do Direito produzido democraticamente pelo povo e para o povo. Motivar uma decisão significa demonstrar que a decisão está fundada sobre uma premissa fática devidamente alegada e provada nos autos do processo sobre uma permissão jurídica correta, pois fruto da aplicação de uma norma jurídica previamente estabelecida e conhecida pelas partes, ainda que tenha sido extraída de uma complexa interpretação do sistema jurídico, dos seus princípios estruturantes e dos valores da sociedade." LUCCA, Rodrigo Ramina de. *O dever de motivação das decisões judiciais. Salvador:* Juspodivm, 2015. p. 379.

87. Precedente nasce na fundamentação e, consequentemente, essa é considerada no momento da aplicação posterior dessa decisão paradigmática. Com isso, a fundamentação do precedente deve guardar uma pormenorização muito maior do que as normais, uma vez que se cria uma norma jurídica abstrata para enquadramento e interpretação posterior: "Os precedentes, como salientado no item anterior, exsurgem dos fundamentos determinantes de uma decisão paradigmática. O ponto culminante da vinculação dos precedentes está na motivação das decisões. Não há lógica nem racionalidade no sistema de precedentes se a sua aplicação for realizada sem o rigoroso comparativo entre as situações fáticas e as questões jurídicas que ensejaram a formação do precedente e as que são objeto do novo julgamento." CAMBI, Eduardo; HELLMAN, Renê Francisco. Os precedentes e o dever de motivação no novo código de processo civil. *Precedentes*. Organizadores: DIDIER JR., Fredie; CUNHA, Leonardo Carneiro da; MACEDO, Lucas Buril de; ATAIDE JR, Jaldemiro Rodrigues de. Salvador: Juspodivm, 2015. p. 655.

88. Comentário do autor: o Judiciário, ao entender que os precedentes não devem conter todas as argumentações em sua fundamentação, considerando que somente as relevantes são suficientes, pode cair no equívoco de omitir questões que posteriormente podem ser suscitadas para revisão de tese.

que se tenha uma unidade decisória para a formação do precedente judicial, com a admissão de diversos argumentos e a igual rejeição de outros tantos.

Não se pode imaginar que cada julgador possa fundamentar à sua maneira[89], chegando somente no resultado que convirja com o colegiado como um todo.

O acórdão de qualquer julgamento não pode acontecer de modo somente a contar voto a voto de maneira monocrática, com fundamentações díspares. Um modo meramente serial, com uma análise desligada entre os membros, muitas vezes proporcionará um precedente judicial sem uma boa definição de *ratio decidendi*, com diversos fundamentos determinantes que não se interligam ou, ainda, culminando em diversas interpretações de mesmos pontos argumentativos.

O que se espera deste acórdão é a análise conjunta[90] dos argumentos e das teses jurídicas, seja aquelas aventadas pelas partes ou pelos próprios julgadores, apontado as delimitações materiais que embasaram aquele resultado. Se houver convergência de resultado, mas com caminhos argumentativos

89. A preocupação trazida por Dotti é importante, existe uma colegialidade como tradição do direito brasileiro? Existem julgamentos colegiados, com cada qual julgando com seus fundamentos que não se interligam com os demais, o que se torna um equívoco. O usual deveria ser julgar os pontos em comuns da fundamentação de cada julgador, para, após, enfrentar os pontos divergentes, mas, por pontos não devemos entender o provimento ou não do recurso somente, mas os fundamentos sobre os quais cercam os membros que concordam entre si. Não há como entender que mesmo decidindo pelo mesmo resultado, julgadores utilizem caminhos diversos que não dialogam entre si, o que dificulta a própria identificação da *ratio decidendi*: "Não há no país nem mesmo um sentimento de colegialidade dentro das Cortes. Cada assessoria ou gabinete decide de uma forma e não há uma coerência entre as decisões. Isso faz com que o entendimento de um mesmo órgão julgador se altere em pequenos intervalos de tempo, de acordo com sua composição. Por outro lado, sendo a lei o único parâmetro e, ainda assim, apresentando por vezes uma alta carga de indeterminação, não há como prever o conteúdo das decisões judiciais." DOTTI, Rogéria. Os precedentes judiciais e antecipação: a tutela da evidência no novo CPC. *Revista de Direito da ADVOCEF*. Ano XI nº 21 nov/2015. p. 64.

90. Os Tribunais têm uma prática complexa de cada julgador fundamentar de seu próprio modo, sem correlação com a fundamentação dos demais. E, essa prática acontece em todos os tribunais, inclusive nos superiores. Desse modo, como pensar em um precedente se cada julgador foi pra um lado em termos de fundamentos e somente se encontram no final, na disposição do direito e julgamento? Cunha e Didier Jr. salientam que quando ocorre tal desiderato, não há precedente em uma decisão judicial, o qual concorda na teoria. Por outro lado, na prática, se for uma decisão que julga um dos institutos do microssistema, mesmo dessa forma dispersa na fundamentação, há precedente? Infelizmente, sim. Com uma autoridade argumentativa fraca e com dificuldade de enquadramento posterior, mas há: "Há casos em que a maioria dos julgadores posiciona-se no sentido de determinado resultado do julgamento, mas com fundamentação bem diferente: não há maioria em torno do fundamento determinante que deva ser utilizado. Nesses casos, a decisão não formará precedente, ou porque não se sabe qual foi a *ratio decidendi*, ou simplesmente porque não houve *ratio decidendi*. As decisões plurais – exatamente aquelas em que há pluralidade de fundamentos determinantes, sem que haja maioria em relação a qualquer deles – são, porém, uma realidade inexorável no funcionamento de um tribunal, porque não há como impor um consenso em relação ao fundamento." CUNHA, Leonardo Carneiro da; DIDIER JR., Fredie. *Curso de direito processual civil. Meios de impugnação às decisões judiciais e processo nos tribunais*. 13ª ed. Salvador: Juspodivm, 2016. p. 73.

diversos na formação de um precedente judicial, não se consegue delimitar a *ratio decidendi* de maneira eficiente, o que implica numa dificuldade[91] de entendimento do que se formou como um precedente judicial.

Dessa maneira, quanto mais colegiada a tomada de decisão, com debates e construção conjunta de uma argumentação e decisão definitiva, maior a qualidade do precedente judicial a ser criado, o que remete a um modo geral que inclui a decisão do IAC.

4.5. AS POSSIBILIDADES RECURSAIS CABÍVEIS DO JULGAMENTO DO IAC: *INTERESSE, QUESTÃO RECORRÍVEL, LEGITIMIDADE E PROCESSAMENTO*

O acórdão de julgamento do IAC contém, além da tese jurídica fixada para a utilização como precedente judicial, também o julgamento do restante da matéria daquela demanda ou recurso, alheia ao próprio incidente, apesar de julgado pelo mesmo colegiado que assumiu a competência. Somente a matéria do acórdão sobre o julgamento do incidente - aquela questão em específico - que valerá para aplicabilidade vinculante em outras demandas, afetadas por suspensão ou não, e nas futuras a serem propostas.

Como qualquer outro acórdão, independentemente de ser oriundo de um IAC, há possibilidade recursal da matéria da decisão que julga o incidente, bem como da outra matéria sobre o restante da demanda.

Qual recurso cabe? Depende em qual Tribunal foi realizado o incidente.

Se for em Tribunais de segundo grau - estaduais ou regionais, caberão recursos excepcionais, dependendo do enquadramento material sobre o acórdão do incidente ou do restante da demanda, encaminhado para o STJ, em recurso especial, em caso de questão federal ou encaminhado ao STF, em recurso extraordinário, em caso de questão constitucional.

No caso de o incidente ser instaurado diretamente no STJ, somente caberia, diante do enquadramento, o recurso extraordinário. Se for instaurado diretamente no STF, sem possibilidade de recurso para rediscussão interna, o cabimento ficaria restrito à interposição de embargos de declaração, nos moldes do art. 1.022 do CPC, os quais também cabem em qualquer situação, em acórdão de IAC de qualquer Tribunal, por ser um recurso meramente corretivo e integrativo.

Uma questão pertinente a se verificar e indagar-se é a maneira com que o recurso sobre uma questão do incidente chegará nos Tribunais Superiores.

91. Comentário do autor: seriam diversos caminhos para chegar no mesmo entendimento jurídico e o caminho, notadamente, importa.

A questão de direito decidida via IAC, seja em Tribunais de segundo grau ou Superiores, forma, um precedente judicial vinculante, com aplicabilidade perante os outros órgãos vinculados a esses juízos, sejam aqueles de primeiro grau ou dos Tribunais que são subordinados ou, ainda, internamente, os órgãos fracionários do próprio Tribunal que formou o precedente judicial.

A indagação correta a ser feita é: esse recurso excepcional que impugna questão de direito, decidida em IAC, deve ser recebido já com o incremento da técnica no Tribunal Superior? Ou seja, um recurso sobre questão de direito relevante em IAC, seria igualmente julgado com as técnicas do incidente no Tribunal Superior? A resposta que se visualiza como plausível para a questão é positiva, com a necessidade de que o recurso seja recebido, com a análise de admissibilidade realizada, como um novo incidente[92], agora no âmbito do Tribunal Superior, com a remessa para um colegiado maior, competente para a formação de um precedente judicial vinculante.

Esse ponto é crucial para entendermos que esse recurso, seja de Tribunal de segundo grau para um Superior ou do STJ para o STF, impugna um precedente judicial vinculante, com a necessidade de que os juízos anteriores e subordinados ao Tribunal que formou o precedente judicial o adotem, logo não há como imaginar que esse recurso excepcional, caso contenha a admissibilidade positiva, seja recebido por uma mera Turma do STJ ou do STF, com a necessidade de que seja julgado em IAC nesses respectivos Tribunais, pelo fato de que será uma revisão do precedente judicial vinculante formado no Tribunal anterior, com a possibilidade da manutenção do precedente em seus moldes criativos, da revogação do precedente naquela materialidade, com a criação de outros termos para o precedente, ou, ainda, a realização de pequenos ajustes materiais, com a melhoria do próprio precedente judicial.

De modo geral, o Tribunal Superior que receberá o recurso impugnativo de uma decisão formada em IAC não poderá ficar indiferente sobre a matéria e a sua valoração, com a necessidade de vislumbrar a importância de tal julgamento, com a distribuição direta para o órgão competente para o julgamento de IAC no Tribunal Superior.

Essa é a procedimentalidade necessária para o julgamento do recurso excepcional[93].

---

92. De maneira mais detalhada: LEMOS, Vinicius Silva. O Recurso do Julgamento do Incidente de Assunção de Competência, a Admissibilidade Positiva e a Tramitação em Tribunal Superior. REVISTA MAGISTER DE DIREITO CIVIL E PROCESSUAL CIVIL, v. 102, p. 74-102, 2021.

93. Trato do tema sobre o recurso do IRDR mais detalhadamente nesse artigo indicado, o qual serve de base para o pensamento de como deve ser o recurso que impugna uma decisão formada em IAC. LEMOS, Vinicius Silva O recurso da decisão de mérito do incidente de resolução de demandas repetitivas e a sua tramitação no tribunal superior In: Aspectos polêmicos dos recursos cíveis e assuntos afins. Org.: ALVIM, Teresa Arruda; NERY JR., Nelson. 13. ed. Revista dos Tribunais, 2017, v. 13.

Não há nada que verse sobre isso no próprio CPC/2015, tampouco o STJ ou STF se importaram, até agora, em procedimentalizar os recursos oriundos de incidentes dos Tribunais de segundo grau, o que importa na necessidade primordial de visualizar-se a problemática, a diferença material desses recursos para os demais recursos excepcionais. No IRDR, o STJ incluiu no seu Regimento Interno, contudo não incluiu no IAC, o que deixa clara a lacuna. Dessa maneira, não há no Regimento Interno de nenhuma tratativa regulamentária sobre a questão, o que deixa um vazio, uma lacuna, contudo esta somente poderia ser preenchida por mais clareza legal, com uma nova norma federal ou via Regimento Interno, o que não fez.

Se o recurso do IRDR será recebido no STJ como um recurso excepcional em rito repetitivo, como preconiza o art. 256-H[94] do RISTJ, a mesma interpretação deve ocorrer com o recurso excepcional em IAC, com a instauração desse rito. É uma saída possível e lógica, ainda que não seja a ideia, demonstrando que há uma evidente lacuna na legislação processual e no próprio Regimento Interno do STJ.

No entanto, uma saída pode ser vista como possível, utilizando uma interpretação do que está disposto nos arts. 1.030, IV e no 1.037, § 1º, ambos do CPC< quando o presidente ou vice-presidente do Tribunal recorrido, ao receber o recurso excepcional, pode deliberar sobre a escolha do representativo da controvérsia em eventual repetitivo, já recebendo um ou mais recursos excepcionais e afetando-os provisoriamente, com a remessa ao Tribunal Superior com a menção de que entende que a matéria deve ser processada em repetitivo e não num rito normal de um recurso excepcional.

Trazendo tal sistemática para o IAC, eventual recurso excepcional impugnativo ao acórdão que julgou o incidente e a demanda principal, ao ser admitido, o presidente ou vice-presidente do Tribunal recorrido deve afetá-lo em oriundo de um IAC e, ao remeter ao Tribunal Superior, informá-lo, desde já, da necessidade de distribuição para o órgão competente para a formação de um precedente judicial em IAC.

Esse ponto é importante para a própria importância desse recurso e que seja devidamente procedimentalizado em IAC, caso contrário, sem um devido cuidado, o STJ pode até modificar o precedente vinculante de Tribunal de segundo grau sem ter o arcabouço procedimental substancial para tanto, sem trazer uma ampliação do debate.

94. **RISTJ.** Art. 256-H. Os recursos especiais interpostos em julgamento de mérito do incidente de resolução de demandas repetitivas serão processados nos termos desta Seção, não se aplicando a presunção prevista no art. 256-G deste Regimento. (Incluído pela Emenda Regimental no. 24, de 2016).

Outra dúvida é se pode um recurso excepcional impugnar um acórdão formado em IAC e, ao receber com admissibilidade positiva, entender que não seria caso de precedente judicial vinculante, há discricionariedade nesse ato? Seria uma revogação do precedente judicial, não em seu conteúdo, somente em não admitir o recurso como representativo da controvérsia e procedendo, cientemente, como um recurso excepcional normal, retirando o caráter transcendental.

Todavia, essas questões sobre o recurso excepcional que impugna o IAC nos leva a uma indagação sobre a admissibilidade desse recurso excepcional: a admissibilidade é idêntica aos demais recursos excepcionais? A resposta tende a ser complexa, com a visão de que a admissibilidade tem uma objetivação maior do que a normal.

Mas, antes, há a necessidade de separar a matéria do IAC sobre a questão de direito local e as questões federais ou constitucionais.

No *primeiro ponto*, evidentemente que a admissibilidade do recurso excepcional será nos moldes tradicionais, com a complicação de que o direito local é atinente, em termos de competência, aos próprios Tribunais locais, não sendo matéria para os Tribunais Superiores, com a necessidade de uma admissibilidade rígida quando o IAC tratar dessas matérias, com a dificuldade de visualizarmos que um recurso excepcional desses conseguiria ser admissível.

No *segundo ponto*, sobre as questões federais ou constitucionais, a admissibilidade do recurso oriundo de uma impugnação a IAC deve ser mais objetiva e, de certa maneira, automática, pelo fato de que um Tribunal de segundo grau julgou uma matéria federal ou constitucional, definindo em precedente judicial vinculante uma interpretação para tal ponto material, logo há, claramente, uma questão federal ou constitucional, de caráter objetivo, pelo simples fato de que uma matéria de competência dos Tribunais Superiores foi definida em caráter vinculante por Tribunais anteriores, impactando os processos eventualmente existentes, bem como os processos futuros, atuando como um precedente para solucionar esses processos que já existam e para fixar parâmetros para processos a serem julgados futuramente.

Dessa maneira, a admissibilidade dos recursos excepcionais impugnativos ao IAC deve ser aceita automaticamente, somente com a análise formal dos requisitos gerais de admissibilidade, tais como tempestividade, preparo, dentre outros.

De certo modo, é necessário buscar as diretrizes dos recursos excepcionais cabíveis ao IRDR, melhores delineados no art. 987 do CPC e seus impactos aos mesmos recursos, contudo agora cabível sobre a decisão do

IAC. Logo, a admissibilidade, o efeito suspensivo e a repercussão geral[95] são nos mesmos moldes que os parágrafos do art. 987 do CPC preconizam[96].

No tocante à *legitimidade para a interposição desses recursos*, há uma certa complexidade.

As *partes*, naturalmente, podem recorrer da integralidade do acórdão, em qualquer das questões de direito ali envolvidas, sobre a questão afetada pelo IAC, bem como também, ou, principalmente, sobre a questão relacionada à totalidade material da sua demanda. Podem abrir mão de ambos os conteúdos ou recorrer somente de um deles, diante do seu interesse recursal e sua faculdade de recorrer.

Além dos eventuais recursos excepcionais, podem interpor embargos de declaração sobre todos os pontos, com o devido enquadramento nas hipóteses do art. 1.022 do CPC.

Com base na ampliação da utilização do microssistema de formação concentrada de precedentes judiciais vinculantes[97], os interessados que participaram somente da instrução do incidente, caso do *Ministério Público* ou *Defensoria Pública*, ou em manifestação de terceiros, na modalidade de *amicus curiae*, por haver interesse desses sobre o resultado daquela questão de direito relevante, pela admissão anterior para manifestação, há possibilidade de interposição do recurso, independentemente da existência de recursos dos outros legitimados.

A possibilidade de interposição recursal por esses entes, que não são as partes processuais, é uma construção do próprio microssistema de formação de precedentes judiciais vinculantes, com a visão de um interesse recursal maior do que o normal em uma demanda. Se o *amicus curiae*, positivado pelo art. 138 do CPC, pode recorrer do IRDR, utiliza-se a mesma base da

95. Sobre a repercussão geral e o recurso "Outra peculiaridade é a presunção de repercussão geral da questão para fins da admissibilidade do recurso extraordinário interposto contra o acórdão (art. 987, §1º). A Lei nº 13.256/2016 revogou o inciso II do art. 1.035, §3º, que assegurava a presença inevitável da repercussão geral no caso analisado. No entanto, o art. 987, §1º continua incólume, assegurando a presunção do referido requisito de admissibilidade." MENDES, Aluisio Gonçalves de Castro; MELLO, José Roberto. Incidente de assunção de competência. 2a. ed. Rio de Janeiro: GZ, 2021. p. 145.

96. Sobre esses pontos: "Isso porque, quando julgado, o referido recurso, seja ele especial ou extraordinário, acarretará a aplicação da tese definitiva e todos os processos nacionais que versem sobre a questão (art. 987, §2º, por analogia). Os desejáveis recursos especial e/ou extraordinário seguirão processamento definido nos regimentos internos das Cortes de cúpula, ostentando efeito suspensivo automático (art. 987, §1º), excepcionando a regra geral do art. 1.029, §5º." MENDES, Aluisio Gonçalves de Castro; MELLO, José Roberto. Incidente de assunção de competência. 2a. ed. Rio de Janeiro: GZ, 2021. p. 144.

97. Comentário do autor: os julgamentos provenientes desses institutos (Incidente de Assunção de Competência, Incidente de Resolução de Demandas Repetitivas e os Recursos Repetitivos) formam conjuntamente um microssistema de formação concentrada de precedentes judiciais vinculantes. Com isso, disposições constantes em um instituto podem ser utilizadas em outro, se conveniente.

existência de um microssistema para permitir a visão recursal para todas as formações de precedentes judiciais, sobretudo o IAC.

No entanto, tal interesse recursal dos terceiros – Ministério Público, Defensoria Pública ou *amicus curiae* – se restringe à questão de direito delimitada pelo IAC, tanto quanto à utilização da mesma modalidade recursal cabível para as partes utilizarem, com a variação idêntica, dependendo de qual Tribunal foi instaurado o incidente, dependerá qual recurso é possível manejar.

A *primeira premissa* dessa legitimidade deve ser analisada quanto ao recurso.

Todos poderão interpor embargos de declaração sobre a questão de direito delimitada pelo IAC. Não se vislumbram muitas dúvidas sobre essa legitimidade, sobre a possibilidade de todos os atores processuais que efetivamente fizeram parte do incidente recorrerem em embargos de declaração, resguardando uma impossibilidade somente aos participantes da audiência pública, os quais não teriam a mesma legitimidade que os demais.

A *segunda premissa*, bem mais complexa, é a legitimidade de todos esses atores em recorrerem da decisão em seu mérito, com a interposição de eventual recurso excepcional. É possível? Com base ainda na utilização do microssistema para o IAC e em interpretação expansiva do art. 982, I do CPC, além dos legitimados e dos terceiros que efetivamente participaram do incidente.

O complexo da questão passa pelo fato de que admitir tal recorribilidade compreende admitir que um desses atores recorra de uma tese jurídica, sem ter o interesse jurídico específico no caso em concreto, mas na formação do próprio precedente judicial e a devida revisão recursal, mudando de total maneira a interpretação fechada sobre o que seria o interesse recursal[98].

Mesmo diante de tal complexidade, do impacto dessa questão sobre a processualística brasileira, defende-se aqui que todos os atores efetivos do IAC podem interpor os recursos excepcionais sobre a matéria objeto do próprio incidente. O intuito é que o eventual precedente judicial tenha, se for possível, o maior grau de jurisdição, com o melhor teor judicante e maior impacto na sociedade, sem ater-se somente às partes para a sua recorribilidade.

No entanto, há uma questão ainda mais complexa, a legitimidade recursal das partes que eventualmente tiveram seus processos suspensos por causa do incidente, se também têm legitimidade para interpor recurso contra a decisão do mérito do incidente? Essa é a grande questão a ser respondida

98. Sobre essa diferente visão de interesse recursal: UZEDA, Carolina. Interesse recursal. Salvador: Juspodivm, 2018.

sobre o IAC, primeiro por poucos entenderem que haverá processos afetados em IAC, pelo fato de que muitos entendem que não caberia a suspensão e, com isso, os processos não aguardariam do IAC.

Todavia, imaginem o exemplo já dado de uma questão de cabimento de agravo de instrumento, outros processos estão com a mesma dúvida material, instaurado o IAC, com a adoção de um não cabimento do agravo de instrumento, as partes dos processos afetados poderiam recorrer? Ou aguardariam a aplicação da definição do decidido em IAC no seu próprio processo, para, então, recorrer? Esse é um ponto complexo, no qual defende-se que não há recorribilidade pelos afetados[99], diretamente da decisão do IAC, restando somente a possibilidade recursal sobre a matéria decidida[100], contudo tal viabilidade ocorrerá quando tal questão de direito relevante decidida no IAC for aplicada em sua demanda.

Se o processo estava suspenso pela afetação, como visualizou-se como possível no IAC, quando aquela tese fixada no incidente for aplicada em sua demanda, pela própria continuidade desta, o recurso será cabível e, poderá, portanto, impugnar o conteúdo do IAC. Pertinente é esse ponto pelo fato de que esse processo suspenso, com a aplicação do conteúdo decidido nesse incidente, o recurso dali proveniente poderá impugnar, sem maiores digressões argumentativas, pelo fato de que tal demanda estava no aguardo da definição do IAC.

Esse ponto é um ponto importante da suspensão, pelo fato de que esse processo afetado, quando for aplicada a tese jurídica, esse recurso ao Tribunal Superior deve ter a admissibilidade normal, sem nenhuma complicação de coincidir de ser matéria fixada em precedente judicial, pelo fato de que o próprio precedente ainda será discutido no Tribunal Superior, caso haja recurso do IAC ou, caso ninguém recorra, esse próprio recurso excepcional fora do IAC, pode ser o meio de revisão ou confirmação do precedente judicial pelo Tribunal Superior.

---

99. Em sentido contrário: "No entanto, se afigura muito mais proveitoso que tais sujeitos recorram da decisão de mérito do incidente, no capítulo referente à fixação da tese, manejando os recursos como terceiros prejudicados. É essa a linha majoritária na definição da questão no incidente de resolução de demandas repetitivas. No caso do IAC, a legitimidade recursal tem contornos peculiares para aqueles não envolvidos no processo sobrestado. Esses sujeitos, perfeitamente interessados na discussão atinente à tese jurídica, não ostentam interesse recursal quanto à sua aplicação ao processo originário, remessa necessária ou recurso pelo órgão colegiado. O recurso só será cabível quanto à parcela da decisão abstrata, seja a fundamentação, seja a redação da tese fixada. Os litigantes do caso julgado, por sua vez, poderão se insurgir contra o julgamento do litígio concreto, naturalmente. Portanto, existem dois capítulos impugnáveis autônoma ou conjuntamente, portanto: o que fixa a tese e o que a aplica à relação jurídica examinada." MENDES, Aluisio Gonçalves de Castro; MELLO, José Roberto. Incidente de assunção de competência. 2a. ed. Rio de Janeiro: GZ, 2021.p. 147.

100. Enunciado n.º 94 do FPPC: A parte que tiver o seu processo suspenso nos termos do inciso I do art. 982 poderá interpor recurso especial ou extraordinário contra ao acórdão que julgar o incidente de resolução de demandas repetitivas.

De modo diverso, se uma demanda for posterior à tese jurídica fixada no IAC, quando esta for aplicada para o devido julgamento, eventual recurso deve incluir a argumentação de superação de precedente judicial, pelo fato de que o decidido no incidente se vinculou àquela questão de direito relevante, devendo ser revista somente se houver elementos para superação. O caminho mais óbvio, preventivamente, seria a suscitação de outro IAC, agora de revisão, contudo se já foi aplicado, pode ser instada tal matéria no recurso excepcional, com a necessidade da argumentação da superação do precedente judicial vinculante ali utilizado, mas esse novo IAC depende de novos fundamentos para ser plausível sua suscitação.

O PRECEDENTE JUDICIAL FORMADO PELO IAC, SUAS PECULIARIDADES E APLICAÇÕES

Toda decisão, em qualquer dos institutos do microssistema de formação de precedentes judiciais vinculantes – incluindo o IAC, deve conter uma substância material digna e coadunando com a legalidade e, sempre que possível, com os anseios sociais. É importante essa visão da decisão que forma o precedente judicial, justamente para entender-se que a vinculatividade formal, contida em diversos artigos do CPC/2015 e, sobretudo, no art. 927 do CPC, não resolverão, de plano, o problema da dispersão de entendimentos se o único ponto legitimador for o devido cumprimento do procedimento.

Não há liberdade decisória total por causa da existência de procedimento pré-definido, tampouco há legitimidade ampla somente pela participação da sociedade, através dos terceiros, principalmente *amicus curiae*, como se estes autorizassem qualquer que fosse o resultado da decisão judicial.

E, para entender os precedentes judiciais já existentes no Brasil, uma vez que muitos dos institutos insertos do microssistema não são novidades e foram, no máximo, remodelados, muitas decisões sem um cunho vinculante formal e legal, têm total aceitação pela sociedade e pelos juízos de Tribunais e graus inferiores pela sua própria substância, sem a necessidade de uma norma que obrigue os demais órgãos a seguir.

Evidentemente que um microssistema de formação de precedentes judiciais vinculantes pressupõe a ciência pelo órgão julgador que há um paradigma a ser construído no exercício específico daquela judicância, naquele momento, o que importa em atrelar-se, ainda mais, os precedentes fundamentais, os argumentos das partes e, principalmente, a pacificação social[1], orientada

1. Nesse ponto, há de se imaginar que o simples procedimento a ser seguido, sem um viés participativo e em conjunção à sociedade não detém o grau de vinculatividade que a própria norma preconiza. O caso apresentado aqui refere-se ao Repetitivo sobre "Necessidade de, na busca e apreensão de bem alienado fiduciariamente, ser paga a integralidade do débito para caracterizar-se a purgação da mora pelo pagamento, não sendo suficiente o pagamento, tão somente, das parcelas vencidas",

pelos ditames constitucionais e, como o próprio CPC/2015 preconiza em seu art. 8º, para culminar numa decisão que detenha uma legitimidade pelo cumprimento das regras procedimentais e pela sua própria materialidade, conseguindo uma decisão social e juridicamente justa.

Um ponto importante para toda a legitimidade está na ampla publicidade de todo o conteúdo do procedimento, de todas as deliberações, desde a decisão de afetação quanto aos debates e, principalmente, sobre o enfrentamento de todas as questões, com as devidas refutações que são peculiares da argumentação jurídica.

As deliberações de cada um dos atores processuais, das partes aos *amicus curiae*, passando pela audiência pública, informações dos Tribunais e parecer do Ministério Público revelam as escolhas de posições jurídicas e políticas por esses grupos, ainda que conforme seus sentimentos e anseios, talvez nem tanto jurídicos, mas pertinentes e reais, o que não pode ser omitido e, tampouco, desconsiderado. Conhecer e tornar pública as razões da deliberação são fundamentais para o exercício e vinculatividade da decisão, até pelo fato de somente entender-se-á toda essa vinculação, se entendermos o que está em jogo, quais são todos os interesses sobre os quais qualquer dos institutos almeja.

Evidentemente, o procedimento por si só não legitima qualquer decisão[2].

---

tendo o REsp 1.418.593 como representativo da controvérsia, deliberou-se sobre a necessidade de pagar a integralidade da dívida se houver uma ação de busca e apreensão ou somente o que perfaz valores em atraso que geraram a possibilidade da demanda. A interpretação em Repetitivo em Recurso Especial foi a seguinte pela 2ª. Seção do STJ: "Nos contratos firmados na vigência da lei 10.931/04, compete ao devedor, no prazo de cinco dias após a execução da liminar na ação de busca e apreensão, pagar a integralidade da dívida – entendida esta como os valores apresentados e comprovados pelo credor na inicial –, sob pena de consolidação da propriedade do bem móvel objeto de alienação fiduciária." Ou seja, decidiu em sede de formação de um precedente vinculante (apesar de não se utilizar este termo no CPC/73) que se há um processo de busca e apreensão de um veículo, purgar-se-á a mora de todo o contrato e, ao devedor, que não conseguiu pagar aquela parcela ou parcelas, somente será possível a devolução do veículo com a visão de que o devedor deve quitar toda a dívida. É uma visão deturpada da norma, bem como desarrazoada da realidade e da finalidade de um repetitivo. Primeiro sobre o prisma do aspecto temporal, o repetitivo foi aceito, pelo Ministro Salomão, em 03/02/2014, e julgada a tese em 14/05/2014, com julgamento dos embargos de declaração em 18/06/2014, e trânsito em julgado em 22/08/2014 (consulta em http://www.stj.jus.br/repetitivos/temas_repetitivos/pesquisa.jsp em 02 de janeiro de 2017). Não houve nem o procedimento em sua análise de maturação do que se decidir, somente uma consideração em um julgamento com uma vinculatividade maior, como uma legitimidade para um entendimento sem seguir pormenorizadamente o que o rito preconiza. Desse modo, não há uma respeitabilidade pelo repetitivo pelo Brasil afora, levando a ser um repetitivo com alto índice de descumprimento pelos tribunais e juízes de primeiro grau, fora a noção de que o devedor não terá condições de adimplir todo o contrato. http://www.migalhas.com.br/Quentes/17,MI218053,11049-STJ+reforma+decisao+que+admitiu+purgacao+da+mora+em+leasing+de+veiculo.

2. "Dessa forma, a legitimação não deve ser apreendida apenas em seu sentido formal, deve ela advir de uma confluência com os influxos da realidade que fornece qualidade e conteúdo à decisão." MARTIN, Andréia Garcia. A legitimação das decisões judiciais pelo procedimento adequado: a superação da

Não há de se pensar em transcendência da decisão formada nesse microssistema em que o IAC está inserido somente pela procedimentalidade ser para a formação de precedente vinculante, se as suas decisões forem desconectadas com a realidade jurídica e sua aplicabilidade no cotidiano. Do mesmo modo, a substância material do que se decide, do que se delibera é fundamental para que saiba se o procedimento cumpriu a sua função, não como um legitimador em si mesmo da decisão, mas, sobretudo, como a busca de uma decisão resultante da melhor interpretação do direito material.

Essa dicotomia procedimento/substância[3] material deve permear o órgão julgador em uma preocupação incessante na coexistência de ambos. O procedimento deve ser meio, um caminho processual para alcançar a finalidade e a substância deve ser a finalidade.

O conteúdo tem alto grau de importância, tanto que existem diversas decisões/precedentes que, apesar de não serem vinculantes formalmente, detêm alto grau de respeitabilidade[4] e vinculação pela sua própria contundência em sua formação[5], ainda que fora de um rito procedimental instituído

---

teoria de Luhmann. Anais. Sociedade, Direito e Decisão em Niklas Luhmann Congresso Internacional em Homenagem a Cláudio Souto De 24 a 27 de Novembro de 2009. p. 107.

3. Sobre o ordenamento revogado, Raatz demonstrava uma crítica justamente à ênfase ao procedimentalismo, com o intuito de mencionar que o precedente deve conter substância de tal desiderato. Os precedentes, nos moldes brasileiros, nascem para assim o serem e devem ter o cuidado com o conteúdo e não somente uma legitimidade pelo procedimento: "Por um lado, o sistema de precedentes obrigatórios não leva em conta os fundamentos da decisão como qualificadores do seu grau de vinculação para as decisões futuras: basta que a decisão tenha sido tomada pelo Superior Tribunal de Justiça em respeito à algum procedimento capaz de conferir-lhe tal força, como, por exemplo, aquele previsto no artigo 543-C, do CPC27. Vale dizer, o valor do precedente independe do seu conteúdo28. O aspecto subjetivista impera nesse primeiro momento, pois não importa como se decidiu, mas, sim, que determinada matéria foi decidida. Com isso, o precedente ganha, automaticamente, força vinculante relativamente aos casos futuros." RAATZ, Igor. Precedentes obrigatórios ou precedentes à brasileira? *Revista Eletrônica de Direito Processual – REDP*. Vol. XI. N. 11. 2013. p. 224.

4. Apesar de ser uma súmula, contudo, citamos a súmula 385, como um precedente não vinculante em termos formal, porém, com alta vinculatividade substancial, com aplicabilidade unânime nos tribunais e juízes de primeiro grau. SÚMULA N. 385 - Da anotação irregular em cadastro de proteção ao crédito, não cabe indenização por dano moral, quando preexistente legítima inscrição, ressalvado o direito ao cancelamento. Referências: CDC, art. 43, § 2º. CPC, art. 543-C. Resolução n. 8/2008-STJ, art. 2º, § 1º. Precedentes: AgRg no REsp 1.046.881-RS (4ª T, 09.12.2008 – DJe 18.12.2008) AgRg no REsp 1.057.337-RS (3ª T, 04.09.2008 – DJe 23.09.2008) AgRg no REsp 1.081.404-RS (4ª T, 04.12.2008 – DJe 18.12.2008) AgRg no REsp 1.081.845-RS (3ª T, 04.12.2008 – DJe 17.12.2008) REsp 992.168-RS (4ª T, 11.12.2007 – DJ 25.02.2008) REsp 1.002.985-RS (2ª S, 14.05.2008 – DJe 27.08.2008) REsp 1.008.446-RS (4ª T, 08.04.2008 – DJe 12.05.2008) REsp 1.062.336-RS (2ª S, 10.12.2008 – DJe 12.05.2009) Segunda Seção, em 27.5.2009 DJe 8.6.2009, ed. 379.

5. O cerne do nosso estudo é o IAC, seu procedimento e o precedente ali formado, contudo, há de se perceber que existem precedentes com alto grau de vinculatividade mesmo fora das decisões resultantes destes institutos, justamente pela qualidade de seu conteúdo. Magalhães e Silva analisam essa substancialidade: "Os direitos fundamentais desempenham papel determinante no grau de vinculação de um precedente. Dessa forma, os precedentes, independentemente de exercerem ou não vinculação formal, que reconheceram (ADI 939/DF), estenderam (RE 179.500/RS) ou criaram (HC 68.742/ DF) direitos fundamentais possuem uma força vinculante muito maior do que aqueles que limitaram ou reduziram o campo de aplicação de direitos fundamentais (ADI 1.232DF e ADC

para tanto. O conteúdo do que se decide e forma como precedente judicial importa para a própria qualidade do que foi construído e a respeitabilidade para a aplicação futura.

No entanto, a possibilidade de uma decisão construída fora do procedimento do microssistema ter esse mesmo alto grau de vinculatividade pelo seu conteúdo não faz imaginar que o rito previsto no IAC - ou qualquer outro meio de formação de precedente – é desnecessário ou desimportante. Todos os institutos que foram precedentes judiciais vinculantes têm o seu grau de importância e a necessidade de que construam o sistema de vinculação, contudo é possível que uma decisão seja respeitada e contenha um alto grau de vinculação pela sua própria qualidade substancial, o que apesar de não ser normal, é viável.

O intuito é totalmente diverso, passa por entender que diante dessa alteração procedimental, com ampliação do contraditório e da pormenorização judicante em todos os pontos, serão maiores as possibilidades de acertos na formação do conteúdo do que se decidiu e, com isso, um grau maior de legitimidade deixando a dicotomia para entender-se como uma complementariedade entre procedimento e substância[6].

O precedente judicial formado no IAC é vinculante, como nos demais institutos de formação de precedente, e, ainda, é o que melhor se enquadra na visão da utilidade futura do precedente judicial, pelo fato do art. 947, § 3º do CPC dispor que "o acórdão proferido em assunção de competência vinculará todos os juízes e órgãos fracionários, exceto se houver revisão de tese."

É o instituto que mais claramente utiliza o termo vincular, porém não é somente esse ponto que torna o IAC o instituto que mais se aproxima dos precedentes judiciais de qualidade em si, mas a percepção de que ao julgar a questão jurídica relevante, sem imaginar uma gestão de estoque ou impacto

---

4/DF). Portanto, as experiências recalcitrantes, quando surgem, não são desconsideradas pelo STF e as justificativas para a adoção do precedente são sempre utilizadas, para que a decisão seja considerada a mais correta, do ponto de vista da interpretação da Constituição e da proteção dos direitos fundamentais (ADI 1.232/DF)." MAGALHÃES, Breno Baía; SILVA, Sandoval Alves da. O grau de vinculação dos precedentes à luz do STF. *Revista Jurídica do Senado Federal.* Brasília a. 49 n. 195 jul./set. 2012. p. 94.

6. A substância é condição da própria decisão. Não existe procedimento por si só, mas somente como um meio para uma decisão que contenham valores condizentes com a realidade e não com o mero procedimento. Marinoni conclui desse modo, ao refutar a visão dos procedimentalistas: É evidente que o procedimento, quando compreendido nessa dimensão, é atrelado a valores que lhe dão conteúdo, permitindo a identificação das suas finalidades. Isso pela razão óbvia de que o procedimento, à luz da teoria processual que aqui interessa, não pode ser compreendido de forma neutra e indiferente aos direitos fundamentais e aos valores do Estado constitucional. Nesse momento não há razão para tentar penetrar na essência de outro processo que não aquele que importa à jurisdição do Estado contemporâneo." MARINONI, Luiz Guilherme. *Da teoria da relação jurídica processual ao processo civil do estado constitucional.* http://www.abdpc.org.br/artigos/artigo102.htm.

em diversos processos, o intuito é muito mais melhorar o entendimento sobre aquela matéria do que impactar outros processos.

Se imaginarmos que esse instituto não é preconizado para a resolução de milhares de pendências, o seu intuito primordial não passa por solucionar um controle de estoque e a existência de um problema material urgente, o cerne é diferente, por um cuidado na formação de um precedente judicial muito mais julgamentos futuros do que para processos existentes, tanto que a previsão legal colacionada acima nem menciona a aplicabilidade nos processos em trâmite – apesar de possível – preocupando-se precipuamente na vinculatividade futura de todos os órgãos hierarquicamente subordinados naquele Tribunal e aos juízes de primeiro grau também em igual condição.

Ao julgar o caso e a questão jurídica em análise, o foco do julgamento não é em solucionar os demais casos transcendentais e sim o melhor entendimento daquela questão. Essa é a mudança de pensamento do IAC a ser formado e a formação dos precedentes judiciais repetitivos.

Diante desse aspecto inicial sobre os precedentes judiciais e a existência de uma vinculação da *ratio decidendi* formada pelo IAC, analisaremos a seguir a vinculação específica desse precedente judicial.

5.1. VINCULAÇÃO PARA OS JUÍZES DE PRIMEIRO GRAU E OS ÓRGÃOS FRACIONÁRIOS DO TRIBUNAL DO CONTEÚDO DA DECISÃO DO IAC

A própria existência do IAC ressalta a importância da segurança jurídica e a estabilidade das decisões, dos precedentes judiciais.

De certa maneira, o IAC foi o único instituto, dentre aqueles que formam precedentes judiciais vinculantes, que o novel ordenamento utilizou o verbo *vincular*[7], especificando que realmente há uma vinculatividade clara e normativa, sem ater-se à qualquer interpretação do verbo observar do art. 927 do CPC.

Se o IAC for tramitado e realizado o julgamento em Tribunais de segundo grau, as Câmaras ou Turmas daquela mesma instância, quando forem

7. A interpretação do termo acórdão deve ser vista como a fundamentação da decisão no que tange ao incidente, no caso do IAC, como Buril atenta. O alerta é correto por dois motivos: que o incidente não julgará necessariamente o mérito e este está no acórdão, sem vinculatividade formal; o precedente está na fundamentação e não no todo do acórdão."O CPC/2015 atribui a obrigatoriedade aos acórdãos nos incidentes de resolução de demanda repetitiva e de assunção de competência, o que é um erro. O acórdão, no sentido de decisão, não é o que obriga, mas sim o precedente. O acórdão refere-se somente às partes do caso julgado; o precedente é que trata de uma questão jurídica que pode ser versada noutros processos. É fundamental que se interprete o dispositivo no sentido de que são os precedentes formados a partir dos acórdãos do IRDR e do IAC que vinculam." BURIL, Lucas. *Precedentes judiciais e o direito processual civil.* 2. ed. Salvador: Juspodivm, 2016. p. 338/339.

julgar casos futuros análogos devem utilizar o precedente judicial firmado em IAC, numa horizontalidade e, ainda, verticalmente, quando ocorrerem os julgamentos em decisões ou sentenças, pelas varas de primeiro grau.

Se o IAC for utilizado e o julgamento ocorrer no STJ ou no STF, a vinculação será ainda maior, com a vinculatividade horizontal interna, dentro do respectivo Tribunal Superior e seus órgãos fracionários e, verticalmente, aumentando a sua aplicabilidade para os Tribunais de segundo grau e para os juízos de primeiro grau.

Grande parte da autoridade do precedente judicial ali firmado e sua vinculatividade, *nasce do deslocamento da competência do recurso para o julgamento num órgão maior* e, não somente do incidente, mas da alteração da competência inicial da distribuição da demanda ou do recurso, para esse novo órgão maior e a autoridade criativa e argumentativa deste colegiado, justamente por ser o responsável, dentro daquele Tribunal, para a pacificação e composição de entendimentos.

Fora a previsão já citada, o art. 927, III do CPC também dá o mesmo grau de vinculatividade ao decidido no IAC, com a visão que a formação de uma decisão dali proveniente, deve ser observada e utilizada pelos juízes e Tribunais em julgamentos posteriores. É um reforço normativo entre a base do art. 947 do CPC, aquele atinente exclusivamente ao IAC e a repetição no art. 927 do CPC quando dispõe sobre todos os dispositivos que devem ser observados.

De modo geral, quando não houver uma multiplicidade de demandas, esse instituto terá uma grande utilidade, com a necessidade de utilização sistêmica pelo próprio Tribunal e pelos legitimados, sobretudo as partes, quando se depararem com matéria que se enquadrem nos requisitos dispostos do incidente.

O primeiro efeito da vinculatividade será ao julgar os processos eventualmente sobrestados[8] (caso existam alguns nessa situação) na jurisdição do Tribunal, aplicando o mesmo conteúdo da decisão do IAC estabilizada[9]. Após, quando houver mais processos futuros sobre a matéria, a decisão do incidente deve, de igual forma, ser aplicada. Verifica-se, também, a vinculação

8. Mendes e Mello diferenciam a aplicação do IAC aos demais processos dependendo da existência do processo análoga. Se já existirem, a eficácia seria panprocessual e se for um processo futuro, seria uma eficácia prospectiva e atemporal. MENDES, Aluisio Gonçalves de Castro; MELLO, José Roberto. Incidente de assunção de competência. 2a. ed. Rio de Janeiro: GZ, 2021. p. 120.

9. Dentro dessa perspectiva: "Na segunda etapa, o tribunal realizará autêntico modelo decisório, delineando pedagógico acórdão, de modo a evitar a incorreta aplicação da tese. Ao apreciar os processos afetados, o tribunal primeiro deve resolver a questão comum, objeto do incidente, e, depois, as peculiaridades de cada demanda." MENDES, Aluisio Gonçalves de Castro; MELLO, José Roberto. Incidente de assunção de competência. 2a. ed. Rio de Janeiro: GZ, 2021. p. 113.

dos órgãos julgadores dentro da jurisdição do Tribunal sobre a questão de direito decidida no incidente[10], a vinculação para os próprios membros do colegiado e o dever de autorreferência.

Necessário se faz o cumprimento e utilização do precedente judicial tanto pelos juízes de primeiro grau quanto das turmas daquele Tribunal. Um claro dever de autorreferência para as turmas do Tribunal que formou o precedente judicial, com uma evidente obrigação dos Tribunais em seguir os seus próprios precedentes judiciais.

Mesmo com a decisão do IAC estabilizada, não pode essa aplicabilidade – em qualquer processo existente ou futuro – suprimir o contraditório no processo afetado ou futuro, com a necessidade de prosseguimento normal, com todas as fases processuais até a prolação da sentença ou decisão. O contraditório e o respeito pelo devido processo legal são atinentes ao processo, sem a possibilidade de serem tergiversados pela existência de um precedente judicial firmado em IAC.

Se somente for utilizar o precedente judicial firmado em IAC em grau recursal, o relator, caso não tenha havido debate sobre a existência de tal precedente judicial, para tal utilização vinculante, deve oportunizar a manifestação das partes sobre tal matéria, para análise sobre o enquadramento fático-jurídico, como previsto no art. 933 do CPC. A existência de uma vinculação de um precedente judicial não significa uma abreviação total do julgamento, da processualística e procedimentalidade comum, apesar de significar uma facilidade teórica de decidir a matéria, contudo somente a partir do momento em que a cognição fática está resolvida e enquadra-se na situação em que cabe a utilização do precedente judicial.

5.1.1. Momento de vinculação: estabilização da decisão do IAC

Um ponto importante sobre a vinculação do decidido no IAC: a aplicabilidade da decisão será a partir do julgamento ou da estabilização do precedente judicial firmado? Esse ponto é de central importância, pelo fato da possibilidade de haver um recurso sobre tal decisão, o que impediria, para

10. "Surge outra função prevalecente, qual seja, o seu caráter preventivo, na medida em que há cláusula limitativa de cabimento do incidente. Diz a lei que o incidente não se instaura quando houver "repetição em múltiplos processos", pois, para uma tal situação, o novo sistema prevê o incidente de recursos repetitivas. Em outras palavras, procurar-se obter para a jurisdição sob égide de um terminado Tribunal a definição de tese sobre questão de direito para vincular órgãos fracionários [juízes e câmaras} pela simples razão de que a definição dessa tese exsurge de uma colegialidade mais ampla e representativa sobre "questões relevantes com grande repercussão na sociedade de uma forma mais prudente e diferenciada de questões corriqueiras e ordinárias." [Paixão Cortês, ob. cit., p. 2112]" RODRIGUES, Walter Piva. Breves anotações sobre o incidente de assunção de competência no Novo CPC/2015. *Revista Síntese de Direito Civil e Processual Civil.* v. 13 n. 97, set/out/2015. p. 17.

os demais processos, a própria continuidade ou aplicabilidade, necessitando, portanto, de uma estabilização do precedente judicial, ou seja, o trânsito em julgado daquela demanda.

Essa deve ser a leitura a ser realizada na aplicabilidade nos outros processos dessa matéria delimitada, conforme disposto no art. 947, §3º do CPC. Mas, qual será o recurso que se deve esperar para que a matéria julgada vire um precedente judicial, passando a ser vinculante: embargos de declaração ou recurso excepcional? Essa indagação é pertinente e deve ser melhor desenvolvida.

Entende-se como necessária a construção do pensamento de que a resposta deve ser pelos embargos de declaração, ou seja, enquanto o colegiado maior não julgar ainda eventuais embargos de declaração da decisão de IAC, a vinculação ainda não deve ser feita e se tiverem processos suspensos, o que deve ser raro via incidente de assunção de competência, estes devem aguardar o julgamento desses embargos aclaratórios.[11]

Essa espera para tal vinculatividade é necessária, ao menos do julgamento dos embargos de declaração, uma vez que há a integração da decisão e a própria possibilidade de alteração de algum ponto ou melhor aclaramento pela decisão que julga os embargos em questão. Imaginar uma vinculação antes desse julgamento, é vincular um precedente judicial ainda incompleto, com questões e dúvidas sobre a sua própria construção.

Esse é o entendimento mínimo de espera para a vinculação somente após os embargos de declaração julgados.

Posteriormente, a indagação permanece sobre os eventuais recursos excepcionais: há essa vinculação mesmo com recursos excepcionais interpostos? A tendência seria entender que não haveria, pelo fato de que a decisão que sobrevier desse recurso excepcional tem o efeito substitutivo ao precedente criado.

Desse modo, apesar da decisão do IAC ter a vinculação, se interpuserem recurso excepcional, a questão fica postergada para uma definição em Tribunal Superior. Mas, há como esperar por essa vinculação? A resposta tende a ser complexa, com a opção pela vinculação automática, a partir da estabilização via embargos de declaração, até pelo fato de que estes recursos excepcionais não têm efeito suspensivo, o que importa que a decisão já

---

11. Nesse sentido: "Sob o ponto de vista temporal, é interessante questionar o momento de vinculação, ou seja, quando o entendimento eleito pelo tribunal se estabiliza e deve ser replicado. A resposta passa pelo término do incidente, esgotando a discussão: não basta a decisão proferida pelo colegiado, devendo-se esperar o julgamento de eventuais embargos de declaração e, se interpostos, dos recursos extraordinários, que possuem efeito substitutivo do pronunciamento do tribunal local." MENDES, Aluisio Gonçalves de Castro; MELLO, José Roberto. Incidente de assunção de competência. 2a. ed. Rio de Janeiro: GZ, 2021. p. 114/115.

detém eficácia e irradiação dos seus efeitos, sendo, dessa maneira, aplicável o precedente judicial formado desde logo.

Contudo, depende, ao menos no IAC, da matéria a ser julgada, da complexidade e da quantidade de processos existentes com identidade material e a possibilidade de ter ou não efeito suspensivo em eventual recurso excepcional. Se tiver efeito suspensivo, seria vinculante somente após depois do igual julgamento.

Dessa maneira, o impacto para os processos futuros deve aguardar os julgamentos dos embargos de declaração, mas já terão impactos mesmo ainda pendentes de recurso excepcional, a menos que haja efeito suspensivo concedido ou já a suspensão dos processos afetados, caso existam. Quanto menos processos, mais a possibilidade de aguardo da estabilização da decisão em Tribunal Superior, o que seria salutar.

5.1.2. O devido processo legal, a maturação analítica da questão e o julgamento de casos concretos: *a necessidade de não julgar precipitadamente via IAC*

Um ponto interessante de discussão sobre o microssistema de formação de precedentes judiciais vinculantes e o próprio IAC está no tempo ideal de discussão para que aquele Tribunal esteja pronto para formar uma decisão que constará como precedente judicial. Como vimos, em sua essência como norma jurídica abstrata para aplicabilidade futura, um precedente judicial nasce do julgamento cotidiano, apesar de único caso paradigmático pela sua essência e não pela escolha de que será desse modo procedimental diverso, estipulado pelo procedimento do instituto formador do precedente judicial.

Relembrando, um precedente judicial, na teoria anglo-saxã, nasce da solução dos casos postos a análise do Judiciário e, paulatinamente, serão solucionados e firmados os entendimentos, primeiramente pelo juízo singular, depois pelos Tribunais até se firmar como um precedente judicial pela Corte apta a fazê-lo.

Evidentemente que numa legislação que opta por uma vinculatividade legal, diante de um método de formação de precedentes judiciais obrigatórios, não há uma espontaneidade na criação dessas decisões paradigmáticas, mas uma escolha por definir-se que aquela matéria ou aqueles processos servirão de base para a formação de uma decisão que terá vinculatividade legal, pelo procedimento escolhido para tal desiderato.

É um modo diverso, o que leva a pensarmos se o termo precedente judicial seria o melhor empregado ou, se o correto seria pensarmos em decisões vinculantes.

Com a decisão de admissibilidade do IAC e a posterior afetação, há de indagar um ponto importante: qual seria o ponto de maturação analítica perfeita para a formação do precedente judicial em IAC? Esse questionamento nasce da evidente necessidade de formação dos precedentes judiciais, uma vez que o Tribunal entendeu pela afetação daquela matéria, contendo os requisitos próprios do IAC, mas há o contraponto sobre o grau de discussão necessário para o colegiado estar pronto para a formação do próprio precedente judicial.

Há uma evidente dicotomia a ser analisada e enfrentada: *necessidade de uniformização e formação do precedente judicial x tempo dedicado à discussão.*

Um precedente judicial formado prematuramente, somente pela necessidade de pacificação de determinada matéria está longe de ser o ideal e, muitas vezes, não há ainda arcabouço jurídico e exaurimento das discussões sobre a questão. Não há como aceitar-se a formação de um precedente judicial antes da maturação jurídica, nem que haja todo o cumprimento das formalidades procedimentais inerentes ao microssistema[12].

O precedente judicial vinculante formado não deve valer-se somente da sua procedimentalidade para que represente a uniformização de entendimento, estabilidade e vinculatividade, deve estar diante de uma discussão jurídica extensa e exauriente, justamente para considerar todos os pontos, teses e variantes jurídicas sobre aquela situação, para, a partir daí, conseguir formar o precedente judicial mais condizente com a determinada situação.

Essa é uma complicação existente que permeia todo o microssistema de formação de precedentes judiciais vinculantes, não somente o IAC, justamente pela indagação de qual seria o tempo ideal para o julgamento. Se um julgamento apressado pode não ser exauriente e, consequentemente, prejudicial se realizado precipitadamente, por outro lado, um procedimento moroso demais para a discussão material da formação de precedente judicial vinculante pode proporcionar problemas complexos pela indefinição jurídica que persiste sobre a questão jurídica afetada para a formação do precedente judicial em qualquer dos institutos.

Não há um prazo para que a matéria seja afetada, dependendo da visualização dos legitimados ou do Judiciário, ao atuar oficiosamente, identificar que aquela matéria inserta a um determinado processo seja pertinente de

---

12. Comentário do autor: se um processo for aceito em IAC e, posteriormente, o colegiado entender que a matéria não foi discutida de modo satisfatório e a reflexão daquele colegiado ainda não está maturada para formar um precedente judicial, não há problemas em realizar a desafetação do procedimento, sem atribuir decisão vinculante. O correto, diante de tal hipótese, seria a devolução ao órgão fracionário menor para julgamento, contudo pode o colegiado maior julgar e não conceder eficácia vinculante.

suscitação de um IAC. Essa preocupação deve ser encarada no momento da afetação, se realmente for um óbice para tanto.

Mas, uma vez admitido o IAC, seria pertinente um tempo para o julgamento? O CPC/2015 tentou na repercussão geral (art. 1.035, § 9º do CPC), nos recursos excepcionais repetitivos (art. 1.037, § 4º do CPC) e no IRDR (art. a 980, *caput* do CPC) estipular um prazo para que se julgue a matéria controversa afetada para a formação de um precedente judicial, assinalando para todos o prazo de 1 (um) ano, como ideal para que se julgue a matéria. No entanto, a lei nº. 13.256/2016 já revogou as sanções dos 2 (dois) primeiros institutos citados, os quais versavam sobre a liberação dos processos suspensos para trâmite normal. O prazo continua existente na norma processual, porém sem uma sanção ou consequência sobre o seu descumprimento.

No IRDR permanece o prazo e a sanção de liberação do sobrestamento caso não seja julgado em 1 (um) ano.

Todavia, estipular um prazo é o caminho ideal? Obviamente não é a melhor saída, demonstrando que não há um tempo certo para o procedimento, a maturação analítica de cada questão, no entanto, não há como concebermos processos com mais de 5 (cinco) anos sobrestados pela afetação no aguardo da definição de um repetitivo, como nos casos do julgamento pelo STF sobre planos econômicos[13], afetados desde 2010. Por outro lado, existem casos de repetitivos em recursos excepcionais julgados em menos de 4 (quatro) meses, o que demonstra uma complexidade no próprio cumprimento do procedimento do próprio repetitivo.

Desse modo, há de se entender como pertinente a conjunção entre um prazo razoável para tal desiderato, para cumprir todas as formalidades inerentes ao procedimento que o IAC impõe, porém, que não seja maior do que o necessário para tanto. Ter a noção de equilíbrio para tal situação é o cerne da solução para o problema da afetação e impacto em processos existentes.

13. A decisão de afetação nos planos econômicos foi realizada em 2010, com base nos- RE 591797-RE 626307, pelo Ministro Dias Toffoli. http://www2.stf.jus.br/portalStfInternacional/cms/verConteudo.php?sigla=portalStfDestaque_pt_br&idConteudo=160202 Permanece, desde então, sem a conclusão do julgamento que iniciou-se em 2014. http://jconline.ne10.uol.com.br/canal/economia/nacional/noticia/2016/08/01/stf-associacoes-pedem-julgamento-de-planos-economicos-ainda-em-agosto-246919.php E a presidente Ministra Carmem Lúcia coloca como prioridade seu julgamento para 2017. http://www.valor.com.br/politica/4720471/carmen-lucia-afirma-que-julgamento-de-planos-economicos-e-prioridade Este exemplo, para pegarmos por todos, demonstram que uma repercussão geral, com milhares de processos idênticos já passou de meia década sem solução, o que, muitas vezes, suspende processos e atrasa a própria jurisdição, com a indagação se seria uma melhoria ou uma piora na prestação jurisdicional. Se entendermos que ter um recurso para ser julgado já é causa de ansiedade e demora, imaginemos a situação de que o processo daquele jurisdicionado está a espera do julgamento de outro recurso, para que depois seja julgado.

Se não há, como vimos, como aceitar que haja dispersão de entendimentos nos Tribunais e a suspensão seja um caminho viável para impedir essas divergências, de outro modo, uma suspensão por demasiado tempo ocasiona os mesmos ou males tão nocivos quanto ao que se queria impedir. Esse é o ponto necessário de conjunção que o órgão julgador deve ter, de acordo com a importância e prioridade da matéria, nem tão cedo, nem tão tarde, como Barbosa Moreira já preconizava[14].

Outro ponto que muito se propaga como diferença[15] dessas decisões vinculantes e um precedente judicial natural por sua própria argumentatividade está no julgamento a ser realizado. Este último nasce pelo ato judicante de um Tribunal com autoridade a fazê-lo pelo julgamento de um caso concreto, com a interpretação entre os pontos fático-jurídicos para alçar uma decisão que solucione o que foi posto em juízo. Logo, o precedente judicial naturalmente criado, nasce da atividade cotidiana de julgar casos, nunca de julgamentos em abstratos.

Diante disso, o IAC, apesar de almejar precipuamente a transcendência, não pode deixar de ater-se a julgar-se os casos em questão, mediante a própria normalidade em que esses casos devem ser julgados, justamente para que não se apresse a formação de um precedente judiciais, tampouco atrase propositalmente.

No IAC, como nos demais institutos formadores de precedentes judiciais, há um procedimento a ser seguido que culminará na decisão que julga a matéria afetada, tornando-o um precedente judicial vinculante. No entanto, há de se indagar: será que a formação de precedente judicial com dia e hora marcada é a melhor saída para o direito processual brasileiro? Tanto no IAC quanto nos demais institutos, a afetação é o ponto de partida para que o procedimento inicie, percorrendo todas as fases que se delineou como necessárias para a formação do precedente, culminando no momento do julgamento.

---

14. O cuidado no julgamento dos institutos é o tempo de julgamento, se demorar muito, pode ser uma justiça atrasada e, por outro lado, se for muito rápida, pode ser ineficiente e sem o exaurimento, ocasionando uma inadequação utilitária posterior: "Se uma justiça lenta demais é decerto uma justiça má, daí não se segue que uma justiça muito rápida seja necessariamente uma justiça boa. O que todos devemos querer é que a prestação jurisdicional venha a ser melhor do que é. Se para torná-la melhor é preciso acelerá-la, muito bem: não contudo a qualquer preço." MOREIRA, José Carlos Barbosa. O futuro da justiça: alguns mitos. *Revista de Processo*. São Paulo, n. 102, abril-junho 2001. p. 231.

15. Não é pelo fato de existir um microssistema que decisões prolatadas fora de determinados institutos não sejam, de igual modo, precedentes tão ou mais valiosos. No entanto, as decisões que saem do procedimento específico, são precedentes por força formal: "Trata-se de uma peculiaridade brasileira. Nem todo precedente pressupõe procedimento específico de produção." DIDIER JR., Fredie; BRAGA, Paula Sarno; OLIVEIRA, Rafael Alexandria de. *Teoria da Prova, direito probatório, decisão, precedentes, coisa julgada e tutela provisória*. 10ª ed. Salvador: Juspodivm. 2015. p. 465.

Não há escapatória, há uma decisão final com a formação do precedente judicial, o que pode-se chamar de precedente judicial criado com data e hora marcada, uma vez que determina-se a data em que a decisão que encerra qualquer um dos institutos, inclusive no IAC, será paradigmática – como maior ou menos vinculatividade.

Desse modo, a vinculação dos precedentes judiciais pensados no CPC/2015 está na determinação legal de que o julgamento final de um procedimento específico culminará num precedente judicial vinculante, diferentemente do precedente judicial na teoria anglo-saxã, o qual nasce de uma atividade cotidiana de julgamentos de casos em concreto, pela resolução material do que se colocou na lide, a possível vinculatividade posterior está na sua capacidade argumentativa, na qualidade judicante da fundamentação do caso em concreto, não de uma disposição legal que cria essa vinculatividade. Não se obriga a seguir o precedente judicial nesse contexto, ele já detém argumentação para se impor perante os demais casos preexistentes e os futuros com identidade material.

No IAC, e no sistema de precedentes judiciais do processo brasileiro como um todo, não será desse modo, há uma certeza de que o ali decidido tem uma notória vinculação, justamente pela previsão legal de tal desiderato, seja pelo teor do art. 947 do CPC inerente ao incidente, seja pelo art. 927 do CPC que impõe quais as decisões que devem ser observadas de maneira geral.

Com isso, o julgamento não se utilizou de uma decisão sobre um caso concreto para resolução específica e que abstratamente se utilizará para casos posteriores pela sua qualidade argumentativa, mas o órgão colegiado e seus membros têm total ciência de que ali, naquele dia e hora marcada, estarão diante de um julgamento paradigmático, não deixando de criar-se um precedente judicial, contudo, partindo de premissa diversa do que a teoria de precedentes judiciais se acostumou.

Há uma procedimentalidade para a criação de precedente judicial que incute ao julgador a ciência sobre a clara criação de um precedente judicial naquele dia e não somente a resolução de um caso em concreto, o que impõe, mesmo que subjetivamente, uma alteração na própria atividade judicante. É notadamente uma atividade diversa em julgar o caso e este virar um precedente judicial pela sua argumentação e qualidade do que julgar o caso já pensando na formação do precedente judicial e o impacto para o futuro.

Mediante essa sistemática inerente ao IAC é importante que todos os legitimados para tal suscitação tenham a importante visão de que um precedente judicial será criado naquele procedimento e, por muitas vezes, pode não ser o momento cognitivo adequado para tanto, com a verificação da necessária maturação analítica cognitiva para formar o melhor precedente judicial possível.

5.1.3. A necessidade de publicidade extraprocessual do resultado do IAC

Um dos pontos mais complexos de todo o sistema de precedentes judiciais vinculantes– incluindo o formado em IAC – está na publicidade do julgado que firma e constrói o precedente judicial, desde a sua afetação até o resultado do julgamento. Se há um procedimento diverso para que uma decisão paradigmática seja formada, com o intuito de aplicabilidade de, além de decidir aquele caso, impactar os demais casos, sejam sobrestados por causa da instauração do próprio procedimento ou futuros e posteriores a este, a publicidade inerente a todo o procedimento de formação do precedente judicial é primordial, essencial para um diálogo com a sociedade.

A publicidade, de um modo geral, é importante em diversos momentos processuais, durante toda a processualística. O processo é público, é o exercício da justiça de maneira totalmente pública, para as partes e para a sociedade. E, especificadamente sobre os institutos formadores de precedentes judiciais, incluso o IAC, a publicidade tem importância tanto em pontos inerentes ao próprio procedimento em sua função endoprocessual quanto ao alcance dos resultados preliminares e definitivos do próprio precedente judicial, na visão extraprocessual, como podemos delinear em determinadas situações: *(i) a publicidade sobre a instauração do instituto a ser utilizado e o conteúdo correto da sua decisão de afetação; (ii) a publicidade perante os Tribunais e juízos para a aplicabilidade da decisão de afetação e sobrestamento dos feitos; a publicidade como contraditório necessário com as partes no sobrestamento; (iii) a publicidade necessária para possibilidade a manifestação dos amicus curie e das audiências públicas; (iv) publicidade posterior ao julgamento para a devida divulgação extraprocessual do precedente judicial formado.*

De certo modo, como o IAC não é uma novidade no ordenamento, somente houve uma devida reformulação, pode-se analisar a maneira como os Tribunais lidam com a formação desses precedentes judiciais e constatar-se que há um claro *déficit* de publicidade, desde a formação do precedente judicial até a sua aplicabilidade, incluindo toda a sua procedimentalidade.

A complicação existente está no fato de que não há pelos Tribunais a devida publicidade em termos de divulgação extraprocessual da instauração dos procedimentos do IAC – e dos demais institutos formadores de precedentes judiciais, o que se torna necessário para a própria validade substancial e sua posterior aplicabilidade no mundo jurídico, pautando a sociedade. Muito se fala sobre a estabilidade do precedente judicial para a transmissão de uma confiança legítima, previsibilidade e segurança jurídica, mas um ponto essencial para a garantia de toda essa transmissão de confiabilidade para a sociedade é a publicidade, ´para as partes e para a própria sociedade como um todo.

Evidente que quando o STF julga um recurso extraordinário em repercussão geral pelo Pleno com uma pauta de grande impacto para a sociedade, teoricamente se alcança essa sapiência e reflexo no cotidiano jurídico, contudo são formados diversos precedentes diariamente sem tamanha divulgação, que importa em um evidente *déficit* nesse ponto, o que torna uma complicação da utilização do IAC, bem como de todos os procedimentos insertos ao microssistema de formação de precedentes judiciais vinculantes.

Quando suscitado um IAC, o julgamento deste deve ser procedido de uma grande publicidade sobre tal feito, se admissível, com a divulgação da sua decisão de afetação, justamente para que a comunidade jurídica tenha ciência de que há em curso um procedimento que resultará em um precedente judicial sobre determinado assunto, influenciando, desde já, o alcance necessário para possibilitar o maior número de manifestações de *amicus curie* e de participantes nas eventuais audiências públicas.

O Judiciário, principal ator dessa formação, deve imbuir-se de tal sobrecarga de divulgação para que haja mais manifestações, mais participações substanciais nas audiências públicas para que o precedente judicial a ser formado enfrente mais teses, mais argumentos jurídicos de todos os lados e, assim, contenha uma visão maior do que aquela jurídica trazida pelas partes e pelos colegiados e decisões anteriores.

Se há um problema de falha na representatividade na formação de um precedente judicial, seja ele em qualquer instituto do microssistema, inclusive no IAC, a minoração desta falha inicia-se como a ampla divulgação da existência de um procedimento e, consequentemente, de chamar-se mais atores para a participação efetiva nesse momento processual.

A função extraprocessual da publicidade é notória para influir a formação da decisão em sua substancialidade.

Uma vez afetada a matéria e instaurado o procedimento, com o dever de informar os Tribunais e juízos para o sobrestamento, se for o caso, estes devem preocupar-se com a melhor divulgação e publicidade para que tenha o melhor e maior impacto desta decisão de afetação, bem como possibilitar, num ambiente processual contraditório e cooperativo, a delimitação material para as partes daqueles processos que serão possivelmente sobrestados.

E, posteriormente ao procedimento e seu término, a decisão ali formada deve conter igualmente a maior publicidade, para que em sua função extraprocessual possibilite que o precedente judicial formado seja aplicado de forma devida, com a ciência no mundo jurídico de sua própria existência, aplicabilidade e vinculatividade.

O CPC/2015 regulamentou, de certo modo, algumas disposições para tentar diminuir o *déficit* de publicidade dos precedentes judiciais, como no art. 927, § 4º do CPC, quando especifica que os Tribunais darão publicidade aos seus precedentes judiciais, com organização por questão decidida[16]. Essa publicidade já será o precedente judicial formado, visando a melhor aplicação e vinculação do precedente judicial para casos futuros.

No IRDR, o art. 979 do CPC versa sobre a publicidade, ao instituir que após a instauração e o julgamento do incidente serão sucedidos da mais ampla e específica divulgação e publicidade, por meio de registro eletrônico no Conselho Nacional de Justiça – CNJ[17], com uma base eletrônica de dados atualizados com informações específicas sobre questões de direito submetidas ao incidente. O intuito está tanto na publicidade da decisão de afetação e o seu impacto quanto o precedente judicial dali oriundo já ser divulgado amplamente, com a devida organização.

Ambas as deliberações de publicidade servem de igual maneira ao IAC, com o intuito de conceder ampla divulgação e publicidade. Os Tribunais já estão se movimentando em tal sentido, com a criação de núcleos de gestão e divulgação de precedentes judiciais – os NUGEPS, justamente para trabalhar nesse *déficit* e na melhoria sobre as ferramentas de busca de tais decisões paradigmáticas.

O intuito é manter a divulgação perene das teses jurídicas e casos julgados que formaram precedentes judiciais, criando um constante cadastro contendo, no mínimo, os fundamentos determinantes da decisão e os dispositivos normativos a ela relacionados. Não adianta ao sistema judicial ter uma novel visão processual de valorização dos precedentes judiciais, sem

---

16. A publicidade deve ser repensada na prática dos Tribunais, saindo da maneira automática da publicação nos diários oficiais e, agora com o PJe, simplesmente a disponibilização aos causídicos das partes. A publicidade da formação do precedente e das próprias decisões dos tribunais devem ser amplamente divulgadas. Bueno louva essa iniciativa, o que concordo com a sua posição, no entanto toma como paradigma o que os tribunais superiores já realizam, o que discordo no ponto que vejo que a divulgação dos repetitivos e das teses de repercussão geral são bem aquém da importância do que julgam, o que deve ser totalmente remodelado, não podendo servir de paradigma para outros tribunais, os quais, de igual maneira, devem se importar com essa função extraprocessual da divulgação/publicidade: "determina a publicidade dos precedentes, organizando-os por questão jurídica decidida e divulgando-os, de preferência, na rede mundial de computadores. É o que o STF e STJ e a maioria dos Tribunais vêm fazendo em seus próprios sites e quem sirvam de modelo para os demais Tribunais, sempre com os necessários aperfeiçoamentos de qualquer prática humana. A determinação é louvável também na perspectiva de a ampla divulgação das decisões dos Tribunais ser passo decisivo não só para o conhecimento, mas também – é isto que cabe acentuar aqui – da necessária observância do que vem sendo por eles decidido." BUENO, Cassio Scarpinella. *Novo Código de Processo Civil Anotado.* São Paulo: Saraiva, 2ª. ed. 2016. p. 740.
17. CAVALCANTI, Marcos de Araújo. *Incidente de resolução de demandas repetitivas.* São Paulo: Ed, Revista dos Tribunais. 2016. p. 307/308.

o devido estudo de tais normas jurídicas abstratas criadas pelos Tribunais para a aplicabilidade na relação dos casos em concreto.

Dessa maneira, a publicidade do precedente judicial é essencial para a total sapiência da existência dele, tanto no momento da formação quanto nos momentos posteriores, tornando mais democráticos ambos os momentos processuais.

5.2. REVISÃO DA TESE JURÍDICA

Após a fixação da tese jurídica, via IAC, com a sua devida estabilização e a possível aplicabilidade, se houver, em momento posterior, novas possibilidades jurídicas, novas leis ou procedimentos de superação de precedentes, é possível uma revisão da tese fixada. O cuidado com a criação do precedente judicial tem que primar pela aplicabilidade, com a existência de ética, integridade e coerência.

Ainda assim, um precedente judicial pode ser questionado, via um pedido de revisão da tese jurídica fixada. Afinal, a existência de um precedente judicial não significa o engessamento do direito, somente a pacificação de um entendimento enquanto as conjunturas fático-jurídicas continuem as mesmas, inalteradas, numa inércia argumentativa[18]. Com a mudança de qualquer aspecto material na conjuntura que formou o precedente judicial, há total plausibilidade de pleitear-se uma revisão do próprio precedente – o chamado *overrruling*[19].

---

18. Sobre tal ponto, Ataíde Jr. pondera: "Ou seja, a inércia argumentativa intervém em favor do estado de coisas existente, que só deve ser alterado, se houver justificadas razões para a mudança, se houver prova da oportunidade de mudar de conduta diante de uma situação que se repete. No direito, as razões a favor da mudança funcionam de forma bastante semelhante à força resultante que pode pôr em movimento um corpo em repouso, ou a alterar a velocidade ou direção de um corpo em movimento." ATAIDE JR, Jaldemiro Rodrigues de. A fundamentação adequada diante do sistema de precedentes instituídos pelo NCPC. *Precedentes*. Orgs: DIDIER JR., Fredie; CUNHA, Leonardo Carneiro da; MACEDO, Lucas Buril de; ATAIDE JR, Jaldemiro Rodrigues de. Salvador: Juspodivm, 2015. p. 639.

19. Algumas conceituações sobre *overruling*: "O overruling nada mais é do que a superação do precedente quando as razões de decidir daquela decisão já não se coadunam com a realidade atual. Ocorre que, é de crucial importância um cuidado desmedido ao ser aplicado o referido instituto, tendo em vista que, aparentemente, vai de encontro à tendência atual de seguimento de precedentes." GOUVEIA, Lucio Grassi de. BREITENBACH, Fabio Gabriel. Sistema de precedentes no novo código de processo civil: um passo para o enfraquecimento da jurisprudência. *Precedentes*. Orgs: DIDIER JR., Fredie; CUNHA, Leonardo Carneiro da; MACEDO, Lucas Buril de; ATAIDE JR, Jaldemiro Rodrigues de. Salvador: Juspodivm, 2015. p. 514. "Consiste o *overruling* na técnica pela qual o precedente perde sua força vinculante e é substituído (*overruled*), revogado expressamente por outro precedente. O *overruling*, em regra, deve ser praticado pelo mesmo tribunal, pois aquele que fixou o precedente é que deve ter o poder de abandoná-lo." REDONDO, Bruno Garcia. *Precedente judicial no direito processual civil brasileiro*. In: MENDES, Aluisio Gonçalves de Castro; MARINONI, Luiz Guilherme; WAMBIER, Teresa Arruda Alvim (coord.). Direito jurisprudencial: volume 2. São Paulo: RT, vol. 2, 2014. p. 180. "Por meio dessa técnica, o Tribunal supera o precedente. Fazer o overruling significa que o Tribunal claramente sinaliza o fim da aplicação de uma regra de direito estabelecida pelo precedente e substitui a velha regra de direito por uma que é fundamentalmente de natureza diversa" NOGUEIRA, Gustavo Santana.

Igual a todo precedente judicial, aquele firmado em IAC tem essa mesma possibilidade, com a abertura para uma suscitação de revisão pela existência de novos argumentos que superem a situação jurídica anteriormente definida.

Mas, como realizar tal revisão? Separamos por partes a análise dessa questão.

De modo geral, em qualquer Tribunal - de segundo grau ou Superior - que firmou o precedente judicial, há a possibilidade de suscitar novo IAC, mediante a argumentação de que o decidido no anterior julgamento está defasado e deslocado, com a utilização de novos argumentos e situações sociais que suportam uma nova conjuntura, culminando na necessidade de uma nova decisão.

Dessa maneira, ao suscitar um novo incidente, o mesmo Tribunal que o firmou vai analisar a admissibilidade e, se existentes argumentos plausíveis para tanto, admitir-se-á a instauração de tal para a análise da necessidade de revisão da tese jurídica outrora fixada e estabilizada, com a possibilidade de superação do precedente judicial existente em IAC.

Essa revisão da tese jurídica será possível somente com a competência do mesmo Tribunal que fixou a tese jurídica.

Todavia, é importante salientar que o novo IAC não será na mesma demanda anterior, mas numa nova ação ou num novo recurso, sem interligação processual com o processo anterior, somente com uma similitude fático-jurídica sobre a questão - aquela julgada em IAC e na nova demanda em que será suscitada a revisão de tese. Essa observação é importante para que não se entenda que a revisão de tese pode ser feita na mesma demanda que foi firmado o precedente judicial, será em uma demanda futura, por outras partes, numa nova situação argumentativa.

A análise sobre esse novo IAC passa por uma admissibilidade um tanto diferente, não mais sobre a visão de que a questão seria somente de direito ou se teria uma repercussão social, estes pontos já foram analisados no primeiro incidente, sem a necessidade de serem renovadas. Logo, a admissibilidade será envolta da necessidade, ou não, da revisão do precedente judicial fixado em IAC, da existência de parâmetros novos que levem à tal viabilidade do pleito.

No entanto, para uma melhor análise sobre a revisão de tese firmada em IAC, analisaremos as possibilidades envoltas dependendo da instância em que foi formado o precedente judicial.

Stare Decisis et Non Quieta Movere: a vinculação aos precedentes no direito comparado e brasileiro. Rio de Janeiro: Lúmen Júris, 2010. p. 179.

5.2.1. A tese firmada em Tribunal de segundo grau

Se um IAC foi suscitado num Tribunal de segundo grau, este detém a competência para admitir a transferência de competência e julgar mediante a instauração do incidente, com a formação de um precedente judicial para tanto. Mas, esse é um precedente judicial firmado em um Tribunal de segundo grau, com ampla possibilidade de impugnação, o que leva a sistematizarmos como seria essa revisão de tese.

O *primeiro ponto* a ser analisado sobre a revisão de tese em IAC está no momento em que ocorreu a devida estabilização do precedente judicial, justamente pelo fato de que o julgamento que forma o precedente, no final do próprio incidente, pode transitar em julgado, sem a impugnação via recurso excepcional ou, de modo inverso, pode ser interposto um recurso excepcional para o Tribunal Superior, como vimos.

Na *primeira hipótese*, no caso do precedente judicial em IAC ter estabilizado logo no Tribunal de segundo grau, a revisão de tese deve ser pleiteada perante o próprio Tribunal que a forma, ainda nessa instância, pelo fato de que não houve impugnação anterior, continuando a ser esse o colegiado competente para revisar sua própria decisão.

No entanto, na *segunda hipótese*, quando a decisão proferida em IAC for impugnada via recurso excepcional, remetendo tal discussão e formação do precedente judicial para um Tribunal Superior, que, então, será o prolator e formador do precedente judicial, com a substituição da decisão do IAC julgado em Tribunal de segunda instância.

Se um IAC for julgado em um Tribunal de segundo grau, com a prolação da decisão ali formada, antes da possível aplicabilidade em processos afetados ou futuros, as partes e os legitimados do incidente podem intentar recurso excepcional, seja para STJ ou STF, impugnando, em seu ato recursal, tanto a questão inerente ao incidente quanto a questão principal.

Se impugnar a questão inerente a aplicabilidade do precedente judicial firmado em IAC, o Tribunal Superior deve analisar tal matéria em um novo incidente, contudo, agora, em um nível de cognição em grau superior aquele que estabilizara a decisão anterior. Ou seja, a cognição a ser realizada por esse eventual Tribunal Superior àquele que firmou o precedente judicial será a de análise recursal de um precedente ainda a ser formado, com a necessidade de revisão deste, contudo não será uma revisão de tese, mas uma impugnação de uma decisão judicial.

Há, no julgamento desse recurso excepcional impugnativo ao IAC, a substituição do precedente judicial firmado no Tribunal de segundo grau por uma decisão de grau superior, evidentemente, superando o conteúdo anterior.

Nessa hipótese, o precedente judicial firmado em IAC começou no Tribunal de segundo grau, mas somente foi definido como estabilizado depois do julgamento do recurso excepcional por um Tribunal Superior, o que leva ao entendimento de que possível pedido de revisão de tese deve ser remetido diretamente a esse Tribunal Superior, pelo fato de que foi quem firmou o precedente judicial vinculante formando pelo incidente, ensejando na manutenção dessa competência.

Essa hipótese ocorre tanto nas decisões de IAC firmadas em Tribunais de segundo grau, impugnadas em recurso excepcional para os Tribunais Superiores, quanto aquelas decisões do IAC firmadas desde logo pelo STJ e levadas, via recurso extraordinário, ao STF.

5.2.2. A tese firmada no STF

Se o IAC foi suscitado diretamente no STF, seja em recurso ou ação de competência originária, com a admissibilidade realizada, afetação, procedimentalidade realizada e o posterior julgamento da questão, somente será cabível o recurso de embargos de declaração, sem a possibilidade de outros recursos.

Com isso, uma vez julgado o IAC, não há mais impugnação desse julgamento no próprio STF, cabendo somente a revisão de tese, nos moldes já expostos. Essa revisão deve ser realizada no mesmo STF, contudo não será na mesma ação, mas em uma demanda ou recurso posterior.

Somente a mesma Corte que julgou e firmou o precedente judicial que tem a autoridade para revisá-lo, até pelo caráter vinculante da questão definida em IAC.

Porém, prudente se faz que a suscitação de um novo IAC, com a revisão dos argumentos seja imbuído de uma nova conjuntura argumentativa, com a necessidade de rever o precedente judicial anteriormente firmado, sem parecer um mero inconformismo sobre a questão, numa mera revisão de teses já analisadas e objetadas.

5.2.3. A legitimidade para suscitação de revisão de tese

Sobre a legitimidade para a revisão de tese, há uma evidente mudança.

As partes daquele processo originário da instauração do IAC não têm mais interesse, pelo fato de que serviram de base para a formação do próprio precedente judicial, não podendo, portanto, após a estabilização do precedente judicial e o evidente trânsito em julgado, requerer tal revisão.

Essas partes originárias são excluídas da sua possibilidade de requerimento da revisão de tese.

Quem deve requerer a revisão de tese, em outras demandas, principalmente as futuras, são as novas partes, o Ministério Público ou a Defensoria Pública, mediante requerimento ou, ainda, um relator ou colegiado, de ofício, utilizando como base o art. 947, §1º do CPC.

5.2.4. A inércia argumentativa e o ônus argumentativo na revisão de tese

Se considerarmos que o precedente judicial firmado em IAC é vinculante e o colegiado – qualquer deles – analisou um emaranhado de teses e argumentações jurídicas na própria formação da decisão do precedente judicial, prudente se faz que os legitimados, quando suscitarem um novo IAC, contenham um ônus argumentativo desse novo requerimento, com o dever de trazer novos pontos materiais e uma fundamentação adequada a pleitear superar um precedente judicial firmado.

Enquanto o precedente judicial ainda contiver validade material, sem mudanças conjecturais, deve ser válido e isso deve ser levado em consideração pelos legitimados.

Mas, o que seria esse ônus argumentativo do pedido de revisão de tese? É a necessidade de que haja uma argumentação maior, um esforço por parte de quem suscita a necessidade da reanálise da matéria firmada em precedente judicial, um verdadeiro ônus argumentativo. Não há revisão de tese por mero descontentamento com o resultado do precedente judicial existente, o que se possibilita a abertura para a evolução é a configuração de um novel ambiente jurídico, com a demonstração que de o teor do precedente judicial não se compatibiliza mais com a realidade como no momento em que foi formado.

A possibilidade de revisão de tese não é um bel prazer da Corte que o formou, há um essencial ônus de quem suscita e, ainda, imbui o mesmo a quem supera, ao colegiado que o faz, com a obrigatoriedade de que demonstre os pontos ultrapassados juridicamente e, consequentemente, que se tornaram errôneos ou equivocados, com a indicação dos novos argumentos trazidos à baila que fundamentam[20] os novos entendimentos e configuração

---

20. Estabilidade deve ser manter o que já foi decidido como o entendimento do direito sobre aquele tema, contudo, não necessita a sua imutabilidade, somente que se mantenha a estabilidade enquanto os argumentos jurídicos e sociais sejam os mesmos da época que chegou-se àquele entendimento: "Pois a exigência de estabilidade presta-se a evitar que cada órgão jurisdicional integrante desse tribunal decida a matéria de uma forma diferente, ignorando sua própria jurisprudência firme. Não se extraia daí, porém, uma impossibilidade de modificação de entendimentos, o que provocaria um indesejável engessamento do Direito. É evidente que linhas jurisprudenciais constantes podem ser modificadas (e os §§ 3º e 4º do art. 927 expressamente referem tal possibilidade). Isto, porém, exige fundamentação adequada e específica, de modo que sejam respeitados os princípios da segurança jurídica, da proteção da confiança e da isonomia (art. 927, § 4º)." CÂMARA, Alexandre Freitas. *O Novo Processo Civil Brasileiro, 2ª edição*. Atlas, 03/2016. Retirado de https://integrada.minhabiblioteca.com.br/#/books/9788597005967/.

do precedente judicial. Bustamante explica que para se entender e aplicar os precedentes judiciais, bem como superá-los, o ônus argumentativo é condição essencial[21].

Caso não haja um ônus argumentativo, o precedente judicial deve continuar a ter validade, justamente pela inércia argumentativa do precedente[22]. E, o que seria essa inércia argumentativa? Ataíde Jr. conceitua e propõe uma inércia argumentativa sobre a qual o precedente judicial permanece com a sua força até que alguém consiga sustentar, materialmente, que aqueles argumentos que forjaram o precedente judicial não são mais válidos naquela nova realidade jurídica.

Enquanto não houver quem consiga convencer de que existem novos parâmetros, a inércia mantém a própria estabilidade do precedente.

De certo modo, não é o precedente judicial que deve se autossustentar, materialmente, no tempo, mas ao inverso, quem pretende a alteração do precedente judicial, mediante uma revisão de tese ou um *overruling*, deve ter a ciência do ônus que lhe é imbuído, da necessidade de ter uma argumentação melhor do que aquela que ajudou a formar aquele precedente judicial. Sem tal argumentação no requerimento de revisão de tese, pela própria inércia da fundamentação anterior, esta se mantém e o precedente judicial continua válido.

5.2.5. A admissibilidade dos recursos excepcionais, o art. 1.030 do CPC e a negativa por contrariedade a precedentes judiciais de repetitivos ou de repercussão geral?

Houve um certo esquecimento no tocante ao IAC e a admissibilidade dos recursos excepcionais, principalmente nas redações propostas pela Lei

21. "Torna-se essencial, por conseguinte, estabelecer o mesmo tipo de cultura argumentativa sobre o precedente judicial existente no direito do Reino Unido. Sem essa cultura argumentativa, o efeito vinculante do precedente judicial pode muito bem ser compreendido, na realidade, como um pretexto para a mera produção discricionária de normas abstratas pelos tribunais, ou mesmo – o que seria pior ainda – para ao mesmo tempo autorizar o Supremo Tribunal Federal a cassar simplesmente qualquer decisão judicial, por meio de Reclamações, e desonerá-lo da difícil tarefa de realização uma comparação analítica de casos para realizar essa pesada interferência sobre os demais órgãos do Poder Judiciário." BUSTAMANTE, Thomas da Rosa de. A dificuldade de se criar uma cultura argumentativa do precedente judicial e o desafio do novo CPC. *Precedentes*. Organizadores: DIDIER JR., Fredie; CUNHA, Leonardo Carneiro da; MACEDO, Lucas Buril de; ATAIDE JR, Jaldemiro Rodrigues de. Salvador: Juspodivm, 2015. p. 296.

22. "Ou seja, a inércia argumentativa intervém em favor do estado de coisas existente, que só deve ser alterado, se houver justificadas razões para a mudança, se houver prova da oportunidade de mudar de conduta diante de uma situação que se repete. No direito, as razões a favor da mudança funcionam de forma bastante semelhante à força resultante que pode pôr em movimento um corpo em repouso, ou a alterar a velocidade ou direção de um corpo em movimento." ATAIDE JR, Jaldemiro Rodrigues de. A fundamentação adequada diante do sistema de precedentes instituídos pelo NCPC. Precedentes. Orgs: DIDIER JR., Fredie; CUNHA, Leonardo Carneiro da; MACEDO, Lucas Buril de; ATAIDE JR, Jaldemiro Rodrigues de. Salvador: Juspodivm, 2015. p. 639.

nº. 13.256/2016. Diante dessa citada lei, o art. 1.030 do CPC, aquele que cuida da admissibilidade dos recursos excepcionais, foi alterado, justamente para criar – ou manter – um filtro de admissão desses recursos, claramente para que não haja uma grande remessa destes para os Tribunais Superiores.

Diante de tais considerações, uma nova hipótese de inadmissibilidade foi criada: *aquela em que o recurso interposto, apesar de conter todos os requisitos de admissibilidade gerais e específicos dos recursos excepcionais, o pedido recursal está em confronto com entendimento do Supremo Tribunal Federal exarado no regime de repercussão geral*[23] *ou com entendimento do Supremo Tribunal Federal ou do Superior Tribunal de Justiça, respectivamente, exarado no regime de julgamento de recursos repetitivos.*

O intuito é explicitar ao recorrente que o pleito material recursal que pretende não tem razão de existir, por ir contra um precedente judicial firmado pelo STF ou STJ em processo com a mesma *ratio decidendi*, não necessitando a remessa ao Tribunal Superior, por ir contra uma matéria definida em repercussão geral ou repetitivo, estando, assim, o acórdão do Tribunal recorrido condizente com o precedente judicial existente, não merecendo reparo, pelo fato da argumentação recursal ser negar somente ser contrário ao precedente judicial firmado.

Perceba-se, então, que foi dado um alto teor de vinculatividade aos precedentes judiciais criados em recursos excepcionais repetitivos e no sistema de repercussão geral, contudo não foi incluída a decisão em IAC, apesar desta tem uma alta carga de vinculação, com reiterações nesse sentido, seja pelo art. 927 do CPC, numa lista geral, quanto numa especificação do art. 947 do CPC.

Desse modo, pela ausência de inclusão do IAC como filtro aos recursos excepcionais, sem sequer a sua menção no art. 1.030 do CPC, se o STJ ou o STF definirem uma questão material, em julgamento proveniente de IAC, se houver um recurso excepcional impugnando um acórdão dos Tribunais de segundo grau que aplicaram tal entendimento, justamente pela sua vinculação, mesmo assim não há como frear essa admissibilidade, ao menos não pelo enquadramento pertinente aos precedentes judiciais, somente se esbarrar nos requisitos gerais de admissibilidade.

O precedente judicial formado no IAC, mesmo em Tribunal Superior, não impedirá que um recurso excepcional impugnativo de um acórdão que

---

23. "A segunda hipótese é o recurso extraordinário interposto contra acórdão que esteja em conformidade com o entendimento do Supremo Tribunal Federal exarada no regime de repercussão geral. Ainda que tal julgamento tenha eficácia vinculante erga omnes, entendo que nesse caso a questão é de mérito, somente sendo tratada como sendo de admissibilidade para permitir que o recurso seja inadmitido em segundo grau." NEVES, Daniel Amorim Assumpção. *Manual de direito processual civil*. 8. ed. Volume único. Salvador: Juspodivm, 2016. p. 2.245/2.246.

devidamente utilizou-o como base suba para uma reanálise. Essa posição nos leva a crer que a revisão de tese do IAC, em sede de recursos excepcionais será bem maior do que de qualquer outro instituto, pela abertura dada pela própria lacuna legal, sem o legislador se importar em incluir na redação do art. 1.030 do CPC o julgamento proveniente do IAC como limitador à admissibilidade recursal excepcional.

Uma possível saída será os próprios Tribunais Superiores, no cotidiano dos julgamentos, depois da efetividade dos julgamentos firmados em IAC, passarem a entender que, analógica e sistematicamente, cabe a utilização dos mesmos parâmetros dos repetitivos e da repercussão geral para negar a admissibilidade de recurso excepcional que visa meramente revisar o julgamento do IAC. Talvez seja o sistema preenchendo as lacunas existentes.

Dessa maneira, uma vez firmado o precedente judicial em IAC, a mesma base normativa do art. 1.030 do CPC para a negativa de recurso excepcional contrário à repercussão geral e a repetitivos vale para o IAC[24], até pelo microssistema de formação de precedentes judiciais vinculantes.

5.3. A VINCULAÇÃO DA DECISÃO PROFERIDA EM IAC E AS FORMAS DE CONTROLE

Uma vez existente uma decisão formada em IAC, com a sua devida estabilização, depois de julgados eventuais embargos de declaração, há uma evidente e consequente vinculação.

Desse modo, num prisma geral, sai da cena processual a visualização de decisão somente daquela causa pela sua devida subsunção, da aplicação da lei ao fato em concreto, mediante a cognição do juízo, para a inserção de um outro viés, a necessidade de visualização da existência de precedente judicial sobre a questão e a devida aplicação, com a análise judicante passando muito mais a uma delimitação dos fatos de ambos os processos – formador do precedente judicial e o atual a ser julgado – para averiguar-se, mediante comparação analítica, a coincidência ou similaridade de fatos que autorizam a aplicação do precedente judicial.

Se coincidentes as bases fáticas dos processos, o precedente judicial deve ser aplicado.

O caso concreto a ser julgado deve ser apreciado numa comparação de seus fatos com a *ratio decidendi* do precedente judicial, momento no qual analisa sobre a convergência de possibilidades, com a decisão de aplicação

24. Nesse sentido, mais detalhado: LEMOS, Vinicius Silva. A decisão do incidente de assunção de competência formada nos tribunais superiores e o impacto na admissibilidade dos recursos excepcionais. Revista Eletrônica de Direito processual, v. 21, p. 422-461, 2020.

ou não do precedente judicial, mediante o julgamento da compatibilidade dos fatos entre o caso em concreto e o precedente judicial.

Para a utilização do precedente judicial, além da própria decisão e sua argumentação, existem várias técnicas para tanto, algumas meramente processuais, como a improcedência liminar do pedido ou a tutela provisória de evidência, institutos que possibilitam que o julgador utilize da correlação de um precedente judicial vinculante com identidade fático-jurídica com o caso futuro, para, desde logo, aplicar o precedente judicial, julgando a nova demanda nas mesmas diretrizes.

Uma vez existente um precedente judicial e a demanda a ser julgada identifica-se, materialmente, com esse precedente já formado, a sua aplicação para o caso em questão deve ser automática.

Mas, sempre será possível que seja realizada a aplicação do precedente judicial? A resposta será não, justamente pelo fato de que pode um precedente judicial aparentemente se enquadrar num caso concreto, mas, depois de uma análise mais detalhada e após toda a instrução probatória, entender que não seria caso para a própria vinculação, por ocorrer a incidência de matérias distintas, o que leva a necessidade de realizar-se o *distinguishing*[25].

O resultado dessa equiparação leva a alguns caminhos.

O mais importante seria culminar na aplicabilidade do precedente judicial nesse novo processo, entretanto, há a possibilidade da incongruência entre os fatos dessa determinada ação a ser julgada com a *ratio decidendi* do precedente judicial outrora firmado. Nessa situação, não há a possibilidade de utilização do precedente judicial, justamente por não haver um enquadramento da situação processual com a situação do precedente judicial, e, sem enquadramento correto entre os conteúdos, evidentemente, há uma distinção, uma diferença entre os casos, o que leva a recusa do juízo em aplicar o precedente judicial.

Não há, no entanto, uma recusa ao precedente judicial ou à sua validade em si, somente o não enquadramento para aquele caso, por falta de similaridade fática.

A não utilização do precedente judicial, nessa hipótese, ocorre por este não servir como base para aquela demanda, por diferença de fatos ou de matérias. A diferença fático-jurídica afasta o precedente judicial da aplicabilidade para o caso a ser julgado. Com isso, o juízo não discorre em nenhum momento sobre a validade do precedente judicial, somente discorre que houve

25. Enunciado n.º 306 do FPPC: O precedente vinculante não será seguido quando o juiz ou tribunal distinguir o caso sob julgamento, demonstrando, fundamentadamente, tratar-se de situação particularizada por hipótese fática distinta, a impor solução jurídica diversa.

uma tentativa de aplicação, com a eventual impossibilidade de utilização por diferenças entre as demandas.

A superação do precedente judicial, nessa situação, ocorre pela sua não aplicabilidade para aquele caso em concreto por divergência nos fatos entre o precedente judicial e a demanda a ser julgada. O direito anglo-saxão concede o nome de *distinguishing* para essa técnica de superação. Na tradução que o próprio CPC/2015 concede ao delimitar um pedido da parte da aplicabilidade do instituto no art. 1.037, § 9º do CPC chega-se ao nome de *distinção.*

Uma autêntica distinção do caso em concreto com o precedente judicial[26].

Há uma recusa na utilização do precedente? Sim, uma superação por ausência de correspondência entre os casos, a *ratio decidendi* e a ação a ser julgada, com a aplicação necessária da distinção. Além da técnica de julgamento de superação de precedentes, cabe também às partes alegarem a distinção, demonstrando ao juízo a diferença existente e a inaplicabilidade daquele precedente judicial para aquela demanda[27].

5.3.1. As formas de aplicação do precedente judicial formado pelo IAC

Além das possibilidades normais de um juízo aplicar o precedente judicial formado no IAC, seja na sentença ao decidir, seja no julgamento de um recurso com o colegiado proferido o acórdão, seguindo o precedente judicial, há outros meios que o próprio CPC/2015 criou ou remodelou para que fosse possível aplicar este julgado, de modo a trazer mais celeridade ao processo.

Com isso, alguns institutos têm interligação tamanha com o precedente judicial e a aceleração judicante, com o intuito de aplicar o entendimento pacificado e, assim, prestar uma jurisdição coerente e íntegra. Os modos de aplicação do precedente judicial formado são: *(i) improcedência liminar do pedido; (ii) tutela provisória de evidência; (iii) decisão monocrática nos Tribunais; e (iv) a dispensa de remessa necessária.*

---

26. "A previsão do "*distinguishing*" insere-se no campo de fundamentação das decisões judiciais, pois estas serão tidas como não fundamentadas (e inválidas, portanto) quando o juiz ou o tribunal "deixar de seguir enunciado de súmula, jurisprudência ou precedente invocado pela parte, sem demonstrar a existência de distinção no caso em julgamento ou a superação do entendimento" (art. 489, § 1º, inc. VII)." MARCATO, Antonio Carlos. Os precedentes judiciais e o novo código de processo civil. *Revista de Direito da ADVOCEF.* Ano XI nº 21 nov/2015. p. 57.

27. "Fala-se em *distinguishing* (ou *distinguish*) quando há diferença entre o caso concreto em exame e o paradigma anterior, seja porque inexiste coincidência com os fatos que embasaram a *ratio decidendi*, seja porque, a despeito de eventual aproximação entre eles, há alguma peculiaridade no caso em julgamento que impõe a não aplicação do precedente." REDONDO, Bruno Garcia. Precedente judicial no direito processual civil brasileiro. In: MENDES, Aluisio Gonçalves de Castro; MARINONI, Luiz Guilherme; WAMBIER, Teresa Arruda Alvim (coord.). *Direito jurisprudencial: volume 2.* São Paulo: RT, vol. 2. 2014. p. 180.

Analisaremos cada qual e a sua intersecção com a decisão formada no IAC, dada a sua vinculação e a melhor adequação no processo.

5.3.1.1. A improcedência liminar do pedido e a decisão proferida em IAC

Uma vez existente a decisão formada em IAC em determinado sentido, esta deve ser aplicada quando houver casos análogos no mesmo sentido interpretativo daquilo que foi outrora decidido. A própria existência do precedente judicial gira em torno da aplicação nos casos análogos, existentes ou futuros. Esse é o sentido do precedente judicial, inclusive o formado em IAC.

No entanto, se houver o intento de uma demanda sobre o mesmo assunto, com identidade ao que foi firmado no IAC anteriormente julgado, com pedido realizada nessa nova ação pela procedência com tese contrária ao precedente judicial firmado em IAC, há a possibilidade da prolação, desde logo, pelo juízo de primeiro grau, da sentença de improcedência liminar do pedido[28], com base no art. 332 do CPC[29].

---

28. Bueno salienta a ênfase que os precedentes têm no novel ordenamento, com o reflexo em demais institutos, como, no caso, na existência da possibilidade de uma improcedência liminar do pedido: "É dispositivo que se harmoniza, portanto, com o art. 927 e com a vocação que aquele dispositivo – e, mais amplamente, o próprio CPC de 2015 – quer emprestar aos "precedentes" dos Tribunais brasileiros, notadamente, mas não exclusivamente, os provenientes do Supremo Tribunal Federal e do Superior Tribunal de Justiça." BUENO, Cassio Scarpinella. *Novo Código de Processo Civil Anotado.* São Paulo: Saraiva, 2ª. ed. 2016. p. 313.

29. Nery Jr. e Nery entendem que a possibilidade de uma sentença liminar de improcedência ataca uma série de dispositivos constitucionais, optando pela necessidade da inconstitucionalidade da demanda. "Inconstitucionalidade. O CPC 332, tal qual ocorria com o CPC/1973 285-A, é inconstitucional por ferir as garantias da isonomia (CF 5º caput e I), da legalidade (CF 5º. II), do devido processo legal (CF 5º. Caput e LIV), do direito de ação (CF 5º. XXXV) e do contraditório e ampla defesa (CF 5º. LV), bem como o princípio dispositivo, entre outros fundamentos, porque o autor tem o direito de ver efetivada a citação do réu. (...) A ofensa à garantia constitucional da legalidade é, ainda, mais gritante quando examina-se o texto normativo ora comentado que estatui ser imperativo o comando: "o juiz julgará improcedente."" NERY JR, Nelson; NERY, Rosa Maria de Andrade. *Código de Processo Civil Comentado.* 16ª. Ed. São Paulo. RT. 2016 p. 988/999. Entendendo que não há guarita nestes argumentos, ainda que contundentes, simplesmente pelo fato que não há ofensa ao direito de ação, uma vez que o autor pode intentar a demanda, contudo, há de entender que a verificação dos precedentes é obrigação argumentativa da parte, seja para suscitá-los, seja para distingui-los ou, ainda, superá-los. E, o direito de ação é o direito de intentar a demanda, logo não há óbice. De fato, o devido processo legal é alterado aqui, mas para um outro devido processo legal. Vitorelli já dizia que nos novos tempos do processo legal, principalmente quando se julga de maneira a impactos coletivos, deve-se pensar um devido processo mediante a ótica da realidade normativa. VITORELLI, Edilson. *O devido processo legal coletivo: dos direitos aos litígios coletivos.* 1. ed. São Paulo: Revista dos Tribunais, 2016. p. 32. O devido processo legal é somente pelo procedimento comum? Vejo que há possibilidades infinitas que o próprio CPC preconiza, como a cognição sumária da tutela provisória antecipada antecedente, os procedimentos especiais, a tutela monitória, cada qual tem seu próprio rito, com as nuances de cada realidade. O contraditório, ampla defesa e a isonomia devem ser tratadas diante de um novo prisma, uma vez que com a possibilidade do autor distinguir que a sua demanda nada guarda relação com o precedente ou que desincumbiu-se do ônus de trazer argumentos novos, o autor terá, evidentemente, o direito de prosseguir com a demanda e, caso contrário, há a possibilidade do recurso – apelação em regra e agravo de instrumento em exceção – para que demonstre a inadequação do instituto e a ausência de correlação entre as *rationes*

Se o autor pretende, em sua demanda, direito que o precedente judicial firmou entendimento em sentido contrário, o juízo, após todo o enquadramento fático-jurídico sobre a questão e a relação entre as *rationes decidendi*, deve, de plano, julgar a demanda de modo improcedente, pelo próprio cunho diverso do que se decidiu no precedente judicial, com o intuito de aplicar o entendimento, diante da impossibilidade de conceder o direito ali vindicado.

Evidente que para a devida aplicabilidade desse instituto correlato aos precedentes judiciais vinculantes deve-se observar alguns pontos: *(i) a devida relação fático-jurídica entre a petição inicial proposta e o precedente judicial criado; (ii) o pedido em sentido oposto ao firmado pelo precedente judicial; (iii) a ausência de novas argumentações ou pedido fundamentado de revisão de tese.*

Com todos esses requisitos, o juízo que for aplicar a improcedência deve, em sua fundamentação, analisar pormenorizadamente esse enquadramento dos requisitos, delineando cada um desses pontos e a sua presença dentro da petição inicial, desde a existência do precedente judicial formado em IAC, a relação de identidade material entre o caso presente e aquele sobre o qual o precedente judicial se formou, bem como culminar no resultado de que a aplicação deste ensejará um resultado de improcedência.

Mediante toda essa fundamentação e explicação, sem nenhuma automaticidade, o juízo deve prolatar a sentença de improcedência liminar do pedido, julgando o mérito, sem ouvir o réu, sem qualquer contraditório, logo no início do processo. Essa abertura para um julgamento de mérito desde logo é para a economia processual e o próprio enquadramento pelo autor da situação jurídica entre aquela paradigmática com o precedente judicial firmado em IAC, porém com pedido em sentido oposto ao entendimento outrora firmado.

É um meio de estancar, desde logo, a litigância em sentido contrário ao precedente judicial firmado em IAC – e nos demais institutos que formam precedentes judiciais vinculantes. É uma técnica de aceleração da cognição e do processo de conhecimento, no procedimento comum.

Uma preocupação pertinente no uso desse dispositivo é que não seja um mero óbice ao acesso à justiça e ao próprio Judiciário, não se pode conceber que a aplicação do precedente judicial seja desenfreada[30] sem a necessária compa-

---

decidendi, possibilitando ainda a retratação do juízo. Ter um contraditório diferente não ofende o prisma constitucional, o que não podemos entender que numa cultura de precedentes, o autor não se desincumba a trazer argumentos novos ou distintivos, litigando contra o precedente sem nada que acrescente à discussão iniciada pelo Tribunal competente.

30. Não há, no art. 332 e no próprio instituto, nenhuma autorização para que o juízo tente a bel prazer suprimir fases processuais sem ônus argumentativo. Deve enquadrar devidamente a questão ao que a norma preconizou, sem ampliações inadequadas ou replicações sem análises. O uso incor-

ração entre as *rationes decidendi*, obstando que ações com assuntos correlatos, mas diversas em seu cerne, sejam incorretamente enquadradas.

Por isso, do mesmo modo que a petição inicial deve demonstrar claramente a sua distinção sobre tal ponto, manejando corretamente a argumentação fático-jurídica, o juízo deve desincumbir-se desse ônus ao fundamentar sobre o enquadramento[31].

Ponto importante para a aplicação ou para a flexibilização no tocante à improcedência liminar está no pedido de revisão de tese realizado desde a petição inicial.

Ou seja, se o autor intentar uma demanda contra o resultado de um precedente judicial formado em IAC, ciente de tal feito, almejando pedido em sentido diverso, mas com novéis argumentações, sem ater-se somente a renovar aquelas que outrora foram consideradas e refutadas na formação do precedente judicial, o instituto não deve ser utilizado, com a necessidade de nova discussão sobre os pontos novos trazidos, que podem ser diversificados, uma nova lei, uma nova decisão que tenha reflexos no precedente judicial, novidades tecnológicas, impactos que não existiam, dentre outras.

São várias as possibilidades de argumentação de revisão de tese perante um precedente judicial, mas todas com o necessário ônus argumentativo pelo autor e a inércia argumentativa do precedente judicial, como vimos. Se numa petição inicial houver o pedido de revisão de tese sem este inovar

---

reto do instituto mais atrapalhará do que ajudará, se houver uma automaticidade indesejada por parte do juízo. Bruschi já demonstrava essa preocupação com o correspondente do Instituto no ordenamento revogado, o que trazemos as mesmas preocupações para o novo regramento: "que nos direciona, acima de tudo, ao comedimento, à prudência e à moderação, na utilização do art. 285-A. Só devemos pô-lo em prática, desde que preenchidos todos os seus requisitos, caso traga "consequências vantajosas", tanto aos juízes de primeiro grau como aos tribunais e, evidentemente, para os jurisdicionados. Se assim não for, o gargalo continuará a campear a mancheias do judiciário, mudando apenas de lugar, a par da perda de tempo que afrontaria o princípio constitucional da razoável duração do processo e dos meios que garantam a celeridade de sua tramitação." BRUSCHI, Gilberto Gomes. O julgamento liminar de improcedência do pedido no CPC atual e no projeto de novo CPC. in *Novas Tendências do Processo Civil: estudos sobre o projeto do Novo Código de Processo Civil*, vol. III. Editora Juspodivm, 2014. p. 778.

31. Procede razão a Jayme e Fernandes quando preconizam que a aplicabilidade da improcedência não pode ser automática, sem nenhum ônus de correlação pelo juízo, numa simples menção à ementa ou número de processo. Deve, o juízo, fundamentar adequadamente a equiparação de situações fático-jurídicas autorizantes para que proceda com o julgamento da maneira preconizada no art. 332. A defesa pela vinculatividade dos precedentes não pode ensejar uma consequência desenfreada de replicação sem enfrentamento de relações fáticas: "Assim, o entendimento que deveria prevalecer é o que propugna pela necessidade de uma demonstração analítica de similitude entre o caso da sentença paradigma e o caso posto quando do julgamento liminar do pedido. Desta forma, assegura-se o devido processo legal, pois, como dito, a ausência de demonstração de similitude entre os casos pelo magistrado inviabiliza a plena defesa do autor e dificulta a utilização da técnica de *distinguishing*." JAYME, Fernando Gonzaga; FERNANDES, Tereza de Assis. Julgamento liminar do pedido – análise dos critérios de aplicação e a inevitável crítica a sua disciplina no projeto de novo código de processo civil. in *Novas Tendências do Processo Civil: estudos sobre o projeto do Novo Código de Processo Civil*, vol. III. Salvador: Juspodivm, 2014. p. 150.

nos fundamentos jurídicos, há total aplicabilidade da improcedência liminar do pedido, somente com a ressalva de que o juízo deve enfrentar este ponto na sentença proferida.

Se na demanda houver cumulação de pedidos e, somente um destes relacionar-se com precedentes judiciais vinculantes, com os demais sem a eles estarem atrelados, não há óbice de se utilizar a improcedência liminar do pedido de maneira parcial[32], com o julgamento somente do montante material específico em que exista o enquadramento, sem ater-se aos outros pontos, sobre os quais deve decidir perfunctória e independentemente sobre o deferimento da petição inicial.

De todo modo, a possibilidade da improcedência liminar do pedido enquadrada como hipótese de aplicabilidade precoce do precedente judicial oriundo de um IAC escancara no sistema jurídico a realidade evidente do combate ao litígio desnecessário contra precedente judicial vinculante firmado sem novas argumentações. Todavia, não se pode entender que esse instituto seja um meio de obstar que se altere o precedente judicial ou como maneira de torná-lo estático, somente não há como conceber que uma demanda se inicie sem um arcabouço argumentativo[33] que traga alguma novidade que não fora considerada na formação do precedente judicial.

Sem novidades argumentativas, aplica-se o precedente judicial, desde logo, gerando tal improcedência liminar do pedido.

---

32. As ações quase nunca são de um só pedido, uma vez que se permite a cumulação daqueles que encontram a conexão. Desse modo, quando houver a cumulação de pedidos numa inicial, mas somente um destes se enquadrar nas hipóteses do art. 332, não há óbice que o juízo aplique somente em parte da demanda, se as demais não forem atingidas pelos precedentes, cabendo, portanto, o recurso de agravo de instrumento e não de apelação, uma vez que a decisão não será a uma sentença e, sim, uma decisão liminar de improcedência: "o julgamento liminar de improcedência pode ser total ou parcial. (...) Se o julgamento de improcedência liminar for parcial, comporta agravo de instrumento, que, quando interposto, o juiz poderá retratar-se. (...) Não interposto o agravo, o réu será apenas intimado do trânsito em julgado da decisão, mas o processo continuará em relação à parte ainda não julgada." MADRUGA, Eduardo; MOUZALAS, Rinaldo; TERCEIRO NETO, João Otávio. *Processo Civil Volume Único.* 8ª. ed. revisada, ampliada e atualizada. Salvador: Juspodivm, 2016. p. 446.

33. Uma questão que se coloca importante versa sobre a impossibilidade de decisões surpresas e o julgamento de improcedência liminar do pedido, uma vez que o art. 332 preconiza que o juiz deverá realizá-lo de logo que entender pelo enquadramento com as hipóteses ali elencadas como autorizantes. Buril disserta sobre a desnecessidade de intimação do autor, uma vez que o mecanismo seria tergiversado com essa visão e, principalmente, no que concordo, pelo fato de que o autor deve ter a ciência sobre a demanda que intentará e o necessário arcabouço jurídico que a embasa, inclusive o confronto possível com precedentes: "é, sim, permitido que o juiz decida sem antes intimar o autor para se manifestar sobre o precedente que lhe serve de fundamento. Isso porque o autor precisa tratar com cuidado dos fatos substanciais e analisar com precisão os precedentes sobre a matéria. Ou seja, é ônus do autor abordar as questões jurídicas relevantes pertinentes à temática de sua demanda, incluindo-se aí, por óbvio, os precedentes obrigatórios que eventualmente tangenciem ou tratem diretamente da questão suscitada.(...) Não há razão para intimar o autor, como se a improcedência liminar não fosse uma técnica para decidir imediatamente demandas repetitivas estabilizadas." BURIL, Lucas. *Precedentes judiciais e o direito processual civil.* 2. ed. Salvador: Juspodivm, 2016. p. 498.

5.3.1.2. A tutela provisória de evidência do art. 311, II e a decisão proferida em IAC

Na nova sistemática das tutelas provisórias proposta pelo CPC/2015, criou-se a tutela provisória de evidência, conforme dicção do art. 311 do CPC, com a possibilidade de concessão da tutela provisória sem urgência a ser alegada, somente com a evidência[34] notória do direito, com hipóteses legalmente previstas.

Mas, o que seria somente a evidência? Esse é um ponto interessante a se entender e necessário para a própria concepção do instituto. A evidência, na maneira contextualizada pelo ordenamento, trata-se do requisito para a concessão da tutela provisória sobre a qual somente a análise da evidência[35] de um direito basta para que haja o deferimento, o que o art. 300 do CPC coloca como probabilidade do direito, o que mais à frente analisar-se-á se realmente essa tutela seria assim visualizada.

No entanto, para ser passível de uma tutela provisória sem urgência, essa probabilidade do direito deveria ser muito mais robusta do que um simples *fumus boni iures* concomitante com a urgência.

Nesse ponto, tem-se a posição de Fux[36] pela visão de que a evidência não encontra azo na verossimilhança, mas na análise exauriente preliminar do direito ali invocado ou no abuso do direito pela outra parte. Apesar de não culminar num procedimento sumário para a decisão de mérito, conti-

---

34. A visão que adotamos, pela própria taxatividade legal inerente à evidência, que estaria mais ligada a visão de que nestas hipóteses determinadas legalmente, há um direito evidente, o que, teoricamente, pode-se entender que seria mais do que o *fumus bom iures*, diferenciando, de certo modo, do requisito da probabilidade do direito constate na tutela de urgência, com a Bonagura cita como a evidência inserta a tutela de urgência. "a tutela da evidência passa a ser admitida pelo direito processual, expressamente, como hipótese de antecipação da tutela sem o requisito da urgência. Ao lado da antecipação da tutela stricto sensu e das cautelares fundadas na urgência, corresponde à tutela de cunho provisório. Isto é, de acordo com o novo texto de lei, a tutela provisória, na qualidade de tutela jurisdicional diferenciada, pode estar vinculada à urgência, à evidência, ou a ambas." BONAGURA, Anna Paula de Souza. Uma visão geral da tutela da evidência no novo código de processo civil. In COSTA, Eduardo José da Fonseca; PEREIRA, Mateus Costa; GOUVEIA FILHO, Roberto P. Campos. *Coleção grandes temas do novo CPC - v.6 - Tutela Provisória.* Salvador: Juspodivm, 2015. p. 396/397.

35. Didier Jr., Braga e Oliveira entendem que a evidência possibilita que haja uma cognição sumária, o que possibilita a inversão do ônus da prova, uma vez que o réu que deverá, em todas as hipóteses, comprovar que não está enquadrado na hipótese mencionada nas possibilidades autorizantes da concessão de tal. "A evidência é fato jurídico processual. É o estado processual em que as afirmações de fato estão comprovadas (...). Nestes casos, a evidência se caracteriza com conjugação de dois pressupostos: prova das alegações de fato e probabilidade de acolhimento da pretensão processual. Dispensa-se a demonstração de urgência ou perigo. Por isso, há quem prefira compreender a tutela provisória de evidência simplesmente como aquela para cuja concessão se dispensa a demonstração de perigo" DIDIER JR., Fredie; BRAGA, Paula Sarno; OLIVEIRA, Rafael Alexandria de. *Teoria da Prova, direito probatório, decisão, precedentes, coisa julgada e tutela provisória.* 10ª ed. Salvador. Juspodivm. 2015. p. 617/618.

36. FUX, Luiz. *Tutela de segurança e tutela de evidência.* São Paulo: Saraiva, 1996. p. 306.

nuando a demanda com todo o seu procedimento, esta já está direcionada pela concepção que o juízo tem de que o direito ali está presente, incumbindo-se a outra parte de demonstrar fortemente o contrário. Já na concepção de Costa[37], a evidência seria a separação dos requisitos – probabilidade e urgência – e o fortalecimento do primeiro, tornando-se um grau acentuado da probabilidade, escancarando-se como de maneira evidente.

Ambas as concepções são pertinentes e, apesar de o ordenamento ter priorizado a primeira visão, optou por um rol taxativo[38] e limitado, com a sua possibilidade somente quando houver o enquadramento para as hipóteses delineadas nos incisos do art. 311 do CPC, ou outras tutelas preconizadas no ordenamento. São hipóteses específicas que o legislador entendeu que não há necessidade de comprovação da urgência, somente a visualização do enquadramento a qualquer das situações acima citadas, seja pelo enquadramento na evidência do direito em si ou num alto grau de probabilidade do direito ou até o entendimento legal que a urgência já estaria inserta e com a desnecessidade de sua alegação.

De qualquer modo, é necessário o devido enquadramento em alguma das hipóteses.

Na relação da tutela provisória de evidência com o precedente judicial está a hipótese do inciso II, a qual delineia-se assim: *as alegações de fato puderam ser comprovadas apenas documentalmente e se houver tese firmada em julgamento de casos repetitivos ou em súmula vinculante.*

Desse modo, na incidência de uma relação fático-jurídica entre aquela demanda ou um dos pedidos da demanda e um precedente judicial formado em casos repetitivos – IRDR ou repetitivos em recursos excepcionais – pode o juízo de primeiro grau, se comprovado documentalmente, conceder a tutela provisória independentemente de qualquer alegação de urgência, somente pelo enquadramento na conjunção do precedente judicial no caso em concreto.

O pedido dessa hipótese pode ser realizado tanto na petição inicial, liminarmente, quanto durante a demanda e o transcorrer do processo, por

---

37. COSTA, Eduardo José da Fonseca. *O direito vivo das liminares.* São Paulo: Saraiva, 2011. p. 71.

38. Mesma opinião tem Guedes, quando constrói um sentido de que se assim não fosse o instituto seria empobrecido: "No entanto, o legislador do CPC/2015 optou por especificar as situações nas quais seria possível caracterizar pelo rótulo de evidente o direito aduzido na demanda. Nesse sentido, ao aplicador do direito caberá identificar a reunião dos requisitos estabelecidos para que seja concedida a tutela de evidência. (...) propõe que seja realizada uma interpretação extensiva e sistemática do artigo 311 do CPC/2015 que prevê os requisitos autorizadores; para que – além das teses restringidamente firmadas em casos repetitivos ou em súmulas vinculantes – a tutela da evidência possa se firmar em qualquer precedente obrigatório." GUEDES, Lorena. A tutela de evidência fundada nos precedentes judiciais. In COSTA, Eduardo José da Fonseca; PEREIRA, Mateus Costa; GOUVEIA FILHO, Roberto P. Campos. *Coleção grandes temas do novo CPC - v.6 - Tutela Provisória.* Salvador: Juspodivm, 2015. p. 464/465.

exemplo, após a realização de determinada prova ou juntada de algum documento. Pertinente salientar que o juízo não decidirá, provisoriamente, somente calcado no precedente judicial, mas na existência de prova documental que evidencie que a situação fática determinante daquela demanda se enquadra numa correspondência com a *ratio decidendi* do precedente judicial repetitivo.

A necessidade da prova documental impõe-se para suplantar a aplicabilidade do precedente judicial pura e simples sem um conjunto probatório naquela demanda[39], ensejando, portanto, que o autor realize essa prova de maneira a tornar clara faticamente o seu devido enquadramento naquela mesma situação alcançada pelo precedente judicial repetitivo ou Súmula Vinculante.

Essa abertura poderia ser entendida como um extensível aos outros precedentes judiciais, inclusive ao formado em IAC? Entendo que, infelizmente, não[40], por falta de previsão legal de tal extensividade ou por previsão legal específica das hipóteses de tutela provisória de evidência. De certo modo, entendo que o IAC deveria ser incluído nesse rol, o que muito já auxiliaria a prática da jurisdição pela própria evidência. Mas, esse é o apego à literalidade, o modo com que deve ser encarado o rol taxativo da própria tutela provisória de evidência, ainda que não seja a melhor escolha positivada.

Se imaginar a existência já dita de uma vinculação, de um alto grau de cognição e participação da sociedade na formação do precedente judicial oriundo de um IAC, o normal seria admitir-se[41] incluir a decisão formada nesse incidente

39. Para a concessão da tutela de evidência relacionada à precedente, os fatos alegados para o devido enquadramento analítico devem ser devidamente comprovados documentalmente: "Primeiro, como decorrência da natureza de tutela documentada, deve haver nos autos elementos probatórios que atestem a alegação de fato. Essas provas devem ser documentais ou documentas (prova emprestada ou prova obtida em procedimento de produção antecipada, por exemplo.)" PONTES, Daniel de Oliveira. A tutela de evidência no novo Código de Processo Civil. *Revista de Processo.* Vol. 261. ano 41. São Paulo: Ed. RT, nov. 2016. p. 358.

40. Em sentido amplo ao que entendemos e propomos, Gouveia, Souza Jr. e Alves entendem que se deve ampliar este cabimento para todo o microssistema de formação de precedentes vinculante ou, ao menos, aquele insertos aos art. 927. Tendo a entender como interessante o argumento e a construção sistemática da interpretação: "Não tem nenhum sentido a restrição do dispositivo a esses casos mencionados no dispositivo legal, devendo ainda ser proposta uma interpretação sistemática para que se entenda que deve ser possível a concessão da tutela da evidência também quando houver tese jurídica assentada em outros precedentes obrigatórios, tais como aqueles previstos no art. 927 do CPC." GOUVEIA, Lucio Grassi de; SOUZA JR., Antonio Carlos F. de Souza; ALVES, Luciana Dubeux Beltrão. Breves considerações sobre a tutela de evidência no CPC/2015. In COSTA, Eduardo José da Fonseca; PEREIRA, Mateus Costa; GOUVEIA FILHO, Roberto P. Campos. *Coleção grandes temas do novo CPC - v.6 - Tutela Provisória.* Salvador: Juspodivm, 2015. p. 442.

41. Enunciado no. 135 da JDPC-CJF: É admissível a concessão de tutela da evidência fundada em tese firmada em incidente de assunção de competência.

dentre aqueles possíveis de conceder a tutela provisória de evidência, pelo art. 311, II do CPC, contudo, não se pensou sistemicamente, com a exclusão desse precedente judicial, o que é, por si só, um equívoco ou esquecimento do legislador, pelo fato de que o precedente judicial formado pelo IAC tem equivalência em todos os planos, sejam os materiais ou procedimentais em sua formação, com o merecimento de ser incluído nesse rol.

Todavia, assim não se procedeu e, ao menos a princípio, a defesa seria pela impossibilidade de utilizar-se da tutela provisória de evidência pela base da decisão de IAC, por mais incoerente que seja, apesar de a fundamentação ser a positividade, seguir o que está na lei.

Mas, se pensar numa aplicação sistêmica, na visão de que qualquer precedente judicial que tiver o cuidado de ser formado mediante um incidente com uma procedimentalidade maior, com um cuidado representativo e cognitivo diversificado, dessa forma, o precedente judicial formado em IAC poderia ser utilizado para reforçar a própria tutela provisória de evidência, expandindo o rol de cabimento para tal desiderato.

A utilização do precedente judicial como base da tutela provisória de evidência, prevista no art. 311, II do CPC, possibilita que o juízo possa conceder uma tutela diferenciada[42] e com cognição sumária a quem tem um direito evidente pela correlação com o próprio precedente judicial, com uma urgência já inserta na previsão legal, ainda que intrínseca. Há, portanto, uma evidência a ser aplicada em prol do autor, contudo, não se pode imaginar que importará em um julgamento em cognição sumária sem qualquer probabilidade de direito, com a possibilidade de reversão após a instrução e o julgamento em cognição exauriente, uma vez que o réu pode comprovar contrariamente ao enquadramento do autor na lógica material de aplicabilidade do precedente judicial, havendo, como diz Dotti, uma inversão probatória e cognitiva[43] após o deferimento da tutela provisória de

42. Se o direito é evidente, a tutela proporcionada deve ser diferente? Marinoni já defendia isso desde a década passada, antes mesmo de um novo ordenamento que prevê a tutela de evidência, pela visão de que o jurisdicionado que conseguiu a comprovação da evidência do direito deve ter uma tutela mais diferenciada das demais, aquelas cujo o direito ainda não está claro: "o processo, para ser justo, deve tratar de forma diferenciada os direitos evidentes, não permitindo que o autor espere mais do que o necessário para a realização do seu direito" MARINONI, Luiz Guilherme. *Antecipação da tutela*. 9. ed. rev. atual. e ampl. São Paulo: Revista dos Tribunais, 2006. p. 165/166.

43. A visão de Dotti é interessante sobre a ótica de que a evidência não pode ser confundida com uma sentença adiantada pura e simplesmente, numa cognição sumária, uma vez que o réu tem direito de provar que ali não deve ser enquadrado. No entanto, o réu deve, agora, desincumbir-se desse ônus, uma vez que o juízo já imaginou o enquadramento entre as *rationes decidendi* do precedente e a ação que ensejou a tutela de evidência: "A lógica está em fazer com que o réu (que possivelmente perderá a demanda) é que tenha de suportar o tempo necessário de tramitação até a eventual demonstração de seu (improvável) direito. Por isso, mesmo que não exista má-fé do réu, ainda assim o autor tem o direito de ter sua pretensão desde logo atendida." DOTTI, Rogéria. Os precedentes

evidência, uma vez que o réu que terá que comprovar o seu direito a não ser condenado com base naquele precedente judicial.

De certo modo, a possibilidade da tutela provisória de evidência calcada no enquadramento em precedente repetitivo ou Súmula Vinculante é uma maneira mais célere de aplicação do próprio precedente judicial[44], com a visualização da evidência do direito, nesse caso, pela presença do enquadramento previsto pela existência deum precedente judicial invocado e a devida pertinência fática, porém importante e necessário que haja a devida fundamentação e correlação fático-jurídica entre ambos os casos, bem como na análise se o documento probante realmente insere na hipótese de aplicabilidade do precedente judicial.

Somente há a dúvida, como salientado, se tal instituto é pertinente ao enquadramento do precedente judicial formado em IAC.

5.3.1.3. A dispensa de remessa necessária de decisão fundada em precedente judicial formado em IAC

Outro instituto processual impactado pela existência de um microssistema de formação de precedentes judiciais vinculantes e, consequentemente, pelo IAC, é a remessa necessária.

A conceituação da remessa necessária encontra-se na necessidade da remessa para a análise do Tribunal de segundo grau quando houver sentença proferida em sentido contrário a União, os Estados, o Distrito Federal, os Municípios e suas respectivas autarquias e fundações de direito público, ou em outra hipótese, quando a sentença julgar procedente, no todo ou em parte, os embargos à execução fiscal[45].

---

judiciais e antecipação: a tutela da evidência no novo CPC. *Revista de Direito da ADVOCEF.* Ano XI nº 21 nov/2015. p. 70.

44. Buril exalta a inclusão da tutela de evidência dentro da sistemática de institutos que serão dispostos para a utilidade da vinculação dos precedentes judicais. Concordamos com tal exaltação, uma vez que os precedentes, se obrigatórios, devem ter o condão de tornar mais fácil o entendimento sobre o próprio processo que pode se utilizar o precedente e a correlação entre as *rationes decidendi*: "O dispositivo configura um dos mais maiores avanços do NCPC em questão de outorga de segurança jurídica e igualdade aos jurisdicionados, princípios que vêm sendo observado em diversas searas, mas escamoteados, até então, no que toca à prestação jurisdicional. (...) Seria um completo disparate não incluir a tutela antecipada de evidência no contexto do dever de seguir precedentes obrigatórios." BURIL, Lucas. Tutela antecipada de evidência fundada em precedentes judiciais obrigatórios. In COSTA, Eduardo José da Fonseca; PEREIRA, Mateus Costa; GOUVEIA FILHO, Roberto P. Campos. *Coleção grandes temas do novo CPC - v.6 - Tutela Provisória.* Salvador: Juspodivm, 2015. p. 486.

45. "tem a virtude de suspender os efeitos da sentença até que sobre ela se pronuncie a instância superior. O que ela exprime, portanto, em sua configuração mais simples, é a devolução da causa ao Tribunal, a cujo conhecimento toca a obrigação de manter ou modificar a sentença apelada, independentemente de recurso interposto pelas partes interessadas." BUZAID, Alfredo. *Da apelação ex-officio.* São Paulo: Saraiva, 1951. p. 37.

A remessa necessária não é um recurso[46], mas sim uma obrigatoriedade[47] de reanálise daquela decisão de mérito nas hipóteses anteriormente elencadas, com uma necessária remessa da demanda ao Tribunal para uma revisão automática que possibilita que toda a matéria e a demanda possa ser revista, procedendo uma análise ampla da sentença, podendo mantê-la, anulá-la e, inclusive, reformá-la total ou parcialmente, debelando assim o efeito translativo[48], devolvendo matéria para um novo julgamento sem uma delimitação material.

Entretanto, existem hipóteses em que a remessa necessária é dispensada, sejam pelos valores em que a Fazenda Pública foi condenada, com escalonamento valorativo entre os entes públicos, seja quando a decisão proferida estiver em consonância com os entendimentos firmados em institutos vinculantes[49], tanto acórdão proferido pelo STF ou pelo STJ em

---

46. Entendemos que remessa necessária não é recurso por não preencher todos os requisitos para o enquadramento neste, principalmente pela falta de voluntariedade e dialeticidade, como Rodrigues também preconiza, o qual concordamos com esta visão: "Apesar de existir entendimento no sentido de que o reexame possui natureza jurídica de recurso, na realidade trata-se de uma condição de eficácia da sentença contrária às pessoas jurídicas de direito público. Não é possível enquadrar o duplo grau obrigatório como recurso, já que aquele não atende a princípios basilares dos recursos, como é o caso da voluntariedade, da taxatividade e da discursividade." RODRIGUES, Marco Antônio. *A fazenda pública no processo civil.* Ed. Gen Atlas. 1ª. ed. 2016. São Paulo. p. 79. No entanto, existem entendimentos contrários de que a remessa necessária seria um recurso, alguns, como Araken de Assis entendem que interposto pelo juízo (ASSIS, Araken de. Manual dos recursos. São Paulo: Ed. RT, 2007. p. 852) ou, ainda, em entendimento recente Cunha e Didier Jr. como um autêntico recurso pela desnecessidade de entender como recurso um conceito fechado, o que não entendemos não proceder: "Ao praticar o ato de impulso oficial, o juiz provoca a impugnação compulsória, sem que haja vontade de qualquer das partes. Não existe um conceito universal de recurso. Este é construído a partir da singularidade de cada sistema positivo. No sistema brasileiro, há recursos voluntários e recurso compulsório. Em ambos, há provocação e impugnação." CUNHA, Leonardo Carneiro da; DIDIER JR., Fredie. *Curso de direito processual civil. Meios de impugnação às decisões judiciais e processo nos tribunais.* 13ª ed. Salvador: Juspodivm, 2016. p. 404. Medina tem uma visão contemporizadora: De todo modo, ainda que se afirme que o reexame necessário não tenha a natureza de recurso, é inegável que a atividade desenvolvida pelo tribunal, ao verificar se mantém ou não a decisão sujeita a reexame, assemelha-se à que se opera quando do julgamento de um recurso. Por isso, p.ex., é que se entende que a competência do relator para julgar recursos estende-se também ao reexame necessário (cf. Súmula 253 do STJ, nota supra). O reexame necessário, no entanto, volta-se apenas à verificação da correção da decisão reexaminada, não se sujeitando ao interesse das partes (como se daria, se se tratasse de um recurso)." MEDINA, José Miguel Garcia. *Novo código de processo civil comentado.* 4ª Edição. RT: São Paulo. p. 484.
47. "Que fique, pois, fixado o entendimento neste trabalho de que o reexame necessário é condição de existência da sentença, pois o segundo julgamento é constitutivo integrativo do título, como o é a sentença de liquidação em relação ao seu aspecto quantitativo." FÉLIX, Juarez Rogério. *in Aspectos polêmicos e atuais dos recursos cíveis de acordo com a lei 9.756/98*, coord. WAMBIER, Teresa Arruda Alvim e NERY Jr., Nelson. 1ª edição, São Paulo: Revista dos Tribunais, 1999. p. 429.
48. Comentário do autor: o efeito é o translativo por não ter, claramente, uma definição da devolutividade, uma argumentação de qualquer das partes, por ser uma consequência oficiosa determinada em lei, apesar de ser uma consequência da devolutividade.
49. Houve uma ampliação do que já era possível quanto aos entendimentos do pleno do STF, agora também para os repetitivos. "Já quanto aos casos de não aplicação em virtude do acórdão estar em consonância com o entendimento dos Tribunais Superiores, a principal inovação é a previsão nos casos de Recursos Extraordinário e Especial Repetitivos, para os casos de resolução de demandas

julgamento de recursos repetitivos, em IRDR, em IAC quanto entendimento coincidente com orientação vinculante firmada no âmbito administrativo do próprio ente público.

Diante disso, há uma evidente relação entre a dispensa da remessa necessária e o precedente judicial formado em IAC, com a demonstração do caráter não somente vinculante da decisão, mas, também, da sua importância para além da própria vinculação, colimando em dispensar a necessidade da remessa necessária, possibilitando que o juízo, ao fundamentar na decisão de IAC, entenda como desnecessária a revisão pelo Tribunal de segundo grau, dispensando-a, com a possibilidade, a partir de tal ponto, de que a sentença transite em julgado diretamente.

Nos atendendo somente ao que concerne aos precedentes judiciais e, ainda mais, ao formado em IAC, se o juízo de primeiro grau proferir a sentença – ou a decisão parcial de mérito – contendo fundamento baseado em uma decisão de IAC, não há motivos para que a decisão desse processo seja remetida para a reanálise pelo Tribunal de revisão. Evidentemente que cabe recurso da decisão, o qual a Fazenda Pública pode manejar da maneira que entender correta e pertinente, mas a garantia da remessa necessária, se houver utilização de precedente judicial, não persistirá pela autoridade argumentativa inerente ao ato decisório, tanto do próprio precedente judicial utilizado quanto da decisão que o utilizou.

Obviamente, para que tal desiderato seja possível, é pertinente que a sentença realmente utilize o precedente judicial vinculante como principal fundamento para o resultado judicante, com a aplicabilidade correta, mediante uma correlação entre as *rationes decidendi* e, especialmente, com a menção do próprio juízo que baseou-se em precedente judicial vinculante, seja IAC, ou qualquer outro disposto no art. 496, § 4º do CPC e que, por isso, a sentença está dispensada da própria remessa necessária.

Para Wambier e Talamini[50], a remessa necessária serve de controle da própria qualidade da decisão, justamente pela própria revisão que lhe ocorrerá

---

repetitivas e também para os feitos em que o próprio fisco dispensa os seus procuradores de recorrer." MOLLICA, Rogerio. A remessa necessária e o novo código de processo civil. *Coleção Novo CPC - Doutrina Selecionada - v.6 - Processo nos Tribunais e Meios de Impugnação às Decisões Judiciais.* Organizadores: DIDIER JR., Fredie; FREIRE, Alexandre; MACEDO, Lucas Buril de; PEIXOTO, Ravi. Salvador: Juspodivm, 2015. p. 73.

50. A remessa necessária não é recurso, mas é um meio de controle das decisões, como nas palavras de Wambier e Talamini, que afetam as Fazendas Públicas, o que importa em uma grande concessão de importância aos precedentes repetitivos o fato de que se abre mão da remessa pela fundamentação do juízo sobre estas espécies de decisões paradigmáticas, impondo consequências aos próprios entes fazendários que não terão esse controle a mais que as outras partes, justamente pela força dos precedentes. "Enfim, tal como no caso dos recursos, a função do reexame necessário é a de tentar assegurar um maior controle da qualidade da sentença proferida. Mas o mecanismo empregado para tanto não é um instrumento de emprego voluntário – como é o recurso -, e sim a estipulação,

e, consequentemente, há também um controle de efetividade das decisões de primeiro grau contra a Fazenda Pública, com o intuito de resguardar esses entes da própria qualidade da decisão proferida e, também, de eventuais erros decisórios, exercendo assim este citado controle.

Desse modo, a utilização de precedente judicial pelo juízo de primeiro grau e a dispensa da própria remessa necessária para reexame do Tribunal demonstra uma valorização da própria vinculatividade desses precedentes judiciais, inclusive aquele formado em IAC, demonstrando que os entes públicos não necessitam dessa proteção, caso a decisão proferida seja em caso que se enquadre na aplicabilidade de um precedente judicial vinculante.

Uma importante demonstração de valorização dos precedentes judiciais, tornando-os causa de dispensa de dispositivo de proteção da própria Fazenda Pública em juízo.

5.3.1.4. A possibilidade da decisão monocrática e a sua relação com o precedente formado em IAC

O relator, quando recebe um recurso distribuído, com a atribuição de sua competência para julgamento, deve realizar a análise deste e, em 30 (trinta) dias deixá-lo apto para julgamento, com a informação ao presidente daquele colegiado sobre tal situação, já com o relatório pronto.

No entanto, o relator pode, em determinadas situações, decidir o recurso monocraticamente/unipessoalmente, se conseguir enquadrar em uma das hipóteses do art. 932 do CPC e seus incisos.

Esse citado artigo reformulou as atribuições do relator, tanto naquelas tocantes à possibilidade da prolação de decisões monocráticas organizacionais/interlocutórias quanto naquelas que julgarão o próprio recurso, com o cuidado de minuciar cada uma das hipóteses de enquadramento, percorrendo sobre os incidentes, a homologação, a admissibilidade ou o próprio mérito recursal ou do processo.

No tocante à possibilidade de decidir o recurso, no CPC/73, o relator detinha a autorização para decidir monocraticamente pela negativa, quando o recurso estivesse em confronto com Súmula ou com jurisprudência dominante do respectivo Tribunal ou de Tribunal Superior e, para provimento, quando a

---

pela própria lei, de uma condição para que a sentença possa transitar em julgado. Merece ser enquadrado entre os instrumentos de revisão das decisões judiciais. Mas não é propriamente um meio de impugnação das decisões e tampouco um recurso." WAMBIER, Luiz Rodrigues; TALAMINI, Eduardo. *Curso avançado de processo civil. Volume 1. Teoria geral do conhecimento e processo de conhecimento.* 15ª edição. São Paulo: Revista dos Tribunais, 2015. p. 886.

decisão recorrida estivesse em manifesto confronto com Súmula ou com jurisprudência dominante de Tribunal Superior.

Já no CPC/2015, as hipóteses foram reinterpretadas e diminuídas, com a retirada de qualquer menção a jurisprudência[51], com a vinculação somente aos precedentes judiciais vinculantes, tanto para dar quanto para negar provimento nos casos em que houver paradigma ou correlação fático jurídica com o conteúdo de súmula do STJ, STF ou do próprio Tribunal, acórdão proferido pelo STF ou STF em julgamento de recursos repetitivos e entendimento firmado em IRDR ou IAC.

O que importa nesse estudo é justamente a relação da possibilidade de prolação da decisão monocrática com o precedente judicial formado em IAC, uma inclusão devida e específica.

Com a alteração nas possibilidades de o relator decidir monocraticamente com a retirada de qualquer relação com jurisprudência dominante, somente há a possibilidade com relação as Súmulas ou precedentes judiciais vinculantes, numa valorização pelo CPC/2015 à utilização correta dos precedentes judiciais e, também, uma maneira de incentivar os julgadores a uniformizar a jurisprudência, corroborando com a aplicabilidade do art. 926 do CPC, conforme explicado anteriormente.

51. O termo que Zaneti Jr. utiliza para a nova decisão monocrática é adequação, ao sistematizar com o disposto no art. 926 e 927, o que concordo, com a evidente também delimitação e diminuição de hipóteses, fechando os poderes do relator em hipóteses adequadas aos precedentes. Em termos da parte meritória dos recursos, a decisão monocrática é umbilicalmente interligada aos precedentes, saindo da interpretação da dominância de jurisprudência, ao enquadramento coerente com o art. 927. Uma mudança primordial e que precisa ser revista, com total aplicabilidade pelo relator, uma vez que muda os próprios limites dos poderes do relator: "O correto, portanto, é adequar os poderes do relator à terminologia do "modelo constitucional da justiça brasileira", não são meros poderes, mas direitos-função, logo, deveres-poderes (ZANETI JR., 2014a, cap. 3). Portanto, presentes os requisitos de incidência, não há discricionariedade na decisão do relator, deve ele aplicar as normas deste artigo. Por exemplo, presentes os requisitos da antecipação de tutela recursal, esta deverá ser apreciada e deferida (art. 932, II). (...) A substituição do conceito de "jurisprudência dominante" pela tipologia das decisões obrigatórias previstas no art. 927, em especial à súmula, art. 927, II e IV, é muito importante. O único risco seria que as súmulas fossem aplicadas fora da teoria dos precedentes, mas o Código previu esta necessidade expressamente, pela obrigatoriedade de referência às circunstâncias fáticas na formação dos enunciados das súmulas (art. 927, § 2.º), e, pela obrigatoriedade de citar os fundamentos determinantes quando aplicar o precedente judicial ou súmula que lhe serve de extrato, demonstrando que o caso sob julgamento se ajusta àqueles fundamentos (art. 489, § 1.º, V). Portanto, a noção de *ratio decidendi* irá aderir aos enunciados das súmulas do STF, do STJ e do próprio tribunal e atrair a incidência destes dispositivos sobre precedentes judiciais e da teoria dos precedentes judiciais. Trata-se de grande evolução, tanto no controle do conteúdo dos enunciados das súmulas, quanto no, da assim chamada, jurisprudência dominante, vocábulo banido, em boa hora, do dispositivo que trata dos deveres-poderes do relator. Jurisprudência dominante hoje corresponde aos precedentes vinculantes e, em especial, às súmulas dos tribunais (art. 927, § 1.º)." ZANETI JR., Hermes. *Comentários ao art. 932*. CABRAL, Antonio Passo, CRAMER, Ronaldo (orgs.). *Comentários ao Novo Código de Processo Civil, 2ª edição*. Método, 06/2016. [Minha Biblioteca]. Retirado de https://integrada.minhabiblioteca.com.br/#/books/9788530971441/.

Não há mais espaço para decisões monocráticas com base em jurisprudência dominante, o que importa em um enquadramento incorreto de tal possibilidade, pelo fato de não haver previsão legal para tanto. Os julgadores devem, para tanto, utilizar cada vez mais o dever de uniformização, justamente para possibilitar futuramente a autorização da prolação de decisão monocrática.

A decisão monocrática, diante da nova realidade processual, está mais interligada a precedente judicial vinculante do que no ordenamento passado, sem possibilitar que jurisprudência persuasiva seja autorizador de decisão monocrática, o que enseja a necessidade de uma alteração enorme no *modus operandi* dos Tribunais, tanto os de revisão quanto excepcionais, para a adaptação à nova realidade autorizante das decisões monocráticas.

Sem espaço para as decisões monocráticas baseadas em jurisprudência dominante, a consequência, caso não ocorra um desvirtuamento das possibilidades do art. 932 do CPC pelos julgadores ou pelos Regimentos Internos dos Tribunais, é o aumento da iniciativa das suscitações de alguns dos institutos formadores de precedentes judiciais vinculantes, como o próprio IAC, com mais assiduidade do que em outros tempos.

Desse modo, o IAC e a sua decisão é um fator determinante para a própria prolação de uma decisão monocrática pelo relator, com as diretrizes normais de correlação entre as *rationes decidendi*, tanto do precedente judicial, quanto do caso a ser julgado monocraticamente.

Há, portanto, uma valorização ao próprio incidente e ao precedente judicial ali formado.

5.3.2. As formas de controle da não utilização do precedente judicial formado pelo IAC

Se houve a suscitação do IAC, com a sua admissibilidade positiva, instauração e posterior definição material, com a criação de uma decisão oriunda dessa procedimentalidade, como vimos, há uma vinculação e, consequentemente, todos os juízes que estão subordinados àquele Tribunal que formou o precedente judicial devem segui-lo.

Todavia, caso não ocorra a utilização do precedente judicial em um determinado julgamento posterior, mesmo em uma demanda em que há a correspondência fático-jurídica, com o total e necessário enquadramento, as partes, diante do seu prejuízo, poderão pleitear modos de controle dessa utilização, os quais elenca-se da seguinte maneira: *(i) a possibilidade da utilização de reclamação; (ii) embargos de declaração para atacar decisão omissa sobre precedente de IAC; (iii) o agravo interno sobre a decisão monocrática baseada equivocadamente em precedente de IAC ou omissa sobre o precedente de IAC.*

Analisaremos a seguir cada uma das formas de controle da não utilização do precedente judicial formado em IAC, com a pertinência de entender que não são mecanismos para a aplicar primordialmente o precedente judicial em si, mas para controlar o seu não uso ou uso inadequado.

5.3.2.1. A possibilidade da utilização de reclamação

Há possibilidade de utilização da reclamação quando não houver o cumprimento do art. 947, §3º do CPC? De modo geral, o art. 988, IV do CPC estipula que quando *houver um precedente judicial firmado* e, mesmo com tal existência, o juízo inferior desrespeitar a sua aplicabilidade e vigência, com a negativa de utilização daquele parâmetro judicial ou a aplicação em casos equivocados, sem a devida correspondência fático-jurídica, passível está a decisão para impugnação pela via da reclamação, perante o Tribunal que estabeleceu o precedente.

No entanto, o art. 988, IV preconiza somente essa possibilidade somente para os precedentes judiciais firmados e estabilizados em decisão proferida em *incidente de resolução de demandas repetitivas - IRDR - ou assunção de competência - IAC*, não para as demais espécies de precedentes judiciais vinculantes. Portanto, houve uma escolha legislativa sobre quais as espécies de precedentes judiciais que seriam passíveis de controle pela reclamação.

Dessa maneira, é possível o controle, via reclamação, da não observância daquele precedente judicial firmado em IAC. Por não observância pode caracterizar-se tanto pela não utilização quando deveria ser utilizado quanto a utilização em caso que não correspondente com a *ratio decidendi* do anteriormente decidido em IAC. A grande diferença do IAC para o IRDR e, com isso, afetando a reclamação, é a competência, pelo fato do primeiro ser possível em qualquer Tribunal, nos de segundo grau, como no IRDR, mas, sobretudo, nos Tribunais Superiores, o que importa em um impacto diferente nessa relação com a reclamação.

Com a suscitação e admissibilidade positiva do IAC, o colegiado maior julgará a questão de direito e, posteriormente, o próprio recurso, remessa necessária ou processo de competência originária, contudo somente gera precedente judicial vinculante a questão jurídica decidida em IAC, por aquele colegiado maior e, com isso, caso não seja aplicada pelos juízos anteriores, vinculados a esse colegiado, caberá reclamação.

Definido o precedente judicial, via IAC, sempre que houver a mesma questão de direito, com identidade fático-jurídica, o juízo deve seguir o precedente judicial firmado, com a possibilidade de proposição de reclamação, caso assim não se proceda, com o intuito de cassação da decisão que não segue precedente judicial vinculante.

No entanto, o inciso IV do art. 988 do CPC parece nos levar a crer que cabe somente a reclamação quando for em precedente judicial firmado em Tribunal de segundo grau, ainda que seja em IAC, sem considerar a possibilidade desse instituto ser viável em Tribunal Superior. Esse ponto é complexo, pelo fato de que a amplitude do IAC é bem maior, em termos de competência, do que o IRDR. O mesmo art. 988, 5º do CPC impõe restrições da reclamação aos Tribunais Superiores, quando proposta para garantir a observância de acórdão de recurso extraordinário com repercussão geral reconhecida ou de acórdão proferido em julgamento de recursos excepcionais repetitivos, quando não esgotadas as instâncias ordinárias.

Diante de tal feito, a indagação é pertinente, se for um acórdão – em julgamento de recurso excepcional – em qualquer desses Tribunais Superiores, firmado em IAC, cabe a reclamação? Ainda que o art. 988, § 5º do CPC tente diminuir o cabimento da reclamação para os Tribunais Superiores sobre precedentes judiciais vinculantes? A resposta para ambas as questões é positiva, ainda que a reforma do CPC/2015, mediante a Lei nº. 13.256/2016, quis diminuir a amplitude de cabimento da reclamação, impossibilitando para os Tribunais Superiores para o controle de precedentes judiciais vinculantes, não há como alcançar e impedir a reclamação pela não observância da decisão firmada em IAC.

Se esse foi o intuito quando retirou a repercussão geral ou os repetitivos em recursos excepcionais do radar de cabimento da reclamação, o mesmo não pode impactar a decisão não observada firmada em IAC. A reforma do CPC antes de sua vigência teve o intuito de minorar as hipóteses de cabimento de reclamação ao Tribunal Superior, contudo não se imaginou que o IAC tem o condão de amplitude aos Tribunais Superiores, cabendo, portanto, reclamação quando um Tribunal inferior ou, ainda, um juízo de primeiro grau não seguir um precedente judicial, firmando em IAC, pelos Tribunais Superiores.

Esse ponto pode gerar – talvez já gere – uma não utilização pelo STJ do IAC, uma vez que firmado o precedente judicial, o caminho estaria aberto para a reclamação, o que notadamente o Tribunal Superior em questão evita. Mas, é pertinente entender que não há nenhuma vedação e a reclamação ao STJ ou STF pela não observância do precedente judicial firmado em IAC é totalmente válida, somente se limita em relação a não ser de uma decisão de primeiro grau, esgotando os recursos ordinários até o segundo grau.

A reclamação foi ampliada para o cabimento perante os Tribunais de segundo grau, como vimos, pelo fato da criação e vinculação de entendimentos pelos incidentes de assunção de competência – IAC – e resolução de demandas repetitivas – IRDR, que podem ser estabilizados por esses Tribunais.

Desse modo, em situações de estabilização realizada pelo Tribunal de segundo grau, cabe reclamação quando não forem seguidos pelos juízos vinculados. Uma necessidade de ampliação pela própria criação e força dos incidentes com finalidade de uniformização de jurisprudência já nesses Tribunais, ainda de revisão.

Esse cabimento da reclamação pode ter duas possibilidades concretas, *"tanto pela aplicação indevida da tese jurídica fixada quanto com a sua não aplicação aos casos em que a ela correspondam*[52]."

São duas situações diferentes, ambas com a mesma necessidade de combatê-las.

Na *primeira*, o julgador aplica a tese definida no incidente em casos que nada contém semelhança com a tese jurídica, tentando uma aplicabilidade equivocada, por isso a possibilidade da reclamação. Na sua *segunda*, o Tribunal não aplica em sua decisão, negando vigência ao precedente judicial existente firmado em IAC, seja por nem citar o precedente judicial, ignorando-o, seja por entender superado, seja por entender que aquela demanda não se enquadra na aplicação daquele incidente.

5.3.2.2. Embargos de declaração para atacar decisão omissa sobre precedente judicial de IAC

O recurso de embargos de declaração tem, normalmente, finalidades diferentes dos demais recursos, buscando, em regra, não a anulação ou a modificação da decisão, mas o esclarecimento de uma obscuridade ou contrariedade, integração de parte omissa na decisão ou, ainda, correção de um erro material[53].

O ato judicial decisório deve ser revestido de perfeição, não aquela quanto ao conteúdo, pela naturalidade de alguma das partes quase sempre se mostrar insatisfeita, mas perfeição no modo formal processual, com todo

---

52. LUCON, Paulo Henrique dos Santos. O incidente de demandas repetitivas no novo código de processo civil. *Estudos em homenagem a Vicente Greco Filho*. Editora LiberArs São Paulo. 2014. p. 480.

53. Uma nova hipótese elencada no rol dos embargos, apesar de não ser nova a possibilidade de revisão por erro material, pelo fato de que o juízo oficiosamente ja poderia fazê-lo: "O erro material é corrigível de ofício ou a requerimento da parte (cf. art. 494, I, do CPC/2015), a qualquer tempo. Por isso, pode o erro material seja suscitado por simples petição, nada impedindo que também o seja por embargos de declaração (cf. inc. III do art. 1.022 do CPC/2015, sem similar, no CPC/1973). Por isso, o erro material alegado em embargos de declaração intempestivos pode ser corrigido pelo órgão jurisdicional, ainda que o recurso não seja conhecido (cf., p.ex., STJ, 6.ª T., EDREsp 530.089/PB, rel. Min. Hamilton Carvalhido, j. 05.02.2004). Sobre o tema, cf. comentário ao art. 494 do CPC/2015." MEDINA, José Miguel Garcia. *Novo código de processo civil comentado*. 2ª Edição. RT: São Paulo. 2015. p. 929.

apuro técnico esperado, a devida fundamentação necessária[54], para a cognição do juízo, entregando uma prestação jurisdicional completa, com todas as respostas aos questionamentos impostos na demanda. Qualquer dúvida sobre a decisão deve ser esclarecida exatamente por quem a proferiu, qualquer falta de parcela essencial para a formação decisória deve ser complementada.

A relação dos embargos de declaração com os precedentes judiciais vinculantes, inclusive o formado em IAC, existe quando houver a omissão na decisão prolatada – decisão interlocutória, sentença ou acórdão – sobre ausência de manifestação sobre decisão vinculante que necessariamente deveria constar na fundamentação da decisão. O art. 1.022, parágrafo único do CPC estipula, clara e acertadamente, o que é omissão na prolação de uma decisão e inclui, dentre as hipóteses dessa omissão, que estará omissa a decisão que não proceder a análise das matérias de julgamento de recursos repetitivos – IRDR ou recursos excepcionais repetitivos – ou IAC.

Desse modo, de maneira expressa, o ordenamento dispõe que o juízo deve considerar os precedentes judiciais vinculantes[55] para realizar a fundamentação de sua decisão, complementando a vinculação que o art. 927 do CPC já determina sobre a necessidade de observar o que ali se utiliza. Os embargos de declaração, então, se transformam num mecanismo de controle da não utilização e enfrentamento adequados dos precedentes judiciais

54. A interposição dos embargos de declaração sempre está interligada a problemas na fundamentação, uma vez que a omissão, obscuridade, contradição e erro material estão ali, dispersos equivocadamente nos motivos que o juízo embasa a sua decisão. Há, portanto, uma relação simbiótica entre os embargos e a fundamentação, ou a ausência/deficiência desta: "Nos termos do art. 93, IX, da Constituição Federal, todo pronunciamento judicial há de ser devidamente fundamentado, sob pena de nulidade. A omissão, a contradição, a obscuridade e o erro material são vícios que subtraem da decisão a devida fundamentação. Para que a decisão esteja devidamente fundamentada, é preciso que não incorra em omissão, em contradição, em obscuridade ou em erro material. O instrumento processual destinado a suprir a omissão, eliminar a contradição, esclarecer a obscuridade e corrigir o erro material consiste, exatamente, nos embargos de declaração." CUNHA, Leonardo Carneiro da; DIDIER JR., Fredie. *Curso de direito processual civil. Meios de impugnação às decisões judiciais e processo nos tribunais*. 13ª ed. Salvador: Juspodivm, 2016. p. 248.

55. Há uma relação contundente entre os precedentes e os embargos de declaração, uma vez que se não forem devidamente utilizados, quando existirem, a decisão estará omissa. Já era assim anteriormente, porém, pouco admitida pelos magistrados. No entanto, apesar da previsibilidade legal, Câmara assevera que não são as únicas hipóteses de omissão, mas, houve um cuidado do legislador de especificá-las: "Estabelece o parágrafo único do art. 1.022 que se considera omissa decisão judicial que "deixe de se manifestar sobre tese firmada em julgamento de casos repetitivos ou em incidente de assunção de competência aplicável ao caso sob julgamento" (inciso I), ou que "incorra em qualquer das condutas descritas no art. 489, § 1º" (inciso II). Evidentemente, porém, não é só nestes casos que se terá por omissa a decisão judicial. Pense-se, por exemplo, em uma sentença que não tenha um capítulo definindo a responsabilidade pelo pagamento de despesas processuais e honorários advocatícios, hipótese não contemplada no parágrafo único do art. 1.022 mas, evidentemente, caso de decisão omissa. Deve-se entender o disposto no aludido parágrafo, portanto, no sentido de que *também se considera omissa* a decisão que eventualmente se enquadre nas hipóteses ali previstas." CÂMARA, Alexandre Freitas. *O Novo Processo Civil Brasileiro, 2ª edição*. Atlas, 03/2016. Retirado de https://integrada.minhabiblioteca.com.br/#/books/9788597005967/.

vinculantes nos casos em que o juízo assim deveria proceder, ou seja, um modo de requerer que o juízo omisso na manifestação sobre determinado precedente judicial, assim o faça complementando a decisão com a devida análise, seja para aplicar o precedente judicial, distingui-lo ou fundamentar adequadamente a sua superação.

Esse controle da utilização ou não do precedente judicial pelo juízo, realizado pelas partes via embargos de declaração, pode ser pela própria ignorância decisória na fundamentação sobre o precedente judicial, seja de maneira vertical ou horizontal.

A *primeira* seria quando o juízo hierarquicamente subordinado ao precedente judicial não o analisa para a questão, importando em uma inobservância e, consequentemente, sua inaplicabilidade. O intuito é lembrar o juízo de que há a necessidade, pelo teor do art. 927 e do 1.022, parágrafo único, ambos do CPC, de enfrentar a relação do precedente judicial com o caso ali julgado.

Evidente que o juízo tem o dever de ciência sobre o precedente judicial vinculante que guarde relação com tal situação, contudo, há de se imaginar que as partes têm o ônus argumentativo durante a demanda de suscitar essa análise e aplicabilidade do precedente judicial, o que transformaria a omissão em um vício ainda maior pelo juízo, por não responder a questionamento e suscitação pelas partes, mas ainda que as partes não tenham suscitado, ainda assim é uma omissão, pelo próprio dever de conhecimento do precedente judicial vinculante pelo juízo.

O *segundo* e outro controle horizontal passa pelas partes poderem relembrar o juízo formador do precedente judicial de sua própria existência, incutindo-o de realizar a autorreferência[56], o ato de dialogar com a decisão anterior paradigmática que o próprio órgão colegiado[57] formou. Se há a

56. Se existem dúvidas que o art. 927, ao dispor sobre a observância, determina que as decisões devem ser consideradas e aplicadas, a previsão legal de omissão, constante no art. 1.022, parágrafo único, I, acentua essa visão de vinculatividade, pelo fato de que se o juízo ignorar, em qualquer decisão, precedentes repetitivos e de IAC, os embargos de declaração serão cabíveis, informando a existência destes e o dever de enfrentá-los, nem que seja para estabelecer um diálogo com este precedente, para realizar-se a distinção ou superação e, em nenhum destes casos, a simples aplicabilidade, com o respeito pela autorreferência, como Buril preconiza: "Assim, o sistema normativo inova ao estabelecer um caso em que o recurso serve à resolução de uma omissão externa ao discurso do sujeito parcial, bastando a existência de um precedente formada em incidente de resolução de demandas repetitivas, incidente de assunção de competência ou em julgamentos de recursos extraordinários ou especial repetitivos que não tenha sido considerado na decisão, desimportante se ele foi suscitado ou não pelas partes. (...) A previsão se coaduna com o dever de autorreferência. O dever de autorreferência é dever de fundamentação específico, que impede que o juiz ou tribunal a considerar os precedentes regentes da matéria ao decidir sobre ela." BURIL, Lucas. *Precedentes judiciais e o direito processual civil.* 2. ed. Salvador: Juspodivm, 2016. p. 506/507.

57. Comentário do autor: excepcionalmente há a possibilidade de utilizar-se dessa maneira com os juízos de primeiro grau que tem posicionamento firmado de uma maneira e decidem do nada de

vinculação vertical, quando os órgãos hierarquicamente inferiores são subordinados à decisão, o mesmo órgão que formou a decisão, de igual maneira, também é vinculado, ainda que seja passível de realizar a superação, deve sempre que tiver caso idêntico, enfrentar o precedente judicial anterior, com o devido diálogo entre os casos - precedente e aquele ser julgado.

Dessa maneira, o precedente judicial formado em IAC tem total interligação com o instituto dos embargos de declaração para garantir a sua observância, caso o juízo assim não proceda, pleiteando a sanabilidade da omissão sobre tal precedente judicial.

Um outro ponto de necessária análise sobre os embargos de declaração e os precedentes judiciais, inclusive os formados em IAC, vai além de os embargos de declaração serem interpostos como meio de aplicação de precedente judicial vinculante, com o intuito de lembrar e enfatizar ao juízo que não foi enfrentado um determinado precedente, mas a questão está no novel entendimento vinculante que não foi utilizado na decisão, pela própria inexistência deste no momento da prolação da decisão e a possibilidade de utilizar-se dos embargos de declaração, oficiosamente, para possibilitar a adequação à precedente judicial vinculante superveniente, inclusive formado em iAC.

É um entendimento um tanto estranho, ao menos numa primeira análise. Afinal, precedente judicial é algo que foi julgado de maneira anterior ao julgamento que está em questão, justamente por preceder, mas a dúvida é se esta espécie recursal será pertinente para a adequação da decisão impugnada a precedente formado depois da própria decisão.

O precedente, nesse caso, é superveniente à própria decisão e esta se mantém ainda em litispendência pelo fato de ser impugnada via embargos de declaração. Logo, o problema apresentado é o seguinte: é possível utilizar-se dos embargos de declaração para adequar a decisão embargada a novo posicionamento vinculante do Tribunal ou de Tribunal acima? A resposta tende a ser que sim, por mais que seja um tanto estranho.

Em um primeiro ponto, é preciso enfrentar que dificilmente este precedente judicial novel será o cerne dos embargos de declaração, uma vez que o prazo deste é de 5 (cinco) dias após a decisão ser publicada, o que será difícil de ter um novo posicionamento nesse interregno temporal.

---

outra forma quando não houver precedente judicial de Tribunais Superiores ou mesmo do próprio Tribunal. O exemplo seria um juízo que decide ou sentencia de um modo, e, posteriormente, em caso ou situação análoga passa a adotar outra posição, sem fundamentar os motivos da mudança, tampouco mencionar aquela anterior. Isso também se enquadraria no mesmo ponto de possibilidade de embargos de declaração, uma vez que a autorreferência é dever de todos os juízos perante os jurisdicionados.

Ou seja, não se discute, claramente, que os embargos de declaração seriam, ou não, o meio da parte impugnar a decisão para adequá-lo para o novo entendimento. A situação seria a manutenção da decisão em julgamento, pela interposição dos embargos de declaração por outro motivo, totalmente alheio ao precedente vinculante que foi criado. O juízo, então, oficiosamente aproveitar-se-á da continuidade da decisão em litispendência, para adequar o seu ato decisório ao precedente que foi criado ou alterado.

A atuação do juízo seria de maneira oficiosa ao precedente judicial vinculante e a sua adequação ao caso em concreto, utilizando de embargos de declaração com outro questionamento para prolatar uma decisão que dialogue com o novo precedente judicial vinculante. O STJ enfrentou esse ponto no julgado abaixo:

> (EMBARGOS DE DECLARAÇÃO NO AGRAVO REGIMENTAL NO RECURSO EM HABEAS CORPUS. PRESCRIÇÃO DA PRETENSÃO PUNITIVA RECONHECIDA. ACÓRDÃO CONFIRMATÓRIO DE CONDENAÇÃO. NOVO ENTENDIMENTO DO SUPREMO TRIBUNAL FEDERAL. REVISÃO DO JULGADO. EMBARGOS ACOLHIDOS. EFEITOS MODIFICATIVOS. 1. Os embargos de declaração, como recurso de correção, destinam-se a suprir omissão, contradição e ambiguidade ou obscuridade existente no julgado. Não se prestam, portanto, para sua revisão no caso de mero inconformismo da parte. (...) 5. Necessidade de adequação da jurisprudência deste Tribunal ao entendimento firmado pela Suprema Corte, de modo que o acórdão que confirma a condenação seja considerado, também, marco interruptivo da prescrição. 6. Embargos de declaração acolhidos, com efeitos infringentes, para que seja afastada a ocorrência da prescrição da pretensão punitiva anteriormente reconhecida. EDcl no AgRg no RHC 109.530/RJ, Rel. Min. RIBEIRO DANTAS, 5a. Turma, DJe 01/06/2020).

No caso em questão, a 5a. Turma do STJ enfrentou em julgamento de embargos de declaração, a existência de um novo entendimento do STF sobre a matéria julgada e mesmo que os embargos de declaração não tivessem suscitado isso, até pela impossibilidade no aspecto temporal, o entendimento foi que os embargos perfazem meio de adequação oficiosa à precedente vinculante posterior à prolação da decisão.

A conclusão decisória foi no sentido de que a matéria dos precedentes judiciais vinculantes é de ordem pública[58] e, com a interposição de embar-

58. Logo, a discussão pertinente seria se o ponto embargado seria o único que o julgador poderia versar sobre os embargos. Numa concepção do efeito devolutivo, haveria, talvez, uma limitação: ""o efeito

gos de declaração, ainda que não versem sobre esse ponto, a sua função integrativa autoriza que o juízo adéque aquela decisão para devida aplicação do precedente judicial vinculante que foi firmado ou alterado em momento posterior ao primeiro julgamento.

A observância da norma é matéria de ordem pública e deve-se primar pelo sistema de precedentes judiciais. O STF, em diversos julgados, enfrentou essa matéria e selecionou-se para o enfrentamento este abaixo, a Rcl 15724 AgR-ED:

> (EMBARGOS DE DECLARAÇÃO NO AGRAVO INTERNO NA RECLAMAÇÃO. OFENSA AO QUE DECIDIDO POR ESTE TRIBUNAL NO JULGAMENTO DA ADPF 324 E DO RE 958.252 (TEMA 725 DA REPERCUSSÃO GERAL). EMBARGOS ACOLHIDOS, COM EFEITOS INFRINGENTES. AGRAVO INTERNO PROVIDO. (...) 2. Por esse motivo, apesar da decisão impugnada ter sido proferida antes da conclusão do julgamento da ADPF 324 (Rel. Min. ROBERTO BARROSO), o processo em que proferida tal decisão encontra-se sobrestado no Tribunal Superior do Trabalho com base no Tema 725, a sugerir, consequentemente, que a solução do presente caso deve observância às diretrizes deste TRIBUNAL quanto ao ponto. 3. Embargos de declaração acolhidos, com efeitos infringentes, para dar provimento ao agravo interno. Rcl 15724 AgR-ED, Relator(a): ROSA WEBER, Relator(a) p/ Acórdão: ALEXANDRE DE MORAES, 1a. Turma, julgado em 05/05/2020).

Nesse caso, o julgamento da citada reclamação foi realizada em momento anterior ao julgamento pelo STF da ADPF 324 e do RE 958.252 (TEMA 725 de repercussão geral) e, depois de agravo interno julgado improvido e eventuais embargos de declaração, as matérias foram julgadas nos citados processos acima, ensejando na adequação do julgamento do caso na matéria ulteriormente julgada, com o provimento dos embargos de declaração para prover o agravo interno adequando a decisão da reclamando ao que o STF decidiu nesse interregno temporal.

---

devolutivo dos embargos, e estes os têm em nosso entender, limita-se, portanto, à parte da decisão em que houve contradição, obscuridade e à própria lacuna, para que seja eliminada, e, portanto, preenchida."ARRUDA ALVIM, Teresa. O efeito suspensivo dos embargos de declaração. *Depoimentos*, Vitória, n. 13, p. 185-202, jan./jun. 2008. p. 194. Mas, em sentido diverso, o que alcança a matéria de ordem pública e até impacta a possibilidade de efeitos infringentes: "Há, ainda, a devolução das matérias de ordem pública, numa possibilidade do efeito translativo, consequência do efeito devolutivo. Ao devolver determinada matéria para um novo julgamento, devolve-se, igualmente, as questões em que o juízo deve conhecer de ofício, o que, nesse momento, ao perceber a matéria, pode manifestar-se sobre essa possibilidade." LEMOS, Vinicius Silva. *Recursos e Processos nos Tribunais*. 5a. ed. São Paulo: Juspodivm, 2021. p. 490.

Ou seja, houve uma utilização transversa dos embargos de declaração interpostos pela parte sobre outro ponto, sem a menção ao julgamento em questão, justamente por não terem, no momento de interposição dos embargos de declaração em questão, sido realizados. A conclusão, em ambos os Tribunais Superiores, foi de que os embargos de declaração são plenamente adequados para que os precedentes judiciais vinculantes sejam aplicados na decisão embargada, seja pela impugnação recursal assim pleitear, seja pela oficiosidade do juízo[59].

A *primeira hipótese*, sobre o próprio embargante utilizar do recurso para a suscitação de uma precedente novel não é, tampouco será, algo que se tornará usual, até pela raridade em alteração de precedentes judiciais vinculantes, com superação de entendimentos, o que levaria à necessidade, talvez, de a parte intentar vários embargos de declaração e, se ocorrer tal alteração, um destes embargos posteriores possa suscitar a adequação da decisão embargada a esta alteração.

E, ainda, não se deve imaginar isso quando formado em precedente judicial vinculante até pelo fato de que este quando iniciado o seu procedimento de formação – como nos repetitivos – suspendem os processos que serão afetados. Logo, não seria possível adequar a um precedente judicial, em regra, a ser firmado, pelo fato de que o juízo nem deveria julgar esse caso enquanto não se pacificar via o instituto de formação de precedente judicial vinculante adequado.

Dessa maneira, seria quase que um acaso que o embargante continue a embargar e que depois de um ou dois embargos a jurisprudência se posicione de maneira diversa e, num próximo recurso, requeira a adequação. Ou seja, é possível que seja suscitado pela parte, sendo matéria impugnativa dos próprios embargos, contudo não será usual.

Já na *segunda hipótese*, agora adotada por ambos os Tribunais Superiores, a suscitação da adequação é oficiosa e não dialoga, de maneira devida com os embargos de declaração, sendo estes somente o meio de manutenção da litispendência e a abertura por meio consequencial da adequação ao precedente judicial vinculante posterior.

---

59. "passam a ser cabíveis os embargos de declaração contra decisão que deixou de considerar precedente obrigatório relevante para a resolução da questão. Perceba-se: neste caso, pouco importa se a parte invocou ou não o precedente anteriormente - o que faria o uso dos embargos de declaração nada diverso do seu uso tradicional -, basta o juízo ou tribunal ter deixado de analisá-lo para que sejam cabíveis os embargos. Portanto, enquanto normalmente há uma análise da congruência entre a decisão e os argumentos da parte para decidir os embargos de declaração, nesta específica previsão pouco importa a omissão nas próprias razões do embargante, basta a efetiva existência do precedente para que o órgão julgador deva considerá-lo. Prevê-se uma omissão externa." BURIL, Lucas. *Precedentes judiciais e o direito processual civil.* 3a. ed. Salvador: Juspodivm, 2016. p. 568/569.

Não é o cerne do que se entende pelo sistema de precedentes judiciais vinculantes que se pretendeu adotar. O precedente precede e, nesse caso, diferentemente, o precedente é posteriormente formado, mas fixa o entendimento sobre aquele caso ainda em julgado.

O próprio problema proposto impõe o questionamento: essa decisão é correta? Apesar de ser um tanto estranho que se construa o sistema de precedentes judiciais para que impacte decisões que já foram julgadas e que nem foram impugnadas especificadamente para que se utilize esse precedente judicial, é de se pensar que a aplicação dos precedentes judiciais deve ser de maneira sistêmica, com o intuito de que os entendimentos sejam os aplicados em sua atualidade, sem possibilitar que uma decisão que ainda está pendente de julgamento, via embargos de declaração, ainda que por outro motivo, seja mantida com um entendimento ultrapassado.

A escolha parece que deve ser sobre o prisma da melhor adequação ao sistema, com duas opções: *(i) não utilizar os embargos de declaração interpostos por outro motivo, sendo encargo da parte suscitar isso em recurso posterior ou em eventual ação rescisória; ou (ii) a utilização dos embargos de declaração para a adequação de maneira oficiosa, com o juízo cumprindo o dever de integridade e coerência do precedente judicial e diálogo com o processo em questão.*

Caso não seja possível a adequação oficiosa, a própria parte, depois do julgamento dos embargos de declaração, poderia interpor outros embargos de declaração para suscitar a adequação e, se ainda couber outro recurso posterior, a interposição deste. E, ainda, caso haja o trânsito em julgado, dessa decisão seria cabível a proposição de ação rescisória.

Se o próprio ordenamento permite, para fins de adequação a uma segurança jurídica, o cabimento da ação rescisória para fins de violação a norma jurídica por não aplicação de precedente judicial vinculante que existia à época, é pertinente que uma ação que ainda pende de julgamento utilize os embargos de declaração para se adequar à jurisprudência (ou precedente judicial) que seja firmada antes do julgamento deste recurso[60].

60. "Dessa forma, de uma maneira ou de outra, os embargos propiciam à decisão embargada uma função integrativa. Se foram oferecidos, é porque o embargante compreende que a decisão está carente e pendente de esclarecimento, complemento, integração. Assim, não é possível que se olhe para as decisões de forma isolada, como se não se comunicassem. Ou que se olhe apenas para o futuro, porque a decisão embargada já é "coisa do passado". Revelar-se-ia por demais incoerente que o STJ, sabedor do entendimento do Pleno do STF, exatamente sobre a mesma temática – ainda que superveniente -, fechasse os olhos ao novel precedente e mantivesse o entendimento inicialmente esposado. Era o momento, como de fato acabou por ocorrer, de integrar o julgado, atribuindo-lhe o necessário efeito infringente, superando o pensamento consolidado anterior – que também era da Sexta Turma – de modo a adequar o acórdão ao que houvera por decidir nossa Corte Suprema. Assim agindo, goste-se ou não, adapta-se o sistema à realidade processual, harmonizam-se os entendimentos e respeita-se as decisões das Cortes Superiores, de modo a fazer valer o que entendemos

A discussão, portanto, não é somente se os embargos de declaração podem ser utilizados para tal desiderato, mas se o aspecto temporal da alteração de entendimento do Tribunal ou a formação de um novo precedente judicial impacta a decisão que ainda está em julgamento integrativo via embargos de declaração e a resposta é pela afirmação de que o julgamento não se encerrou e, assim, o sistema de precedentes judiciais vinculantes deve ser utilizado, ainda que oficiosamente.

O Tribunal detém o dever de construir seus julgamentos dentro dos parâmetros do ordenamento jurídico e os precedentes judiciais estão dentro do ordenamento jurídico, ainda que somente nesse momento. Ou seja, a omissão externa[61], aquela que não está dentro do próprio processo, uma vez que aquele entendimento nem existia quando do julgamento anterior, pode ser utilizado para adequar aquele julgamento à jurisprudência superveniente.

Logo, há esse dever e possibilidade de conhecer, ainda que oficiosamente, sem suscitação das partes, essa matéria recém firmada pelos Tribunais Superiores[62], contudo, há uma ressalva importante, é necessária, caso não tenha sido suscitado pelo recorrente a utilização deste precedente judicial novel, que seja aberto prazo para as partes se manifestarem sobre tal ponto[63], com o intuito de construir essa decisão de maneira democrática, em contraditório[64], conforme preconiza o art. 933 do CPC.

---

por sistema de precedentes à brasileira." PEIXOTO, Marco Aurélio; BECKER, Rodrigo Franz. *Os embargos de declaração podem adequar o julgado a um precedente superveniente?* Disponível em: https://www.jota.info/opiniao-e-analise/colunas/coluna-cpc-nos-tribunais/os-embargos-de-declaracao-podem-adequar-o-julgado-a-um-precedente-superveniente-24072020.

61. "A interpretação que se propõe para a alegação de omissão externa no que se refere aos precedentes é no sentido de ampliar as hipóteses de cabimento do art. 1.022, parágrafo único, I, do CPC, permitindo sua utilização quando ausente manifestação sobre algum dos precedentes listados no art. 927 do CPC. Trata-se de interpretação ajustadora horizontal, substituindo uma interpretação literal, baseada na obrigação de autoreferrência do Poder Judiciário, constante de uma norma fundamental do CPC prevista no art. 926 do CPC " PEIXOTO, Ravi. A dinamicidade do direito jurisprudencial e o papel dos embargos de declaração como mecanismo de integração do sistema. *Revista Eletrônica de Direito Processual.* Ano 15, Vol. 22, no. 1. Jan/Abril/2021. p. 674.

62. Comentário do autor: Importante informar que em abril de 2021, a 2ª Turma do STJ decidiu por afetar o EDcl no REsp 1690138/RS à 1ª Seção, com o intuito de discutir esse ponto sobre a possibilidade de utilização dos embargos declaratórios para adequação a precedente surgido posteriormente ao julgamento embargado, com a tentativa de compor divergência. No entanto, a matéria deve ser afetada à Corte Especial e não à qualquer das Seções.

63. Sobre a falta de contraditório: "Uma situação curiosa, referente ao julgado do STJ que admitiu a alteração da decisão por meio dos embargos declaratórios é a de que o novo precedente sequer fora alegado pelas partes. Foi suscitado de ofício pelos julgadores, tendo em vista que o julgamento do STF ocorreu após a oposição dos embargos de declaração. Nessa situação, uma crítica deve ser feita ao acórdão, pois deveria ter ocorrido a intimação das partes para que pudessem se manifestar sobre a aplicação ou não do precedente advindo do STF." PEIXOTO, Ravi. A dinamicidade do direito jurisprudencial e o papel dos embargos de declaração como mecanismo de integração do sistema. *Revista Eletrônica de Direito Processual.* Ano 15, Vol. 22, no. 1. Jan/Abril/2021. p. 674.64.

64. Antes até do CPC/2015: "Porém, quando os embargos de declaração assumam o caráter modificativo do julgado, para que a parte não seja surpreendida, é de ser aplicado o princípio do contraditório,

E, com a interligação dessa problemática entre os embargos de declaração e o precedente judicial superveniente, é possível relacionar que aquele formado em IAC também dialoga com essa função transversa dos embargos de declaração, sendo totalmente possível que em eventual revisão de tese ou formação de IAC em momento posterior ao julgamento do recurso e com embargos de declaração interpostos, ainda que não versem sobre esse novel entendimento, sejam utilizados para adequar o julgamento àquele novo precedente judicial firmado ou revisado em IAC. 5.3.2.3 O agravo interno sobre a decisão monocrática baseada equivocadamente em precedente judicial de IAC ou omissa sobre o precedente judicial de IAC

Anteriormente, foi explicada a relação do precedente judicial formado em IAC e a possibilidade autorizante do relator em um Tribunal decidir um recurso monocraticamente, caso identifique um recurso que tenha fundamentação contrária ou a favor desse precedente judicial, seja para negar provimento, na primeira hipótese, seja para dar provimento, na segunda hipótese.

Mas, uma vez utilizado o precedente judicial em IAC, o recorrente que entender que houve equívoco em tal ponto, não pode recorrer? De todo modo, da decisão monocrática cabe o recurso do agravo interno[65], meio recursal para levar a questão decidida pelo relator para a apreciação pelo colegiado. O mérito do agravo interno deve ser impugnar de maneira específica a decisão monocrática[66], conforme o art. 1.021, § 1º do CPC, com a demonstração do

---

devendo o juiz dar vista à parte contrária para contra-arrazoar o recurso interposto." BAPTISTA, Sônia Maria Hase de Almeida. *Dos Embargos de Declaração.* 2a. ed. São Paulo: Ed. RT, 1993. p. 152.

65. Em síntese, o agravo interno não muda sua conceituação precípua, somente mais musculatura de cabimento, previsão legal e delimitação conceitual: "Chama-se agravo interno ao recurso cabível contra decisão monocrática proferida no tribunal pelo relator (art. 1.021) ou pelo Presidente (que, em alguns casos, é chamado a proferir decisões monocráticas, como se dá no caso do pedido de suspensão de segurança previsto no art. 15 da Lei nº12.016/2009). É recurso cabível no prazo de quinze dias (art. 1.003, § 5º), mesmo naqueles casos em que houvesse disposição legal ou regimental estabelecendo prazo distinto, já que o art. 1.070 estabelece que "[é] de 15 (quinze) dias o prazo para a interposição de qualquer agravo, previsto em lei ou em regimento interno de tribunal, contra decisão de relator ou outra decisão unipessoal proferida em tribunal" CÂMARA, Alexandre Freitas. *O Novo Processo Civil Brasileiro, 2ª edição.* Atlas, 03/2016. Retirado de https://integrada.minhabiblioteca.com.br/#/books/9788597005967/.

66. Se o agravo interno na legislação anterior já detinha uma confirmação de constitucionalidade, agora com uma legislação maior, mais específica e melhorada, tem a mesma acepção de constitucionalidade e validade, porém com roupagem mais explicativa e inerente a um controle da atividade do relator e a sua relação com os precedentes: "Apesar das discussões sobre a constitucionalidade do art. 557, do CPC e a possibilidade de decisões monocráticas, prevaleceu o entendimento que esta possibilidade estaria em consonância com a Constituição Federal, especialmente pelo fato de haver via adequada para submeter a matéria ao crivo do colegiado competente. O agravo interno tem essa finalidade, qual seja, permitir que as decisões monocráticas sejam analisadas/julgadas pelo colegiado, devendo haver a obediência ao regimento interno de cada tribunal (art. 1.021)." GOMES JR, Luiz Manoel; CHUEIRI, Miriam Fecchio. Anotações sobre o sistema recursal no novo código de processo civil. *Coleção Novo CPC - Doutrina Selecionada - v.6 - Processo nos Tribunais e Meios de Impugnação*

equívoco no enquadramento das possibilidades autorizantes do art. 932 do CPC, no caso específico, com a argumentação de que o precedente judicial formado em IAC não guarda relação com aquele caso em concreto.

A relação do agravo interno com os precedentes judiciais passa pela impugnação argumentativa[67] de que a decisão monocrática está acometida de fundamentos autorizantes equivocados, seja pelo fato de que não existe precedente judicial para aquela situação, o que ensejaria a indicação de que jurisprudência dominante ou persuasiva não servem para tal desiderato, com a necessária análise pelo colegiado ou, a mais comum é a argumentação da distinção – *distinguishing* – daquele precedente judicial utilizado, com a demonstração de que o relator não realizou de maneira correta a correspondência fático-jurídica entre o precedente judicial sobre o qual baseou a decisão monocrática e o recurso julgado.

Na *primeira possibilidade*, o equívoco do relator passou pela utilização incorreta do próprio instituto da decisão monocrática, enquadrando de maneira equivocada aquela situação em jurisprudência que não o autoriza a fazê-lo. Já na *segunda hipótese*, o relator utilizou um precedente judicial que está no rol autorizante do art. 932 do CPC– um precedente em IAC, por exemplo, contudo não houve o devido enquadramento de situações fático-jurídicas, entre aquela julgada e a paradigma formadora do precedente judicial vinculante.

De qualquer modo, o precedente judicial para que se autorize a decisão monocrática, tolhendo ao recurso e às partes o direito ao julgamento colegiado, deve ter o enquadramento paradigmática correto, seja na espécie de precedente judicial utilizado, bem como a correlação devida entre as demandas. Se o relator utilizar de maneira equivocada a decisão monocrática e o precedente judicial, como mero óbice para negativa do recurso, há uma inadequação nessa prática, tornando-a lesiva para o próprio sistema recursal, causando mais demora na prestação jurisdicional.

às Decisões Judiciais. Organizadores: DIDIER JR., Fredie; FREIRE, Alexandre; MACEDO, Lucas Buril de; PEIXOTO, Ravi. Salvador: Juspodivm, 2015. p. 414.

67. O agravo interno, como Jobim e Carvalho lecionam, instituiu o contraditório no novo ordenamento, uma melhoria significativa, o que corrige um erro existente anteriormente. E, não serão somente meras contrarrazões, o agravado tem o mesmo ônus argumentativo do agravante, somente com a deliberação inversa. Se o agravante impugna a decisão monocrática dizendo que a há equívoco na utilização do precedente – superação ou distinção, o agravado deve realizar a defesa do precedente e sua devida aplicabilidade: "Dessa forma, segundo o texto do NCPC, depois de interposto o agravo interno, o agravado deverá ser intimado para se manifestar no mesmo prazo de interposição (quinze dias) e, não havendo retratação do relator, enviará o recuso para julgamento pelo órgão colegiado, com a prévia inclusão em pauta, o que lhe garantirá a publicidade necessária aos atos estatais." JOBIM, Marco Felix; CARVALHO, Fabricio de Farias. A disciplina dos agravos no novo código de processo civil. *Coleção Novo CPC - Doutrina Selecionada - v.6 - Processo nos Tribunais e Meios de Impugnação às Decisões Judiciais*. Organizadores: DIDIER JR., Fredie; FREIRE, Alexandre; MACEDO, Lucas Buril de; PEIXOTO, Ravi. 2ª. ed. Salvador: Juspodivm, 2016. p. 907.

O agravo interno se torna uma forma de controle sobre a utilização inadequada do precedente judicial, qualquer deles, inclusive o formado em IAC, caso não seja utilizado em situações que realmente guardem relação fático-jurídica entre as *rationes decidendi*. Nesse ínterim, com a decisão monocrática inadequada, utilizando um precedente judicial equivocado, o agravo interno é a saída para controlar o devido uso desse precedente judicial, com o intuito de que seja revista a decisão e a própria aplicação daquele precedente judicial firmado em IAC ao caso em concreto.

Também é cabível o agravo interno quando há uma decisão monocrática que julga um recurso – com provimento ou desprovimento – utilizando outro precedente judicial, sem mencionar a existência de um precedente judicial formado em IAC, o que importaria em uma omissão sobre o próprio precedente judicial do incidente, com a necessidade de fundamentar o agravo interno para que o colegiado perceba que para aquela situação fático-jurídica existe esse determinado precedente judicial, com a necessidade de enquadramento neste, provendo o agravo interno e utilizando esse precedente judicial formado em IAC, o qual seria o correto para aquela situação em questão.

Nesse caso, a argumentação é que a decisão monocrática foi autorizada, teoricamente, por uma decisão que assim possibilitaria, contudo com o enquadramento equivocado do precedente judicial ao caso em questão.

Capítulo 6

REFLEXÕES SOBRE O IAC E O FUTURO DO INSTITUTO

Como qualquer instituto processual que foi modificado pelo CPC/2015, a sua utilidade, o impacto na aplicabilidade, bem como a evolução do instituto, com as diversas possibilidades reflexivas, com a busca de uma melhor construção do próprio instituto em termos da prática jurídica.

Este capítulo será o palco para atualização do próprio instituto, com as reflexões possíveis sobre como ele dialoga com outros institutos e como pode conter uma melhoria para que o próprio IAC seja melhor entendido e aplicado.

6.1. A RELAÇÃO DOS EMBARGOS DE DIVERGÊNCIA E O INCIDENTE DE ASSUNÇÃO DE COMPETÊNCIA: INSTITUTOS RELACIONADOS DE MANEIRA INVERSA?

A própria existência do IAC ressalta a importância da segurança jurídica e a estabilidade das decisões, dos precedentes judiciais e a sua visão, sem a multiplicidade de casos idênticos, passa pelo caráter muito mais preventivo sobre a pacificação do que para compor divergência e, ainda, se for para a composição de uma divergência existente, não será tão impactante de maneira transcendental do que os demais institutos do microssistema de formação de precedentes judiciais, principalmente os repetitivos.

O IAC deve ser suscitado antes do julgamento e, com a mera possibilidade de divergência e a matéria sendo importante já é cabível, o que importa num caráter sempre preventivo naquele processo base a ser suscitado.

De outro lado, os embargos de divergência têm o intuito dirimir possível discordância de turma de um mesmo Tribunal Superior, com o intuito de uniformização a jurisprudência, para mantê-la estável, coerente e íntegra. Essa espécie recursal detém característica repressiva, ou seja, é um meio de conciliar divergências existentes, com o intuito de alcançar uma decisão consensual, mas pela iniciativa da parte sucumbente e, somente após o julgamento do recurso excepcional. E, ainda, caso a parte não intente tal recurso – ou qualquer outro, caso possível – a demanda terá transitado em julgado.

De modo inverso, o CPC/2015 deu ênfase, de modo específico, o IAC, com a possibilidade preventiva de uniformização da jurisprudência, cabível em questões meramente de direito, com grande repercussão social, sem a multiplicidade de ações sobre o tema, sendo possível em recursos, remessa necessária e ações de competência originária. Como o IAC é aplicável aos Tribunais Superiores, como mecanismo de criação de precedente judicial vinculante, conforme preconizado no art. 947 do CPC, com alto grau de vinculação e, ainda, como um meio para prevenir ou compor divergência, sendo de possível suscitação até antes do julgamento do recurso – ou remessa ou competência originária.

Em suma, o IAC proporciona a transferência da competência para outro órgão, notadamente com composição maior, para a criação do precedente judicial e eliminação da divergência existente ou prevenção de possível divergência a ser instalada, dada a importância daquela questão de direito.

Qual a relação de tal incidente com os embargos de divergência?

Para a resposta dessa questão é preciso analisar as convergências de ambos os institutos, os quais têm função precípua de uniformização de jurisprudência, com um deslocamento para um colegiado maior do que outrora aquela demanda tinha em julgamento. Ambos visam conceder segurança jurídica aos julgados dos Tribunais Superiores, com a pacificação.

Obviamente que, nas divergências entre os institutos, um é uma espécie recursal e outro é um incidente, com hipóteses de cabimento delineadas de modo diverso, somente com a convergência entre a sua função, além do incidente de assunção de competência conter caráter preventivo quando ao julgamento recursal e os embargos de divergência, repressivo.

Mas, evidentemente, apesar de existir uma relação de antagonismo entre os dois institutos, mesmo que trabalhem com o mesmo intuito, cada qual é de um modo diverso, contudo com o mesmo funcionamento e intuito, com caminhos diversos.

6.2. A EVOLUÇÃO DO MICROSSISTEMA DE FORMAÇÃO DE PRECEDENTES JUDICIAIS VINCULANTES: HÁ A NECESSIDADE DE VÁRIOS INSTITUTOS?

O microssistema de formação de precedentes judiciais vinculantes trabalha com a busca pela pacificação de entendimentos, seja de maneira preventiva em relação à divergência, seja de maneira somente para compor depois de instalada, mas de todo modo, para que haja uma uniformização, seguindo as diretrizes do art. 926 do CPC para uniformizar e, posteriormente, manter estável, íntegra e coerente.

Alguns institutos são para aplacar a repetitividade, como desenvolvido no início deste trabalho, e, outros, para definir uma grande questão de direito, com uma relevância. De todo modo, fora a repercussão geral que trafega entre ser um requisito de admissibilidade e um instituto que transcende em sua definição, os demais meios de formação de precedentes judiciais têm um ponto em comum, um procedimento que se define com base, com a escolha dos representativos da controvérsia, a admissibilidade da suscitação, a decisão de afetação, a transferência para um colegiado maior e, posteriormente, a instrução do instituto, com a formação de um contraditório ampliado e um julgamento com uma autoridade substancial e procedimental para formar um precedente judicial vinculante.

De certa maneira, todos os institutos utilizam, com algumas adaptações, do mesmo procedimento alterado para formar o precedente judicial. Logo, é necessária a positivação de diversos institutos em lugares diversos do CPC? O IAC no art. 947, o IRDR nos arts. 976 a 987 e os recursos excepcionais repetitivos nos arts. 1.036 a 1.041, todos do CPC, regulam os seus conceitos e diretrizes, cada qual pensando o procedimento, até com dúvidas, como no caso do IRDR se é causa-piloto ou procedimento modelo, dentre outros pontos.

Na verdade, o CPC primou por tentar construir um sistema completo, com a possibilidade de pacificar qualquer entendimento, em questão jurídica que pode ser repetitiva em segundo grau ou em grau superior e, ainda, uma grande questão jurídica não repetitiva, igualmente em ambos os graus – em segundo grau e superior. Com isso, pensou em diversos institutos e tentou moldar cada um, com os seus detalhes, pensando de maneira micro em cada construção, sem ater-se a imaginar, num primeiro momento, em que haveria realmente um microssistema de formação de precedentes judiciais vinculantes.

O procedimento acaba por ser somente um, ainda que com adaptações em todos os pontos e sem uma coerência em outros, como nos recursos excepcionais repetitivos não ter suscitação de diversos atores e nos demais sim ou no IRDR o protocolo ser fora do processo, criando uma complicação imensa procedimentalmente e corroborando que foi imaginado como um procedimento modelo. São exemplos claros sobre como cada instituto não dialoga com o outro, apesar de terem o mesmo intuito macro, apesar de dialogarem com problemas diversos.

Nisso, numa eventual reforma do CPC, ainda que não seja urgente, seria melhor a junção de todos os institutos de formação de precedentes judiciais vinculantes em termos procedimentais, com a mesma definição de competências, manifestações de terceiros, suscitações, julgamentos, somente com a diferenciação dos requisitos de cada instituto. Um instituto base, com requisitos diferentes para cada situação ou um procedimento base que serviria para todos.

6.3. A DIFERENÇA ENTRE IAC EM TRIBUNAL DE SEGUNDO GRAU E A MATÉRIA DA QUESTÃO DE DIREITO: ENTRE UMA DEFINIÇÃO TOTAL EM MATÉRIA LOCAL E UMA TRANSITORIEDADE EM MATÉRIA FEDERAL OU CONSTITUCIONAL

Como o IAC cabe em qualquer Tribunal, tanto em segundo grau quanto em superior, é pertinente a reflexão sobre o seu tamanho e impacto de vinculatividade de um suscitado, admitido e decidido em Tribunal de segundo grau.

Essa vinculação dependerá, de maneira clara, sobre a matéria que será suscitada como base do IAC e, assim, como seria esse grau de impacto. São duas hipóteses a serem analisadas de IAC em Tribunal de segundo grau: *(i) IAC suscitado em Tribunal de Justiça sobre direito local; (ii) IAC suscitado em Tribunal de segundo grau sobre direito federal ou constitucional.*

6.3.1. O IAC em Tribunal de Justiça sobre direito local e a formação de precedente judicial vinculante

O IAC, pelo seu cabimento em qualquer Tribunal, sobretudo aqueles de segundo grau, tem alto grau de utilidade para repetições sobre matéria de direito local, desde discussões sobre leis estaduais e municipais até atos normativos igualmente locais, muito ligadas ao direito público, tal qual também o IRDR, cabível neste mesmo grau.

Dessa maneira, se for suscitado um IAC em uma destas matérias, o Tribunal de Justiça com a competência para a tramitação e julgamento do incidente enfrentará uma questão diante da sua limitação territorial com coincidência com a própria limitação territorial de incidência daquela norma. Logo, a importância do IAC se torna ainda maior, para transformar o Tribunal notadamente de segundo grau em um Tribunal formador de precedente judicial vinculante, até pela dificuldade de cabimento de recurso excepcional sobre matéria local.

Se a matéria base do IAC somente é pertinente para um determinado Estado, o Tribunal de Justiça daquele ente federativo tem a competência para a definição dessa matéria com uma carga de formação de precedente judicial vinculante bem maior do que em outras hipóteses. Dada a limitação territorial da própria matéria, esta é atinente somente aquele ente, impondo ao Tribunal local uma função de atuação judicante quase que final para aquela matéria, com pouca possibilidade de revisão por um Tribunal Superior.

Como a questão de direito base para a suscitação do IAC seria somente local, a sua abrangência territorial é equitativa à competência do Tribunal[1], a decisão dali oriunda tem uma carga muito mais definitiva do que outra decisão de IAC do mesmo Tribunal, mas em matéria federal.

Diante dessa hipótese de suscitação material em IAC e a sua base construtiva em torno de direito local, dificilmente caberá um recurso excepcional, uma vez que somente seria cabível se fosse suscitado ou enfrentado na formação do incidente algum conflito com normal federal ou o texto constitucional, abrindo a hipótese excepcional de um recurso para Tribunal Superior e, sem essa recorribilidade da tese jurídica fixada na decisão do IAC para os Tribunais Superiores na maioria das possibilidades de resultado interpretativos das matérias locais, o IAC se estabiliza no próprio Tribunal de segundo grau.

Sem a incidência de grande abertura de recorribilidade do IAC em matéria local pelo Tribunal, a decisão ali formada tem um alto grau de vinculação, com aplicabilidade desta aos processos existentes e afetados e, ainda, aos processos vindouros. O Tribunal local, ao julgar o IAC de matéria igualmente local, atua como um julgador definitivo[2], nos mesmos moldes do que o STJ em matéria federal ou o STF em matéria constitucional, justamente pelo fato de funcionar como uma instância final para aquela matéria eminentemente local, sem diálogo com questões federais ou constitucionais.

---

1. Sobre a limitação territorial do IAC que for firmado em Tribuna de segundo grau: "A previsão legal é consentânea com a divisão federativa do país. Por mais que a jurisdição seja una, andou bem o Código ao conjugar a autonomia dos tribunais com os efeitos dos entendimentos que venham a sedimentar. Cumpre perceber que, dentro desse espectro espacial, tanto os órgãos inferiores (irradiação vertical do entendimento) como os de igual instância (irradiação horizontal da tese), compostos por membros do tribunal, se subordinam à pacificação da questão. Quanto aos recursos repetitivos e ao IAC julgado por tribunal de cúpula, a amplitude espacial é nacional, de modo que a questão não se afigura problemática." MENDES, Aluisio Gonçalves de Castro; MELLO, José Roberto. Incidente de assunção de competência. 2a. ed. Rio de Janeiro: GZ, 2021. p. 137.
2. Sobre o mesmo ponto, apesar de tratar de IRDR, mas com o mesmo sentido: "Esse entendimento é pertinente, o que demonstra que se o IRDR for sobre matéria de direito local, sem menção a lei federal ou ao texto constitucional, a decisão que resolve o incidente somente teria os embargos de declaração como cabíveis, sem a possibilidade de levar aos Tribunais Superiores questões de direito local, por não conterem jurisdição e competência para tanto." LEMOS, Vinicius Silva. Incidente de Resolução de Demandas Repetitivas. Londrina: Thoth, 2019. p. 136.

6.3.2. O IAC em Tribunal de segundo grau estadual ou regional sobre matéria federal/constitucional: a visão do instituto como preparatório para os Tribunais Superiores

O IAC cabe em matéria federal tanto em Tribunal de segundo grau quanto em Tribunal Superior e não detém uma limitação material, sendo cabível em qualquer questão de direito que se enquadre nos requisitos do art. 947 do CPC. Logo, a amplitude do IAC, em termos de momento de cabimento é imensa, de qualquer matéria, inclusive em suscitar matéria federal em Tribunal de segundo grau.

Diante disso, uma ponderação deve ser feita, a decisão oriunda de um IAC estadual ou regional sobre questão federal ou constitucional forma um precedente judicial? Essa discussão, de certa maneira, acaba por soar desnecessária, pelo fato de que dificilmente a decisão do incidente será aplicada nos processos afetados ou futuros antes da resolução pelo Tribunal Superior competente.

A decisão válida da questão de direito do IAC e, posteriormente, aplicável aos processos afetados e futuros, quase sempre será de um Tribunal Superior, aquele que recepcionou o recurso excepcional sobre a decisão do incidente, procedimentalizando-o como um IAC no Tribunal Superior. Dessa maneira, a decisão a ser aplicada nos processos afetados e nos futuros não será, então, realmente do IAC estadual, mas uma decisão consequencial da existência de um recurso impugnativo do próprio incidente, utilizando o teor do art. 987 do CPC, ainda que seja mais atinente ao IRDR.

Ou seja, o Tribunal de segundo grau, apesar de competente para o julgamento do IAC, não terá a sua decisão aplicada, mas a do Tribunal Superior, pelo fato dessa ser a realmente definitiva sobre a questão de direito federal ou constitucional delimitada no incidente.

Numa situação como essa, o IAC, de certa forma, funciona como um instituto preparatório e célere para o Tribunal Superior fixar a tese jurídica de uma questão de direito e não para ser um instituto que define, por si só, a tese e o precedente judicial a ser aplicado. O IAC, ao versar sobre matéria federal ou constitucional em Tribunal de segundo grau, é um instituto meio e não um realmente formador de precedente judicial vinculante. Com o devido cabimento de recurso excepcional da decisão do IAC, não será esse ato decisório que será aplicado, mas a decisão do recurso excepcional oriundo dessa recorribilidade do incidente.

6.4. A EFICÁCIA PERSUASIVA DO IAC FIXADO POR UM TRIBUNAL DE SEGUNDO GRAU PARA IRRADIAÇÃO EM OUTRO TRIBUNAL DE SEGUNDO GRAU

O IAC é um instituto criado para dirimir ou prevenir a divergência em questões não repetitivas, em qualquer âmbito dos Tribunais, tanto em segundo grau quanto em Superior. Diante disso, caso seja intentado em um Tribunal de segundo grau e ali estabilizado, pode criar um precedente judicial vinculante em um Tribunal que não era, até então, acostumado a seus julgamentos terem tal caráter, contudo é a novidade que o IAC proporciona nas questões não repetitivas.

Numa situação como essa, com precedente judicial criado por um Tribunal de segundo grau, é possível que outro Tribunal de igual instância suscite, em seu âmbito territorial, um incidente idêntico, seja por ser matéria federal que não teve recurso a Tribunal Superior, seja por ser uma questão de direito local, mas que tem relações idênticas em todos os Estados ou Municípios. Não há nenhuma proibição legal para tanto, para tal suscitação, não é impeditivo que a existência de um precedente judicial em IAC em um Tribunal de segundo grau para que outro também de segundo grau assim suscite e instaure um IAC, tal qual é possível no IRDR.

Se for um IAC em Tribunal Superior, seja suscitado lá desde logo, seja que chegou via recurso excepcional de um IAC em Tribunal de segundo grau, não há necessidade de um IAC novo em um Tribunal de segundo grau, sendo, portanto, um impeditivo, um requisito negativo de necessária constatação.

Mas, o recorte do ponto em análise é sobre IAC estabilizado como precedente judicial em Tribunal de segundo grau, sem revisão ou ter chegado ao Tribunal Superior e, diante isso, com limitação de aplicabilidade territorial.

Logo, essa existência de um precedente judicial de um IAC local e sua limitação territorial impõe duas reflexões necessárias, diante da inviabilidade da vinculação dessa decisão do IAC de um Tribunal de segundo grau a outro Tribunal de mesmo patamar: *o primeiro ponto está no caráter de precedente somente persuasivo que a decisão do IAC de um Tribunal de segundo grau contém para a aplicação por juízos dos outros Tribunais de mesmo patamar; o segundo ponto será a necessidade de que o outro Tribunal, se for decidir o seu IAC sobre a mesma questão de direito, enfrente o conteúdo da decisão já formada em IAC e estabilizada por outro Tribunal*[3].

---

3. Sobre IRDR, mas que tem a mesma aplicabilidade em IAC: "Em outras palavras: já existindo precedente oriundo de um incidente, suas razões de decidir haverão de ser levadas em consideração pelas demais cortes quando elas tiverem que julgar futuros IRDRs sobre assunto idêntico, seja para acompanhar ou para divergir da tese sedimentada anteriormente." BASTOS, Antonio Adonias Aguiar.

A *primeira visão* está no fato de que a decisão do IAC é uma decisão oriunda de um instituto formador de precedente judicial vinculante, apesar da limitação territorial[4], devendo ser considerada como uma norma inserta ao ordenamento jurídico e, por isso, com a necessária discussão e diálogo sobre o seu conteúdo quando um juízo não vinculado àquele Tribunal formador for decidir um caso com a mesma *ratio decidendi*.

Obviamente que não há vinculação normativa para tanto[5].

Não há como exigir qualquer vinculação de um precedente judicial de um Estado em outro, contudo há como exigir a utilização da teoria dos precedentes judiciais e o diálogo entre aquela decisão meramente persuasiva e o caso a ser julgado, com a busca pela argumentação pela utilização, adequação ou refutação, se houverem fundamentos em contrário. O que não pode se imaginar é o fato de não se considerar, argumentativamente, a existência de um IAC já decidido sobre a questão, mesmo que sem o alcance territorial para aquele juízo.

A *segunda visão* está na exigência de diálogo entre os IACs, mesmo que sejam autônomos na instauração, na procedimentalidade e na própria competência, com a limitação para a atuação em cada Estado. Na existência de uma decisão já estabilizada por Tribunal de segundo grau, quando outro Tribunal for procedimentalizar um IAC e, posteriormente, julgar a mesma questão de direito repetitiva, há um dever de considerar o conteúdo daquela decisão.

O intuito dessa visão é o diálogo entre os IACs que versem sobre a mesma matéria, com a necessidade de que os Tribunais entendam que devem considerar o que foi decidido por outros Tribunais, seja para que haja a refutação, seja para que se julgue e construa coletivamente um posicionamento, contudo o mais importante é o aspecto dialógico, de utilização daquele precedente que não tem eficácia vinculante para aquele Tribunal

---

Dever de enfrentamento do precedente editado num IRDR para o julgamento de outro IRDR. Revista Brasileira de Direito Processual, v. 15, p. 43-62, 2018. p. 54.

4. Nesse sentido: "Assim, julgado o mérito do IRDR, o inciso I do art. 985 do CPC determina que a tese jurídica sobre a questão de direito será aplicada obrigatoriamente a todos os processos repetitivos (individuais ou coletivos) que versem sobre idêntica questão de direito e que tramitem na área de jurisdição do respectivo tribunal, inclusive àqueles que têm andamento nos juizados especiais do respectivo Estado ou região." CAVALCANTI, Marco de Araújo. Comentário ao art. 987. Novo Código de Processo Civil Comentado – Tomo III. Orgs: RIBEIRO, Sergio Luiz Almeida; GOUVEIA FILHO, Roberto Pinheiro Campos; PANTALEÃO, Izabel Cristina; GOUVEIA, Lucio Grassi de. Ed. Lualri, São Paulo, 2017. p. 317.

5. Bastos delineia que não há base legal específica para tal observância, porém o próprio art. 926 seria a diretriz da necessidade de referência e enfrentamento da decisão de um IRDR quando houver o julgamento de outro de igual matéria, mas vale para o IAC de igual maneira. BASTOS, Antonio Adonias Aguiar. Dever de enfrentamento do precedente editado num IRDR para o julgamento de outro IRDR. Revista Brasileira de Direito Processual, v. 15, p. 43-62, 2018. p. 55.

como imbuída de necessária análise e consideração dos seus pontos materiais de construção decisória.

6.5. O IAC E A SUA RELAÇÃO (OU NÃO) COM OS JUIZADOS ESPECIAIS CÍVEIS

O IAC detém serventia para pacificar questões de direito – compondo ou prevenindo divergências – sem multiplicidade, numa relevante matéria de direito e proporciona vinculatividade para os demais casos.

A dúvida, no entanto, é sobre a relação dessa decisão em IAC com os Juizados Especiais Cíveis. Não há nenhuma menção desse impacto, vínculo ou relação entre a decisão formada em IAC e os processos que tramitam no âmbito dos Juizados Especiais Cíveis, como ocorre no IRDR, como no art. 985, I do CPC, quando dispõe que a decisão que fixa a tese jurídica deve ser aplicada aos processos existentes com a mesma questão de direito, inclusive aqueles dos Juizados Especiais Cíveis.

Sobre o IRDR e sua decisão, a indagação é pertinente: a decisão do IRDR vincula os Juizados Especiais? A resposta deve ser positiva, pelo próprio teor do art. 985, I do CPC, porém a questão é mais complexa, pela própria independência do sistema de Juizados Especiais, tanto cíveis, quanto Federais ou de Fazenda Pública Estadual, sem a sua subordinação ao STJ, no tocante a não ser possível a interposição de recurso especial sobre as decisões existentes nas Turmas Recursais – os órgãos de segundo grau dos Juizados Especiais.

De certa maneira, essa tendência de unificação dos entendimentos entre os Tribunais e os Juizados Especiais já era existente com o cabimento, na legislação anterior, de reclamação ao STJ, quando determinada Turma Recursal não utilizasse o precedente judicial firmado em recurso excepcional repetitivo[6]. Ou seja, apesar do STJ não ter controle judicial sobre as decisões das Turmas Recursais, os seus precedentes judiciais, se repetitivos, deviam ser utilizados.

Sobre essa questão no IRDR, é prudente entender que a determinação legal expressa existe, conforme o teor do art. 985, I do CPC, com a vinculação da decisão fixada como tese jurídica pelo Tribunal de segundo grau aos processos dos Juizados Especiais. Porém, pertinente pontuar questões e dúvidas sobre tal matéria: os processos dos Juizados Especiais serão afetados pelo IRDR; as Turmas Recursais não têm competência para

6. Enunciado no 480. do FPPC: Aplica- -se no âmbito dos juizados especiais a suspensão dos processos em trâmite no território nacional, que versem sobre a questão submetida ao regime de julgamento de recursos especiais e extraordinários repetitivos, determinada com base no art. 1.037, II.

instaurar ou julgar IRDRs; os processos dos Juizados Especiais podem servir de base para suscitação de IRDR e suas partes podem ser legítimos para tal requerimento.

A *primeira questão* pertinente é reflexo do próprio teor do art. 985, I do CPC.

A decisão que fixa tese jurídica no IRDR é aplicável e vinculativa aos processos dos Juizados Especiais. Esse ponto nos leva a entender, consequencialmente, que as suspensões previstas na afetação do incidente, na dicção do art. 982, I do CPC, devem incluir os processos em curso nos Juizados Especiais.

Uma vez admitido o incidente, com a decisão de afetação e suspensão dos processos, os existentes com a mesma questão de direito nos Juizados Especiais devem ser suspensos. E, posteriormente, quando houver a definição da tese jurídica e sua devida estabilização, deve ser igualmente aplicada nessas demandas que estavam suspensas – os processos afetados – e nos futuros.

O *segundo ponto* a ser enfrentado é pela impossibilidade das Turmas Recursais instaurem, em seu próprio âmbito, tais incidentes. Ou seja, o art. 985, I do CPC vincula o decidido em IRDR aos Juizados Especiais, não pode, então, tal teor ser interpretado como uma autorização para que os Juizados Especiais – e seus órgãos de segundo grau – possam, independentemente, criarem incidentes para si.

Não foi esse o intuito da norma e inexiste tal autorização.

Um ponto reflexivo importante está na autorização dos processos existentes nos Juizados Especiais serem base para o requerimento de suscitação do IRDR. Se um processo em trâmite no Juizado Especial será impactado por um IRDR, esse mesmo processo – ou qualquer outro em igual condição – pode suscitar a instauração de um incidente[7].

Diante dessa lógica, as partes dessas demandas detêm legitimidade para tal pleito[8].

O complicado dessa última questão seria imaginar que um processo de um Juizado Especial, ao suscitar o IRDR, com a admissibilidade positiva, afetação, tramitação e posterior julgamento, caberá recurso excepcional,

---

7. Enunciado no. 21 do ENFAM: O IRDR pode ser suscitado com base em demandas repetitivas em curso nos juizados especiais.
8. Enunciado no 605. o FPPC: Os juízes e as partes com processos no Juizado Especial podem suscitar a instauração do incidente de resolução de demandas repetitivas.

podendo, inclusive, ser um recurso especial, inimaginável no âmbito dos Juizados Especiais. Estranho[9], mas pertinente e viável[10].

A *terceira questão* para a aplicação da questão jurídica decidida em IRDR para os Juizados Especiais está na viabilidade da reclamação quando houver o desrespeito dessa decisão pela Turma Recursal.

A não aplicação, no âmbito das Turmas Recursais, das decisões oriundas de IRDR torna pertinente o cabimento da reclamação, como vimos. Todavia, essa reclamação[11] tem uma competência diversa, mediante Resolução STJ/GP no. 3/2007, com a competência para o próprio Tribunal que fixou o precedente firmado em IRDR, ou seja, aquele Tribunal de segundo grau, ainda que a tese jurídica somente seja firmada em grau superior, se existente recurso excepcional sobre a decisão do IRDR. Se uma Turma Recursal não aplicar o precedente formado em IRDR, naquele Tribunal, o interessado deve propor reclamação para o próprio Tribunal de Justiça.

Por fim, o sistema de Juizado Especial deve ser autônomo em termos de posicionamentos ao que se decide no âmbito dos Tribunais de Justiça e Regionais Federais? Essa questão sempre permeou a dualidade entre dois sistemas jurídicos, um comum e outro mais simplificado.

Depois de analisada a relação entre IRDR e Juizados Especiais, dada a literalidade do art. 985, I do CPC, o olhar deve voltar-se para a relação entre o IAC e os Juizados Especiais, de maneira idêntica ao IRDR, com a percepção de que há, ou não, o mesmo vínculo que o CPC determina ao IRDR.

De certa maneira, não era necessária uma disposição legal para que o IRDR tivesse vinculatividade aos Juizados Especiais, uma vez que os precedentes judiciais devem ser utilizados por serem norma jurídica, por estarem no ordenamento jurídico e com o dever de serem considerados, até para que o art. 926 do CPC faça sentido como todo o sistema. A vinculação já ocorreria nos recursos excepcionais repetitivos e, consequentemente, no IRDR seria consequência e, num ponto de análise posterior, de igual maneira no IAC.

---

9. Comentário do autor: a visão de que um processo oriundo do Juizado Especial pode ser a base da concretude do IRDR proporciona a real visão como procedimento-modelo, pelo fato de que o Tribunal não teria como julgar o mérito da ação e tornaria complicada a aplicação do art. 978, parágrafo único. Talvez essa impossibilidade torna inviável essa visão de utilizar um processo do Juizado Especial como base concreta para o IRDR.

10. Há quem entenda que exista uma inconstitucionalidade de tal relação IRDR e Juizados Especiais Cíveis: SCHELEDER, Adriana Fasolo Pilati. *A inconstitucionalidade da aplicação do incidente de resolução de demandas repetitivas nos juizados especiais.* Tese de Doutorado – UFSC. 410 p. Florianópolis, 2015.

11. "a reclamação funciona, de fato, como verdadeiro sucedâneo recursal, colocando em xeque sua própria natureza de ação impugnativa autônoma." OLIVEIRA, Pedro Miranda de. Novíssimo sistema recursal conforme o CPC/2015. São Paulo: Conceito Editorial, v. 10 (Coleção Ensaios de Processo Civil), 2016. p. 242/243.

O IAC pode ser em Tribunal Superior, o que importa que é totalmente vinculativo aos Juizados Especiais, de maneira igual a qualquer decisão do STJ, principalmente aquelas que formam precedentes judiciais vinculantes. Não há independência do sistema de Juizados Especiais em não dialogar com decisões de Tribunais Superiores, inclusive com o cabimento de reclamação, o que corrobora que o sistema de IAC deve ter a mesma vinculação que os recursos excepcionais repetitivos aos Juizados Especiais.

Já sobre a relação entre IAC formado em Tribunal de segundo grau, o teor do art. 985, I do CPC que menciona essa relação entre IRDR e Juizados Especiais concede uma autoridade vinculante normativa, contudo nem era necessária à sua disposição para o IRDR e, de igual maneira, ao IAC. Mesmo sendo formado em Tribunal de segundo grau, o IAC vincula o sistema de Juizado Especial daquele mesmo âmbito territorial.

6.6. O IAC E O IMPACTO NO CUMPRIMENTO DE SENTENÇA PROVISÓRIO

Quando uma decisão foi impugnada com um recurso que não tem efeito suspensivo, é cabível um cumprimento de sentença provisória, com a possibilidade do vencedor daquela decisão em executar a decisão desde logo, ainda na pendência recursal.

O art. 520 do CPC é a base normativa para o cumprimento de sentença provisória, com a aceleração da execução ainda na pendência do recurso, ainda que possa ser alterada a decisão. Uma vez que se alcance o êxito no cumprimento em termos de expropriação, o exequente provisório não pode, ao menos até o julgamento recursal, levantar os valores, ao menos em regra.

Como disposto no art. 520, IV do CPC. o levantamento de depósito em dinheiro e a prática de atos que importem transferência de posse ou alienação de propriedade ou de outro direito real, ou dos quais possa resultar grave dano ao executado no cumprimento provisório dependem de caução suficiente e idônea, arbitrada de plano pelo juiz e prestada nos próprios autos.

No entanto, é possível que sejam levantados os valores ou qualquer outro ato de transferência sem caução, de maneira excepcional, mesmo no cumprimento de sentença provisório, conforme o art. 521 do CPC, quando dispõe que é possível nas seguintes hipóteses: (i) o crédito for de natureza alimentar, independentemente de sua origem; (ii) o credor demonstrar situação de necessidade; (iii) pender o agravo do art. 1.042; (iv) a sentença a ser provisoriamente cumprida estiver em consonância com súmula da jurisprudência do Supremo Tribunal Federal ou do Superior Tribunal de Justiça ou em conformidade com acórdão proferido no julgamento de casos repetitivos.

Sobre o atinente ao inciso IV do citado artigo, quando a sentença ou acórdão se basear em precedente judicial vinculante repetitivo ou Súmula do STJ/STF, não há nenhuma necessidade de caução, com a possibilidade de dispensa dessa, justamente pela utilização do sistema de precedentes judiciais, nesse caso, repetitivos.

A dúvida será a aplicação desse dispositivo ao IAC: o art. 521, IV do CPC pode alcançar as decisões de IAC? Essa é a questão.

Numa análise entre o IAC e os demais precedentes judiciais repetitivos, o que vale para um deve ter a mesma eficácia para os demais[12], porém há uma literalidade na norma, o que pode ser um impeditivo dessa dispensa de caução. Todavia, analisando o intuito dessa dispensa, essa é idêntica em qualquer dos precedentes judiciais, repetitivos ou não, o que impõe que seja possível essa dispensa de caução pelo fato da decisão ser fundada em precedente judicial formado em IAC.

---

12. Enunciado no. 136 da JDPC-CJF: A caução exigível em cumprimento provisório de sentença poderá ser dispensada se o julgado a ser cumprido estiver em consonância com tese firmada em incidente de assunção de competência.

CONCLUSÃO

Este estudo apresentou o instituto do incidente de assunção de competência como um dos meios elegidos pelo CPC/2015 para formar precedentes judiciais vinculantes.

Antes da apresentação do objeto do estudo, foram analisadas, superficialmente, a atuação jurisdicional brasileira e a existência de uma conhecida dispersão jurisprudencial, com uma notória insegurança jurídica, falta de previsibilidade e, consequentemente, alta recorribilidade, mediante a indefinição material judicante pelos Tribunais, a chamada jurisprudência lotérica.

Diante dessa constatação dicotômica judicante pelos Tribunais brasileiros, o CPC/2015 se preocupou com uma nova ótica para a jurisdição, imbuindo a prática forense do dever, com base no art. 926 do CPC, em uniformizar a sua jurisprudência e, posteriormente, mantê-la estabilizada, coerente e íntegra. É uma mudança impactante para a própria prática jurídica, de todos os lados – para as partes, os advogados e os juízes de todos os graus – para proporcionar, a médio prazo, uma nova realidade almejando um sistema jurídico com maior segurança jurídica, isonomia e previsibilidade nas decisões judiciais.

O incidente de assunção de competência está inserido dentro dessa mudança proposta pelo CPC/2015, diante de uma conceituação mais delineada e uma importância amplificada, sendo um instrumento de uniformização de jurisprudência, seja para prevenir ou compor divergência, em busca de uma pacificação, nas hipóteses em que recurso, remessa necessária ou ação de competência originária, discutir uma questão de direito com repercussão social e interesse público, sem uma multiplicidade de processos sobre essa questão de direito.

O IAC, como abreviamos, é cabível em todos os Tribunais, tanto em segundo grau quanto nos Superiores, servindo como um instrumento para os legitimados – de ofício ou a requerimento pelas partes, Ministério Público e defensoria Pública – suscitarem a uniformização, concretizando o profetizado no art. 926 do CPC e completando o sistema, saindo da visão de gestão de estoque de demandas e almejando a pacificação e vinculação decisória em questões de grande repercussão social, sem multiplicidade.

O estudo, então, apresenta o instituto, a sua evolução entre o CPC anterior e o atual, a sua conceituação, incidência e total ampliação, com uma notada melhoria, desde a sua definição, os seus requisitos bem delineados, a competência e os ditames limítrofes do IAC.

Nesse ponto, o trabalho se propôs a entender o instituto como um todo, sobre todos os requisitos, a sistematização daqueles que são claramente visíveis e, também, todo o arcabouço de outros pontos que não estão facilmente interpretados na norma, no caso, o art. 947 do CPC.

Depois de analisar o instituto em si, da sua conceituação, passa-se à sua aplicabilidade e o modo procedimental.

No entanto, há uma notória falta de procedimentalidade do instituto, com a clara despreocupação legislativa em delinear, positivamente, a tramitação do incidente nos Tribunais. Se no IRDR e nos recursos excepcionais repetitivos, o CPC/2015 se esmerou para legislar processo e procedimento, no IAC o caminho foi somente em definir a parte processual, sem entrar em detalhes procedimentais.

Há, portanto, uma lacuna procedimental para o IAC, o que deve ser preenchido de algum modo, haja vista a possibilidade, desde a vigência do novo ordenamento em março de 2016, de qualquer dos legitimados suscitar o incidente e a necessidade de que cada Tribunal proceda com a instauração, caso estejam presentes os requisitos, e a sua tramitação.

As possibilidades que enfrentou-se como possíveis de uma regulamentação passa por 3 (três) planos: *(i) regimental; (ii) nova legislação federal; e (iii) legislação estadual.*

Dentro das possibilidades de delinear uma procedimentalidade, conclui-se que o regimento interno de cada Tribunal tem competência para versar sobre alguns pontos do IAC, contudo não conseguirá abranger toda a lacuna de procedimentos e, ainda, tem a complicação de que cada Tribunal teria o seu próprio procedimento. Outro ponto complexo dessa solução é a possibilidade de que alguns Tribunais assim não realizem, deixando uma lacuna a ser preenchida a cada instauração, com a necessidade judicial de pacificação do próprio procedimento, sem a certeza se a suscitação, por exemplo, seria diretamente ao órgão competente para o mérito do IAC ou ao órgão fracionário anterior.

Dessa maneira, dependendo de como for a delimitação regimental, lacunosa ou inexistente, é bem possível que a formatação de um procedimento seja por decisão judicial, seja para cada IAC a ser instaurado, seja para que o primeiro instaurado naquele Tribunal que não regulamentou o instituto e seu procedimento, o faça por uma decisão judicial, como um próprio precedente judicial sobre esse procedimento.

São dúvidas existentes que a lacuna, primeiro na esfera legislativa e, posteriormente, na regimental, ocasiona na utilização do IAC, tornando, talvez, um tanto dispendioso e nebuloso a opção por esse tipo de incidente. A parte que almeja propor um IAC e não detém a ciência de sua procedimentalidade pode simplesmente deixar de fazê-lo.

Uma nova legislação federal apesar de ser a melhor saída, com a delineação específica sobre os pontos procedimentais, sobre as dúvidas que possam surgir sobre essa tramitação, com uma pacificação em todos os Tribunais, não parece uma opção viável, dada a ausência de discussão na doutrina e no cotidiano forense sobre tal necessidade, apesar da proeminente lacuna procedimental.

Obviamente que quando for proposta uma reforma – ou minirreforma – no CPC, é pertinente que haja uma melhoria nesse ponto, talvez até com um procedimento só para todos os institutos de formação de precedentes judiciais vinculantes, somente com a alteração dos requisitos de incidência de cada um.

Outra saída seria a legislação estadual, com base num modelo específico para que se possa, ao menos nas esferas estaduais, legislar-se sobre o procedimento e as suas peculiaridades, com o necessário cuidado nos limites de competência para que se legisle sobre o próprio processo. A opção por uma legislação estadual, ainda que não uníssona, mediante a necessidade de cada Estado aderir a tal vontade, dada a necessidade de iniciativa legislativa, percebe-se que seria muito mais democrático essa viabilidade, com total viabilidade dessa saída, ao menos à incidência do IAC nos Tribunais Estaduais.

Para os Tribunais Federais, seja os de segundo grau ou os Superiores, a saída seria somente via regimento interno ou uma nova legislação federal.

De todo modo, dada a ausência de uma procedimentalidade ao IAC, o intuito deste trabalho foi propor o que se entende como o melhor procedimento, para este instituto estudado, com a saída por uma suscitação no órgão fracionário, mediante requerimento das partes ou de ofício, com uma admissibilidade preliminar e, após essa análise, caso reste positiva, remete-se ao órgão competente para o julgamento do incidente e do restante do processo, o que realiza novamente a admissibilidade, instaurando o IAC ou rejeitando-o.

Na primeira possibilidade, com a admissão do IAC e a transferência da competência, deve-se proferir uma decisão de afetação, com a delimitação material específica do objeto da cognição que resultará num precedente judicial vinculante. Defende-se, ainda, a possibilidade da suspensão de demais processos idênticos, com caráter de possibilidade pelo relator, caso a matéria possa causar prejuízo a esses processos e a tramitação destes. Ainda, diante dessa decisão, deve-se delinear a instrução do IAC, com a abertura para um contraditório ampliado, mediante a técnica de formação de precedentes judiciais vinculantes e os outros institutos, com a manifestação de diversos atores processuais aptos a contribuir com a discussão cognitiva a formar o precedente. Manifestações, além das partes e representativos da controvérsia, via *amicus curiae*, Ministério Público, Defensoria Pública e audiências pública são pertinentes para conceder uma legitimidade democrática, tornando um precedente judicial mais representativo, com maior autoridade argumentativa e construtiva do conteúdo da decisão.

Ainda sobre a procedimentalidade, defende-se a necessidade de um julgamento com uma fundamentação detalhada, com a responsabilidade de enfrentamento dos argumentos do debate aberto de intérpretes da instrução do próprio IAC e com a formação de um precedente judicial vinculante que passe por um procedimento específico e democrático, mas que contenha uma carga argumentativa que o sustente.

Sobre a recorribilidade da decisão do IAC, defende-se que o recurso, nos Tribunais Superiores, deve ser analisado já com a instauração de um incidente nesse grau, justamente para que se reanalise com o mesmo grau de intensidade, agora no Tribunal Superior.

Uma vez fixado o precedente judicial, com a possibilidade dos embargos de declaração e posterior decisão definitiva, com as devidas correções e omissões sanadas, o precedente judicial deve ser aplicado sempre que houver uma demanda com a mesma conjuntura fático-jurídica, pelo fato de que o próprio art. 947, § 3º do CPC determina essa vinculação. O mesmo dispositivo já versa, ainda que somente de modo geral e aberto, sobre a possibilidade de revisão de tese, o qual delineamos o modo que deve ocorrer, com a competência pelo mesmo órgão que fixou o último entendimento em IAC.

Depois, diante da lacuna procedimental e toda a proposta de um procedimento ideal, realizou-se uma análise de relação entre o precedente judicial formado em IAC e demais institutos do processo civil que utilizam precedentes judiciais como base ou como hipóteses de incidência ou dispensa, como: *tutela de evidência; remessa necessária; improcedência liminar do pedido; e decisão monocrática*. Além, é claro, de relacionar e distinguir as formas de controle da própria aplicação do precedente judicial, com institutos como: *reclamação; embargos de declaração; e o agravo interno.*

Por fim, após longo estudo sobre o IAC, reforça-se a sua importância como uma técnica de formação de precedente judicial vinculante e a necessidade de maior aprofundamento da doutrina e dos Tribunais sobre tal instituto, sobretudo uma preocupação sobre a sua procedimentalidade.

REFERÊNCIAS BIBLIOGRÁFICAS

ABBOUD, Georges; YAMIN, Ricardo. Requisitos legais para instauração do incidente de assunção de competência. Revista de Processo. Ano 43, Vol. 279, p. 339-356, São Paulo: Ed. RT, 2018.

ABBOUD, Georges; CAVALCANTI, Marcos de Araújo. Inconstitucionalidades do incidente de resolução de demandas repetitivas (IRDR) e os riscos ao sistema decisório. *Revista de Processo* | vol. 240 | Fev / 2015.

ABREU, Luiz Eduardo de Lacerda; SOUZA, Larissa Maria Melo. Direito e linguagem na casuística da ação direta de inconstitucionalidade contra a lei de biossegurança. *Trabalho publicado nos anais do XIX encontro nacional do CONPEDI realizado em Fortaleza - CE,* nos dias 09, 10, 11 e 12 de junho de 2010.

AMARAL, Guilherme Rizzo. Efetividade, segurança, massificação e a proposta de um "incidente de resolução de demandas repetitivas". *Revista do Processo.* ano 36. volume 196, junho/2011.

ARAÚJO, José Henrique Mouta. O julgamento dos recursos especiais por amostragem: notas sobre o art. 543-C, do CPC. Revista Dialética de Direito Processual, v. 65, p. 55-62, 2008.

________. O incidente de resolução das causas repetitivas no novo CPC e o devido processo legal. *Coleção Novo CPC - Doutrina Selecionada - v.6 - Processo nos Tribunais e Meios de Impugnação às Decisões Judiciais.* Orgs: DIDIER JR., Fredie; FREIRE, Alexandre; MACEDO, Lucas Buril de; PEIXOTO, Ravi. Salvador: Juspodivm, 2015.

________. Os precedentes vinculantes e o novo CPC: o futuro da liberdade interpretativa e do processo de criação do direito. *Precedentes.* Orgs: DIDIER JR., Fredie; CUNHA, Leonardo Carneiro da; MACEDO, Lucas Buril de; ATAIDE JR, Jaldemiro Rodrigues de. Salvador: Juspodivm, 2015.

ARRUDA ALVIM, José Manoel; ASSIS, Araken de; ARRUDA ALVIM, Eduardo. Comentários ao Código de processo civil. 1°. Ed. Rio de Janeiro: GZ Ed., 2012.

ASSIS, Araken de. Manual dos recursos. São Paulo: Ed. RT, 2007.

ATAÍDE JR, Jaldemiro Rodrigues de. As demandas de massa e o projeto de novo código de processo civil. In FREIRE, Alexandre at. *Novas tendências do processo civil.* Salvador: Juspodivm, 2014.

________. A fundamentação adequada diante do sistema de precedentes instituídos pelo NCPC. *Precedentes.* Orgs: DIDIER JR., Fredie; CUNHA, Leonardo Carneiro da; MACEDO, Lucas Buril de; ATAIDE JR, Jaldemiro Rodrigues de. Salvador: Juspodivm, 2015.

BAPTISTA, N. Doreste. *Da arguição de relevância no recurso extraordinário.* Rio de Janeiro: Forense, 1976.

BASTOS, Antonio Adonias Aguiar. Dever de enfrentamento do precedente editado num IRDR para o julgamento de outro IRDR. Revista Brasileira de Direito Processual, v. 15, p. 43-62, 2018.

BENETI, Sidnei Agostinho. Assunção de competência e fast-track recursal. *Revista de Processo.* Vol. 171 Ano 34. São Paulo: Revista dos Tribunais, maio/2009.

BONDIOLI, Luis Guilherme Aidar. *A nova técnica de julgamento dos recursos extraordinário e especial repetitivos.* http://www.dinamarco.com.br/wp-content/uploads/NovaTecnica.pdf.

BONAGURA, Anna Paula de Souza. Uma visão geral da tutela da evidência no novo código de processo civil. In COSTA, Eduardo José da Fonseca; PEREIRA, Mateus Costa; GOUVEIA FILHO, Roberto P. Campos. *Coleção grandes temas do novo CPC - v.6 - Tutela Provisória.* Salvador: Juspodivm, 2015.

BRAGA, Paula Sarno. Norma de processo e norma de procedimento: o problema da repartição de competência legislativa no direito constitucional brasileiro. Tese de Doutoramento. UFBA. Faculdade de Direito. 2015.

BRUSCHI, Gilberto Gomes. O julgamento liminar de improcedência do pedido no CPC atual e no projeto de novo CPC. in *Novas Tendências do Processo Civil: estudos sobre o projeto do Novo Código de Processo Civil,* vol. III. Editora Juspodivm, 2014.

BUENO, Cassio Scarpinella. *Processo civil interpretado.* 3 ed. v. 5, São Paulo: Saraiva, 2008.

________. *Novo código de processo civil anotado.* 2ª. Ed. São Paulo: Saraiva, 2016.

BURIL, Lucas. Contributo para a definição de *ratio decidendi* na teoria brasileira dos precedentes judiciais. *Revista de Processo* | vol. 234 | Ago / 2014.

________. Contributo para a definição de *ratio decidendi* na teoria brasileira de precedentes judiciais. *Precedentes.* Organizadores: DIDIER JR., Fredie; CUNHA, Leonardo Carneiro da; MACEDO, Lucas Buril de; ATAIDE JR, Jaldemiro Rodrigues de. Editora Juspodivm, Salvador, 2015.

________. Tutela antecipada de evidência fundada em precedentes judiciais obrigatórios. In COSTA, Eduardo José da Fonseca; PEREIRA, Mateus Costa; GOUVEIA FILHO, Roberto P. Campos. *Coleção grandes temas do novo CPC - v.6 - Tutela Provisória.* Salvador: Juspodivm, 2015.

________. *Precedentes judiciais e o direito processual civil.* 2. ed. Salvador: Juspodivm, 2016.

________. Autorreferência como dever de motivação específico decorrente do *stare decisis.* Revista de Processo. Ano 43, Vol. 282, p. 411-433, São Paulo: Ed. RT, 2018.

BUSTAMANTE, Thomas da Rosa de. *Teoria do precedente judicial: a justificação e a aplicação de regras jurisprudenciais.* São Paulo: Noeses, 2012.

________. A dificuldade de se criar uma cultura argumentativa do precedente judicial e o desafio do novo CPC. *Precedentes.* Organizadores: DIDIER JR., Fredie; CUNHA, Leonardo Carneiro da; MACEDO, Lucas Buril de; ATAIDE JR, Jaldemiro Rodrigues de. Salvador: Juspodivm, 2015.

BUZAID, Alfredo. *Da apelação ex-officio.* São Paulo: Saraiva, 1951.

CABRAL, Antonio do Passo. O novo Procedimento-Modelo (*Musterferfahren*) Alemão: uma alternativa às ações coletivas. In: DIDIER JR, Fredie. *Leituras complementares de processo civil.* Salvador: Juspodivm, 2008.

CABRAL, Antonio do Passo. Contraditório como influência. *Dicionário de Princípios Jurídicos.* Flávio Galdino; Silvia Faber Torres; Ricardo Lobo Torres; Eduardo Takemi Kataoka. Editora: ELSEVIER - CAMPUS. 2011.

CÂMARA, Alexandre Freitas. *Lições de Direito Processual Civil.* Volume II. 14ª edição, Revista e atualizada. – Rio de janeiro: Editora Lúmen Júris, 2007.

________. *O Novo Processo Civil Brasileiro, 2ª edição.* Atlas, 03/2016. Retirado de https://integrada.minhabiblioteca.com.br/#/books/9788597005967/.

CAMARGO, Margarida Maria Lacombe. *As audiências públicas no supremo tribunal federal brasileiro: o exemplo da ADPF 54.* http://www.publicadireito.com.br/artigos/?cod=01d8bae291b1e472.

CAMBI, Eduardo. Jurisprudência Lotérica. *Revista dos Tribunais.* São Paulo: RT, ano 90, v. 786, abr. 2001.

CAMBI, Eduardo; HELLMAN, Renê Francisco. Os precedentes e o dever de motivação no novo código de processo civil. *Precedentes*. Organizadores: DIDIER JR., Fredie; CUNHA, Leonardo Carneiro da; MACEDO, Lucas Buril de; ATAIDE JR, Jaldemiro Rodrigues de. Salvador: Juspodivm, 2015.

CAPPELLETTI, Mauro; GARTH, Bryant. *Acesso à justiça*. Tradução: Ellen Greice Thfleet. Porto Alegre. 1991.

CARNELUTTI, Francesco. Instituciones del nuevo processo civil italiano. trad. de Jaime Guasp, 1942.

CAVALCANTI, Marcos de Araújo. A falta de controle judicial da adequação da representatividade no incidente de resolução de demandas repetitivas (IRDR). *Revista Pensamento Jurídico*. v. 7, n. 1, 2015.

________. *Incidente de resolução de demandas repetitivas*. São Paulo: Ed, Revista dos Tribunais. 2016.

________. Comentário ao art. 987. Novo Código de Processo Civil Comentado – Tomo III. Orgs: RIBEIRO, Sergio Luiz Almeida; GOUVEIA FILHO, Roberto Pinheiro Campos; PANTALEÃO, Izabel Cristina; GOUVEIA, Lucio Grassi de. Ed. Lualri, São Paulo, 2017.

CERQUEIRA, Tarsis Silva de. Uma breve reflexão de resolução de casos repetitivos. *Julgamento de casos repetitivos*. DIDIER JR., Fredie; CUNHA; Leonardo Carneiro da. (orgs.) Salvador: Juspodivm, 2016.

CROSS, Rupert; HARRIS, J. W. *Precedent in English Law*. 4.ed. Oxford: Oxford University Press, 2004.

CORTÊS, Osmar Mendes Paixão. Comentário ao art. 947. in: *Breves comentários ao código de processo civil*. CoordS: Teresa Arruda Alvim, Fredie Didier Jr, Eduardo Talamini e Bruno Dantas. São Paulo: Ed. RT, 2015.

COSTA, Eduardo José da Fonseca. *O direito vivo das liminares*. São Paulo: Saraiva, 2011.

CUNHA, Leonardo Carneiro da; DIDIER JR., Fredie. *Curso de direito processual civil. Meios de impugnação às decisões judiciais e processo nos tribunais*. 9ª ed. Salvador: Juspodivm, 2009.

________. *Curso de direito processual civil. Meios de impugnação às decisões judiciais e processo nos tribunais*. 13ª ed. Salvador: Juspodivm, 2016.

________. Comentários ao art. 947. CABRAL, Antonio Passo, CRAMER, Ronaldo (orgs.). *Comentários ao Novo Código de Processo Civil, 2ª edição*. Método, 06/2016. Versão Digital: [Minha Biblioteca]. Retirado de https://integrada.minhabiblioteca.com.br/#/books/9788530971441/.

DEL PRÁ. Carlos Gustavo Rodrigues. Breves Considerações sobre o *Amicus Curiae* na ADIN e sua Legitimidade Recursal. In *Aspectos Polêmicos e Atuais sobre os terceiros no processo civil e assuntos afins.* DIDIER JR., Fredie; ARRUDA ALVIM, Teresa (coord.). São Paulo: RT, 2004.

DAVID, René. *Os grandes sistemas do direito contemporâneo.* Trad. Hermínio A. Carvalho. 4. ed. São Paulo: Martins Fontes, 2002.

DIDIER JR, Fredie. *Sobre a fundamentação da decisão judicial.* http://www.frediedidier.com.br/wp-content/uploads/2012/02/sobre-a-fundamentacao-da-decisao-judicial.pdf.

DIDIER JR., Fredie; BRAGA, Paula Sarno; OLIVEIRA, Rafael Alexandria de. *Teoria da Prova, direito probatório, decisão, precedentes, coisa julgada e tutela provisória.* 10 ed. Salvador. Juspodivm. 2015.

DIDIER JR., Fredie; TEMER, Sofia. A decisão de organização do incidente de resolução de demandas repetitivas: importância, conteúdo e o papel do regimento interno do tribunal. Revista de processo. v. 258, p. 257-278, 2016.

DINAMARCO, Cândido Rangel. *Litisconsórcio.* 5ª ed. São Paulo: Malheiros, 1997.

________. *A reforma da reforma.* São Paulo: Malheiros, 2002.

DINIZ, Maria Helena. Compêndio de introdução à ciência do direito. 5ª. ed. São Paulo: Saraiva, 1993.

DOTTI, Rogéria. Os precedentes judiciais e antecipação: a tutela da evidência no novo. *Revista de Direito da ADVOCEF.* Ano XI nº 21 nov/2015.

DUXBURY, Neil. *The nature and authority of precedent.* Cambridge, Cambridge University Press, 2008.

DWORKIN, Ronald. *O Império do direito.* São Paulo: Martins Fontes, 2003.

FÉLIX, Juarez Rogério. *in Aspectos polêmicos e atuais dos recursos cíveis de acordo com a lei 9.756/98*, coord. WAMBIER, Teresa Arruda Alvim e NERY Jr., Nelson. 1ª edição, São Paulo: Revista dos Tribunais, 1999.

FREIRE, Alexandre; SCHMITZ, Leonarod. *Comentários ao código de Processo Civil, 11ª edição.*. Saraiva, 3/2016. [Minha Biblioteca]. Retirado de https://integrada.minhabiblioteca.com.br/#/books/9788502635609/.

FUX, Luiz. *Tutela de segurança e tutela de evidência.* São Paulo: Saraiva, 1996.

GAJARDONI, Fernando da Fonseca. Flexibilidade procedimental: um novo enfoque para o estudo do procedimento em matéria processual. Tese de Doutoramento. USP. Faculdade de Direito. 2008.

GOMES JR, Luiz Manoel. *A Repercussão Geral da Questão Constitucional no Recurso Extraordinário.* São Paulo. Revista Forense. 2005.

GOMES, Tadeu Alves Sena. O incidente da assunção de competência do cpc/2015 à luz da análise econômica do direito. Revista de Processo. Ano 45, Vol. 309, p. 201 – 223, São Paulo: Ed. RT, 2020.

GOMES JR, Luiz Manoel; CHUEIRI, Miriam Fecchio. Anotações sobre o sistema recursal no novo código de processo civil. *Coleção Novo CPC - Doutrina Selecionada - v.6 - Processo nos Tribunais e Meios de Impugnação às Decisões Judiciais.* Organizadores: DIDIER JR., Fredie; FREIRE, Alexandre; MACEDO, Lucas Buril de; PEIXOTO, Ravi. Salvador: Juspodivm, 2015.

GOUVEIA, Lucio Grassi de. BREITENBACH, Fabio Gabriel. Sistema de precedentes no novo código de processo civil: um passo para o enfraquecimento da jurisprudência. *Precedentes.* Organizadores: DIDIER JR., Fredie; CUNHA, Leonardo Carneiro da; MACEDO, Lucas Buril de; ATAIDE JR, Jaldemiro Rodrigues de. Salvador: Juspodivm, 2015.

GOUVEIA, Lucio Grassi de; SOUZA JR., Antonio Carlos F. de Souza; ALVES, Luciana Dubeux Beltrão. Breves considerações sobre a tutela de evidência no CPC/2015. In COSTA, Eduardo José da Fonseca; PEREIRA, Mateus Costa; GOUVEIA FILHO, Roberto P. Campos. *Coleção grandes temas do novo CPC - v.6 - Tutela Provisória.* Salvador: Juspodivm, 2015.

GUEDES, Lorena. A tutela de evidência fundada nos precedentes judiciais. In COSTA, Eduardo José da Fonseca; PEREIRA, Mateus Costa; GOUVEIA FILHO, Roberto P. Campos. *Coleção grandes temas do novo CPC - v.6 - Tutela Provisória.* Salvador: Juspodivm, 2015.

LAMY, Eduardo de Avelar. Repercussão Geral: A volta da Arguição de Relevância?. In: Teresa Arruda Alvim Wambier; et al. (Org.). *Reforma do Judiciário.* 1ª ed. São Paulo: Ed. RT. 2005, v. 1, p. 166-180.

LEMOS, Vinicius Silva. A desistência no microssistema de formação de precedentes. *Revista Síntese de Direito Civil e Processual Civil.* v. 13 n. 97, set/out/2015.

________. A fungibilidade entre o IRDR e o incidente de assunção de competência: necessidade de sistematização. REVISTA DE PROCESSO. v.274, p. 255 - 289, 2017.

________. O recurso da decisão de mérito do incidente de resolução de demandas repetitivas e a sua tramitação no tribunal superior In: Aspectos polêmicos dos recursos cíveis e assuntos afins. Orgs: ALVIM, Teresa Arruda; NERY JR., Nelson. 13. ed. Revista dos Tribunais, 2017, v.13.

________. O procedimento do microssistema de formação de precedentes: desafios, deficiências e ponderações. Dissertação – Mestrado em Sociologia e Direito – Universidade Federal Fluminense, Niterói, 2017.

________. Recursos e processos nos tribunais. 3ª. Ed., Salvador: Juspodivm, 2018.

________. Incidente de resolução de demandas repetitivas. Londrina: Thoth, 2019.

________. A decisão do incidente de assunção de competência formada nos tribunais superiores e o impacto na admissibilidade dos recursos excepcionais. Revista Eletrônica de Direito processual, v. 21, p. 422-461, 2020.

________. Recursos e processos nos tribunais. 5ª. ed. São Paulo: Juspodivm, 2021.

________. O Recurso do Julgamento do Incidente de Assunção de Competência, a Admissibilidade Positiva e a Tramitação em Tribunal Superior. REVISTA MAGISTER DE DIREITO CIVIL E PROCESSUAL CIVIL, v. 102, p. 74-102, 2021.

LEMOS, Vinicius Silva; RODRIGUES, Marco Antonio. A emenda regimental nº. 54/2020 do Regimento Interno do STF, a repercussão geral e a busca pela evolução sistêmica. Artigo no prelo.

LIEBMAN, Enrico Tullio. Manual de Direito Processual Civil. Volume I. Notas e Tradução: Cândido Rangel Dinamarco. 2 Ed. Rio de Janeiro: Forense, 1985.

LOPES FILHO, Juraci Mourão. *Os precedentes judiciais no constitucionalismo brasileiro contemporâneo.* 1ª. Salvador: Juspodivm. 2014.

LUCCA, Rodrigo Ramina de. *O dever de motivação das decisões judiciais.* Salvador, Juspodivm, 2015.

LUCON, Paulo Henrique dos Santos. O incidente de demandas repetitivas no novo código de processo civil. *Estudos em homenagem a Vicente Greco Filho.* São Paulo: Editora LiberArs, 2014.

JAYME, Fernando Gonzaga; FERNANDES, Tereza de Assis. Julgamento liminar do pedido – análise dos critérios de aplicação e a inevitável crítica a sua disciplina no projeto de novo código de processo civil. in *Novas Tendências do Processo Civil: estudos sobre o projeto do Novo Código de Processo Civil,* vol. III. Salvador: Juspodivm, 2014.

JOBIM, Marco Felix. *Entendendo a nomenclatura dos precedentes.* http://www.reajdd.com.br/html/ed4-6.pdf.

JOBIM, Marco Felix; CARVALHO, Fabricio de Farias. A disciplina dos agravos no novo código de processo civil. *Coleção Novo CPC - Doutrina Selecionada - v.6 - Processo nos Tribunais e Meios de Impugnação às Decisões Judiciais.* Organizadores: DIDIER JR., Fredie; FREIRE, Alexandre; MACEDO, Lucas Buril de; PEIXOTO, Ravi. 2ª. ed. Salvador: Juspodivm, 2016.

JIULIANI, Cristiano Reis. A nova redação do art. 555 do cpc e a uniformização de jurisprudência. *Revista de Processo* | vol. 111 | p. 146 | Jul / 2003.

MADRUGA, Eduardo; MOUZALAS, Rinaldo; TERCEIRO NETO, João Otávio. *Processo Civil Volume Único.* 8ª. ed. revisada, ampliada e atualizada. Salvador: Juspodivm, 2016.

MAGALHÃES, Breno Baía; SILVA, Sandoval Alves da. O grau de vinculação dos precedentes à luz do STF. *Revista Jurídica do Senado Federal.* Brasília a. 49 n. 195 jul./set. 2012.

MALTEZ, Rafael Tocantins, Repercussão geral da questão constitucional. in *Recurso Especial e Extraordinário – repercussão geral e atualidades,* Coord.: MELLO, Rogério Licastro Torres de. São Paulo, Método, 2007.

MANCUSO, Rodolfo de Camargo. Divergência jurisprudencial e súmula vinculante. São Paulo: Ed. RT, 1999.

MARCATO, Antonio Carlos. Os precedentes judiciais e o novo Código de. Processo Civil. *Revista de Direito da ADVOCEF.* Ano XI nº 21 nov/2015.

MARINONI, Luiz Guilherme. *Antecipação da tutela.* 9. ed. rev. atual. e ampl. São Paulo: Revista dos Tribunais, 2006.

________. Transformação do Civil Law e a oportunidade de um sistema precedencialista para o Brasil. In *Cadernos Jurídicos.* OAB – junho 2009.

________. *Precedentes obrigatórios.* São Paulo: RT, 2010.

________. O precedente na dimensão da segurança jurídica. In: A força dos precedentes. *Estudos dos cursos de Mestrado e Doutorado em Direito Processual Civil da UFPR.* Coord. Luiz Guilherme Marinoni. 2. ed. Salvador: Juspodivm, 2012.

________. O "problema" do incidente de resolução de demandas repetitivas e dos recursos extraordinário e especial repetitivos. *Revista de Processo.* vol. 249. ano 40. p. 399-419. São Paulo: Ed. RT, nov. 2015.

________. A função das cortes supremas e o novo CPC. *Revista Magister de Direito Civil e Processual Civil.* n. 65 – Mar/Abr/2015.

________. Sobre o incidente de assunção de competência. Revista de Processo. Ano 41, Vol. 260, p. 233 – 256, São Paulo: Ed. RT, 2016.

________. *Princípio da segurança jurídica dos atos jurisdicionais.* http://www.marinoni.adv.br/wp-content/uploads/2016/08/Princípio-da-Segurança--dos-Atos-Jurisdicionais-MARINONI.pdf.

________. *Uma nova realidade diante do projeto de CPC: a ratio decidendi ou os fundamentos determinantes da decisão.* www.marinoni.adv.br/files_/ARTIGO%20-%20RT%202012.docx.

________. *Da teoria da relação jurídica processual ao processo civil do estado constitucional.* http://www.abdpc.org.br/artigos/artigo102.htm.

MARINONI, Luiz Guilherme; MITIDIEIRO, Daniel. *Código de Processo Civil comentado artigo por artigo*. São Paulo: RT. 2008.

________. *Comentários ao novo código de processo civil: artigos 926 a 975.* Coord.: MARINONI, Luiz Guilherme; ARENHART, Sérgio Cruz; MITIDIERO, Daniel. 1ª, Ed, RT: São Paulo: 2016.

MARINONI, Luiz Guilherme; ARENHART, Sérgio Cruz; MITIDIERO, Daniel. *Novo curso de processo civil: tutela dos direitos mediante procedimento comum.* São Paulo: Revista dos Tribunais, 2015.

MARTIN, Andréia Garcia. A legitimação das decisões judiciais pelo procedimento adequado: a superação da teoria de Luhmann. Anais. Sociedade, Direito e Decisão em Niklas Luhmann Congresso Internacional em Homenagem a Cláudio Souto De 24 a 27 de Novembro de 2009.

MEDINA, José Miguel Garcia. *Novo código de processo civil comentado.* 2ª Edição. RT: São Paulo. 2015.

MENDES, Aluisio Gonçalves de Castro; TEMER, Sofia. O Incidente de resolução de demandas repetitivas do novo código de processo civil. *Coleção Novo CPC - Doutrina Selecionada - v.6 - Processo nos Tribunais e Meios de Impugnação às Decisões Judiciais.* Organizadores: DIDIER JR., Fredie; FREIRE, Alexandre; MACEDO, Lucas Buril de; PEIXOTO, Ravi. Salvador: Juspodivm, 2015.

MENDES, Aluisio Gonçalves de Castro; MELLO, José Roberto. Incidente de assunção de competência. 2ª. ed. Rio de Janeiro: GZ, 2021.

MESQUITA, José Ignácio Botellho de. Da uniformização de jurisprudência. São Paulo: Revista dos Tribunais, São Paulo, n. 613, nov. 1986.

MITIDIERO, Daniel. *Colaboração no processo civil: pressupostos sociais, lógicos e éticos.* São Paulo: Editora RT, 2009.

MOLLICA, Rogerio. A remessa necessária e o novo código de processo civil. *Coleção Novo CPC - Doutrina Selecionada - v.6 - Processo nos Tribunais e Meios de Impugnação às Decisões Judiciais.* Organizadores: DIDIER JR., Fredie; FREIRE, Alexandre; MACEDO, Lucas Buril de; PEIXOTO, Ravi. Salvador: Juspodivm, 2015.

MOREIRA, José Carlos Barbosa. O futuro da justiça: alguns mitos. *Revista de Processo.* São Paulo, n. 102, abril-junho 2001.

________. *Comentários ao código de processo civil.* 16 ª Rio de Janeiro: Forense 2011.

NEVES, Daniel Amorim Assumpção. *Manual de direito processual civil.* 8. ed. Volume único. Salvador: Juspodivm, 2016.

NERY JR., Nelson; ABBOUD, Georges. *Stares decidis* vs direito jurisprudencial. In: FREIRE, Alexandre et al. *Novas tendências do processo civil.* Vol. I. Salvador: Juspodivm, 2013.

NERY JR, Nelson; NERY, Rosa Maria de Andrade. Leis cíveis comentadas. 1ª ed., São Paulo: Editora Revista dos Tribunais, 2006.

________. *Código de Processo Civil Comentado.* 16ª. Ed. São Paulo. RT. 2016.

NOGUEIRA, Gustavo Santana. Jurisprudência vinculante no direito norte-americano e no direito brasileiro. *Revista do Processo.* São Paulo. Vol. 33. n. 161. 2008.

________. *Stare Decisis et Non Quieta Movere: a vinculação aos precedentes no direito comparado e brasileiro.* Rio de Janeiro: Lúmen Júris, 2010.

PEIXOTO, Ravi. *Superação do precedente e segurança jurídica.* Salvador, Juspodivm. 2015.

________. A dinamicidade do direito jurisprudencial e o papel dos embargos de declaração como mecanismo de integração do sistema. *Revista Eletrônica de Direito Processual.* Ano 15, Vol. 22, nº. 1. Jan/Abril/2021. p. 674.

PEIXOTO, Marco Aurélio; BECKER, Rodrigo Franz. *Os embargos de declaração podem adequar o julgado a um precedente superveniente?* Disponível em: https://www.jota.info/opiniao-e-analise/colunas/coluna-cpc-nos-tribunais/os-embargos-de-declaracao-podem-adequar-o-julgado-a-um-precedente-superveniente-24072020.

PONTES, Daniel de Oliveira. A tutela de evidência no novo Código de Processo Civil. *Revista de Processo.* Vol. 261. ano 41. São Paulo: Ed. RT, nov. 2016.

PORTO, Sérgio Gilberto. *Sobre a common law, civil law e o precedente judicial.* http://www.abdpc.org.br/abdpc/artigos/sergio%20porto-formatado.pdf.

RAATZ, Igor. Precedentes obrigatórios ou precedentes à brasileira? *Revista Eletrônica de Direito Processual - REDP.* Vol. XI. N. 11. 2013.

RE, Edward D. *Stare decisis* http://amdjus.com.br/doutrina/constitucional/43.htm.

REDONDO, Bruno Garcia. Precedente judicial no direito processual civil brasileiro. In: MENDES, Aluisio Gonçalves de Castro; MARINONI, Luiz Guilherme; WAMBIER, Teresa Arruda Alvim (coord.). *Direito jurisprudencial: volume 2.* São Paulo: RT, 2014.

REGO, Frederico Montedonio. O filtro oculto de repercussão geral: como o obscurecimento dos juízos de relevância contribui para a crise do STF. Revista de Direito Brasileira, Vol. 18, p. 6-29, São Paulo: 2017.

RODRIGUES, Walter Piva. Breves anotações sobre o incidente de assunção de competência no Novo CPC/2015. *Revista Síntese de Direito Civil e Processual Civil.* v. 13 n. 97, set/ out/2015.

RODRIGUES, Marco Antônio. *A fazenda pública no processo civil.* Ed. Gen Atlas. 1ª. ed. São Paulo. 2016.

ROSSI, Júlio Cesar. *Precedente à Brasileira: A jurisprudência vinculante no CPC e no novo CPC.* São Paulo: Atlas, 2015.

OLIVEIRA, Carlos Alberto Álvaro de. Do formalismo no processo civil. São Paulo: Saraiva, 4. ed., 2010.

OLIVEIRA, Paulo Mendes de. Regimentos internos como fonte de normas processuais. O poder normativo dos tribunais. Salvador: Juspodivm, 2020.

OLIVEIRA, Pedro Miranda de. Novíssimo sistema recursal conforme o CPC/2015. São Paulo: Conceito Editorial, v. 10 (Coleção Ensaios de Processo Civil), 2016.

SANCHES, Sydnei. Uniformização de Jurisprudência. São Paulo: Revista dos Tribunais, 1975.

SARLET, Ingo Wolfgang. A eficácia do direito fundamental à segurança jurídica: dignidade da pessoa humana, direitos fundamentais e proibição de retrocesso social no direito constitucional brasileiro. *Revista Brasileira de Direito Público.* Belo Horizonte, v. 3, n. 11, out. 2005.

SCHAUER, Frederick. Precedente. *Precedentes.* Organizadores: DIDIER JR., Fredie; CUNHA, Leonardo Carneiro da; MACEDO, Lucas Buril de; ATAIDE JR, Jaldemiro Rodrigues de. Salvador: Juspodivm, 2015.

SCHELEDER, Adriana Fasolo Pilati. *A inconstitucionalidade da aplicação do incidente de resolução de demandas repetitivas nos juizados especiais.* Tese de Doutorado – UFSC. 410 p. Florianópolis, 2015.

SIFUENTES, Mônica. Súmula vinculante. São Paulo: Saraiva, 2005.

SILVA, Celso de Albuquerque. *Do efeito vinculante: sua legitimação e aplicação.* Rio de janeiro: Lumen]uris, 2005.

SILVA, Christine Oliveira Peter da; GONTIJO, André Pires. O papel do *amicus curiae* no estado constitucional: mecanismo de acesso da transdisciplinaridade no processo de tomada de decisão constitucional. *Trabalho publicado nos anais do XIX Encontro Nacional do CONPEDI,* realizado em Fortaleza – CE, nos dias 09, 10, 11 e 12 de junho de 2010.

SOARES, Marcos José Porto. A *ratio decidendi* dos precedentes judiciais. *RBDPro. Revista Brasileira de Direito Processual.* Ed. Fórum. n. 85 ano 22. 2014.

STRECK, Lênio Luiz, *Por que agora dá para apostar no projeto do novo CPC.* http://www.conjur.com.br/2013-out-21/ lenio-streck-agora-apostar-projeto-cpc.

STRECK, Lenio. Comentário ao art. 489. STRECK, Lenio. *Comentários ao código de Processo Civil, 11ª edição.* Saraiva, 3/2016. [Minha Biblioteca]. Retirado de https://integrada.minhabiblioteca.com.br/#/books/9788502635609/.

TALAMINI, Eduardo. Direitos individuais, homogêneos e seu substrato coletivo: a ação coletiva e os mecanismos previstos no CPC de 2015. Revista de Processo. Vol. 241, Ano 40, São Paulo: Ed. RT, mar/2015.

TEMER, Sofia Orberg. *Incidente de resolução de demandas repetitivas.* 1ª. Salvador: Juspodivm, 2016.

THEODORO JR., Humberto; NUNES, Dierle; BAHIA, Alexandre. Breves considerações da politização do judiciário e do panorama de aplicação no direito brasileiro: análise da convergência entre o *civil law* e o *common law* e dos problemas da padronização decisória. *Revista de Processo.* n. 189. São Paulo: RT, 2010.

THEODORO JR., Humberto. *Curso de Direito Processual Civil,* vol 1, 44 ed. Rio de Janeiro: Forense, 2006.

________. Curso de direito processual civil – vol. III. Rio de Janeiro: Forense, 2016.

________. Regime das demandas repetitivas no novo código de processo civil. *Coleção Novo CPC - Doutrina Selecionada - v.6 - Processo nos*

Tribunais e Meios de Impugnação às Decisões Judiciais. Orgs: DIDIER JR., Fredie; FREIRE, Alexandre; MACEDO, Lucas Buril de; PEIXOTO, Ravi. 2ª. Ed. Salvador: Juspodivm, 2016.

TUCCI, José Rogério Cruz e. *Precedente judicial como fonte do direito.* São Paulo: RT, 2004.

VIGLIAR, José Marcelo Menezes. Uniformização de jurisprudência: segurança jurídica e dever de uniformizar. São Paulo: Atlas, 2003.

VITORELLI, Edilson. *O devido processo legal coletivo: dos direitos aos litígios coletivos.* 1. ed. São Paulo: Revista dos Tribunais, 2016.

ZANETI JR., Hermes. Precedentes (Treat Like Cases Alike) e o novo Código de Processo Civil; Universalização e vinculação horizontal como critérios de racionalidade e a negação da "jurisprudência persuasiva" como base para uma teoria e dogmática dos precedentes no Brasil. *Revista de Processo.* Ano 39, Vol. 235, p. 293 - 349, São Paulo: Ed. RT, 2014.

________. *O valor vinculante dos precedentes: teoria dos precedentes normativos formalmente vinculantes.* 2ª. ed. Salvador: Juspodivm. 2016.

________. *Comentários ao art. 932.* CABRAL, Antonio Passo, CRAMER, Ronaldo (orgs.). *Comentários ao Novo Código de Processo Civil, 2ª edição.* Método, 06/2016. [Minha Biblioteca]. Retirado de https://integrada.minhabiblioteca.com.br/#/books/9788530971441/.

WAGNER, Juliana Mendes de Oliveira. Democratização do processo judicial: a participação da sociedade via audiência pública na formação de precedentes como garantia do efetivo acesso à justiça. Programa de Pós-Graduação - Mestrado Profissional em Direito Humanos e Desenvolvimento da Justiça. UNIR - Universidade Federal de Rondônia.

WAMBIER, Luiz Rodrigues; ALMEIDA, Flávio Renato Correia de; TALAMINI, Eduardo. Curso avançado de processo civi, vol 1: teoria geral do processo e processo de conhecimento, 3 ed. São Paulo: Revista dos Tribunais, 2001.

WAMBIER, Luiz Rodrigues; TALAMINI, Eduardo. *Curso avançado de processo civil. Volume 1. Teoria geral do conhecimento e processo de conhecimento.* 15ª edição. São Paulo: Revista dos Tribunais, 2015.

WAMBIER, Teresa Arruda Alvim. Distinção entre questão de fato e questão de direito para fins de cabimento de recurso especial. *Revista de Processo.* São Paulo, RT, 1992.

_________. Controle das Decisões Judiciais por Meio de Recursos de Estrito Direito e de Ação Rescisória. São Paulo: Editora Revista dos Tribunais, 2001.

_________. Estabilidade e adaptabilidade como objetivos do direito: *civil law* e *common law*. *Revista de Processo*. São Paulo, v. 34, n. 172, jun./2009.

_________. A vinculatividade dos precedentes e o ativismo judicial - paradoxo apenas aparente. *Precedentes*. Organizadores: DIDIER JR., Fredie; CUNHA, Leonardo Carneiro da; MACEDO, Lucas Buril de; ATAIDE JR, Jaldemiro Rodrigues de. Salvador: Juspodivm, 2015.

WAMBIER, Teresa Arruda Alvim; DANTAS, Bruno. *Recurso especial, recurso extraordinário e a nova função dos tribunais superiores no direito brasileiro.* 3ª. ed. São Paulo: Ed. RT. 2016.

WAMBIER, Teresa Arruda Alvim; CONCEIÇÃO, Maria Lúcia Lins; RIBEIRO, Leonardo Ferres da Silva; ME.LLO, Rogério Licastro Torres de. *Primeiros comentários ao novo código de processo civil.* 1ª. Ed, São Paulo: RT. 2015.

EDITORA JusPODIVM
www.editorajuspodivm.com.br

RENOVA GRAF
www.renovagraf.com.br